우리는 왜 연해주로
진출해야 하는가

우리는 왜 연해주로 진출해야 하는가

2014년 5월 30일 초판 인쇄
2014년 6월 2일 초판 발행

발행처 | (사)해외한민족연구소
펴낸이 | 이찬규
펴낸곳 | 북코리아
등록번호 | 제03-01240호
주소 | 462-807 경기도 성남시 중원구 사기막골로 45번길 14(우림 2차) A동 1007호
전화 | 02) 704-7840
팩스 | 02) 704-7848
이메일 | sunhaksa@korea.com
홈페이지 | www.북코리아.kr
ISBN | 978-89-6324-361-0 (93320)

값 17,000원

우리는 왜 연해주로 진출해야 하는가

(사) 해외한민족연구소

북코리아

간행사

"역사는 인간의 의지와 정열의 산물"

1989년 20세기가 저물어갈 무렵 21세기를 맞이하는 우리에게 새로운 각오가 절실히 요구되었다. 지난날의 국가적 치욕과 불운했던 과거를 청산하고 희망의 설계를 모색해야 한다는 시대적 사명감 때문이었다.

우리들의 관심의 중심과제는 크게 다음 두 가지로 집약되었다. 첫째, 해외교포들의 위상을 높이고 둘째, 해외에 새로운 생활공간을 개척해야 한다는 것이었다.

오랜 세월 타국에 살면서 모국과의 교류가 단절된 채 역사의 뒤편에 밀려나 있는 교포들을 모국과의 유대를 강화하여 국내외 한민족의 일체성을 기하고 다른 한편 눈을 밖으로 돌려 해외에 새로운 생활공간을 개척해야 한다는 것이 당면과제라고 인식했기 때문이었다. 이에 뜻을 모아 광화문 코너에 조그마한 둥지를 틀고 (사)해외한민족연구소를 설립한지 어언 4반세기가 되었다. 실로 세월의 빠름을 실감케 한다.

특별한 재정적 준비 없이 의지와 정열만을 믿고 맨주먹으로 시작하여 많은 어려움을 겪었다. 그러나 우리는 결코 좌절하지 않고 설정한 과제를 실현하기 위해 혼신의 힘을 기울였다. 25개 성상을 지내오는 동안 난관에 봉착할 때마다 새 역사 창조의 소명감을 되새기면서 결의를 다져 고난을 극복해 왔다.

회고해보면 지나온 발자국마다 피와 땀과 눈물의 족적이었으며 이는 곧 북방대륙 개척의 초석이었다고 자평하고 싶다.

북방대륙 진출의 역사적 의의는 대단히 크다. 한반도는 중국대륙에 연육(連陸)되어 있어 지난 수세기 동안 사대조공국의 처지를 감수해야 했고 19세기 이후 동북아에 국제정치의 격전이 벌어질 때 언제나 그 격랑의 소용돌이에 휩쓸렸다. 한반도는 열강들의 홍정 대상이 되었고 자기명운을 자의대로 결정짓지 못하고 역사객체의 처지로 전락했었다.

이 원인은 당시 조선조 역사주역들의 대처능력의 부족이었고 크게 보아 지정학적 영향 때문이었다. 한반도는 지리적으로 랜드브리지(Land Bridge)의 성격을 띠고 있어 대륙세력과 해양세력 간에 서로 상반되는 진출을 시도할 때는 충돌이 일어날 수밖에 없었다. 청 · 일 전쟁과 러 · 일 전쟁이 한반도 주변에서 일어나게 되는 원인도 이 범주에 속한다.

이제 우리는 오랫동안 우리를 옥죄어온 지정학적 굴레를 벗어나 새로운 공간 개척을 도모해야 한다. 오늘날 동북아에는 새로운 질서가 태동되고 있다. 미 · 중 간 패권경쟁이 시동되는 가운데 일본 또한 군사대국으로 변신하며 지난날의 군국주의에로의 회귀를 기도하고 있다. 이와 함께 남북한 간에는 긴장이 더욱 고조되고 있어 한 치의 앞을 예측하기 어렵다.

이러한 국내외적 상황에서 우리가 지향해야 할 노선은 무엇일까. 거시적 안목으로 민족의 앞날을 멀리 조망해 볼 때 지정학적 굴레를 벗어나 새로운 생활공간을 개척해야 할 것이다. 북방대륙 진출의 의의가 바로 여기에 있다.

이러한 점을 일찍이 간파한 본 연구소는 그 설립취지와 지향 의지를 선양키 위하여 연구소 회지 『韓民族共同體』를 발간하여 지령이 20호에 이르렀다. 이번 연구소 설립 25주년을 맞이하여 그동안 회지에 실렸던 좋은 글들을 발췌하여 기념논총을 출판하게 되었다. 자연히 지난날을 회고하게 되고 여러 가지 감회에 젖는다.

지금껏 연구소를 잘 이끌어주신 박관용 이사장님을 비롯한 임원 여러분의 지도와 협조에 깊은 감사를 드린다.

그리고 연구소는 설립 25주년을 맞아 큰 경사가 생겼다. 새 연구소장으로 최화식 장군을 영입하게 되어 활기가 넘친다. 최장군은 정규 육군사관학교 출신으로 국가관이 확고하고 특히 북방대륙 진출에 남다른 열의를 가지고 있다. 앞으로 그의 탁월한 능력으로 연구소 발전에 크게 이바지할 것으로 기대가 모아지고 있다.

또 한 가지 감사할 일은 본 기념논총 발간에 재정적 지원을 해주신 재외동포재단 조규형 이사장님께 깊은 감사를 드린다. 아울러 책을 펴내는 데 많은 도움을 준 한국외국어대학교 임영상 교수께 심심한 감사를 드린다.

2014년 6월

(社)海外韓民族研究所

所長 李 潤 基

차 례

간행사 | 역사는 인간의 의지와 정열의 산물 ▸ 5
프롤로그 | 우리는 왜 연해주로 진출해야 하는가? ▸ 11

제1부 연해주의 고려인사회: 과거와 현재

1 연해주 한인의 이주과정 및 생활상 ········ 29
1. 한인의 연해주 이주과정 및 러시아의 대한인정책 29
2. 한인들의 이주원인 41
3. 재연해주 한인의 생활상 43
4. 오늘날의 연해주 한인들 52

2 신한촌과 노령 한인사회 ········ 54
1. 머리말 54
2. 신한촌 형성 이전의 한인사회 55
3. 러시아 2월혁명 이전의 신한촌과 노령 한인사회(1911-1916) 57
4. 러시아 2월혁명 이후의 신한촌과 노령 한인사회(1917-1922) 66
5. 소비에트화 시기의 신한촌과 노령 한인사회(1923-1937) 77
6. 맺음말 84

3 신한촌과 한인독립운동 ········ 86
1. 서 론 86
2. 1910년대의 항일독립운동과 신한촌 87
3. 러시아혁명 이후 신한촌 한인세력의 향배 94
4. 3·1운동과 신한촌 99
5. 1920년 4월참변과 신한촌 독립운동의 쇠퇴 106
6. 결 어 112

4 연해주 고려인들의 현황 ······ 114
1. 들어가는 말 114
2. 연해주의 고려인 115
3. 연해주의 중앙아시아 고려인 119
4. 결 론 126

5 러시아 연해주 고려인과 우리의 진출전략 ······ 127
1. 고려인의 정체성 127
2. 고려인의 거주현황 128
3. 연해주 고려인사회 130
4. 발해 문명권 부활전략과 연해주 진출방안 139

제2부 연해주 진출과 개발

6 러시아의 극동정책과 연해주 지역개발 ······ 151
1. 머리말 151
2. 극동지역의 사회 · 경제적 상황 및 연해주 경제 동향 153
3. 러시아 정부의 극동개발계획과 연해주 개발프로젝트 160
4. 러시아 정부와 시민사회의 평가 169
5. 연해주 개발과 한국의 참여 175
6. 맺는말 179

7 한국기업의 연해주 진출과 한 · 러 경제협력 ······ 182
1. 극동 연해주에 대한 기억 182
2. 극동 연해주와의 교역 · 투자 현황과 애로점 188
3. 한 · 러 경제협력의 발전 방향 196
4. 열린 공간, 육상의 무변대해를 향해 201

8 극동지역 발전정책과 연해주에서의 한·러 경제협력 연구 ··························· 206
1. 머리말 206
2. 러시아연방 정부의 지방발전 추진 동향과 극동지역발전 정책 208
3. 연해주에서 한·러 경제협력의 중요성 및 현황 217
4. 결 론 224

9 한민족 농업인 네트워크 구축의 필요성과 지원 방안 ································· 228
1. 머리말 228
2. 한민족 농업인 네트워크 구축의 필요성 230
3. 러시아 연해주의 농업 여건 233
4. 연해주 해외농업개발 진출업체의 현황과 애로사항 243
5. 연해주 해외농업개발사업의 활성화 방안 253
6. 맺음말 260

에필로그 | 끝나지 않은 시련: 유라시아고려인 150년 ▸ 261

프롤로그

우리는 왜 연해주로 진출해야 하는가?

이윤기(해외한민족연구소 소장)

1. 들어가는 말

지금 우리들에게는 신작로 같은 나아가야 할 큰 길이 있다. 폭넓게 긴 안목에서 보면 우리 민족이 지향해야 할 탁 트인 길이 있다. 그러나 좁고 단순한 안목으로는 감히 상상도 못 할 일로 여겨질지 모른다. 종래의 고식적(姑息的)인 생각에서 벗어나 사고의 대전환으로 미래를 내다보면 반드시 가야 할 길임을 인식하게 된다. 그 길은 연해주로 진출하는 길이다. 역사는 의지와 정열의 산물이다.

이러한 사실을 이해하기 위해 좋은 실례(實例)를 하나 들어보자. 1620년대 영국의 청교도들이 메이플라워호를 타고 미국의 신대륙 개척의 길에 나선 것이 아주 적절한 예라 할 것이다. 당시 그들은 반드시 성공할 것이란 아무런 보장도 없는 미지의 대륙에 작은 규모의 배로 대서양의 험한 파도에 도전하며 미래를 설계하는 사고의 대전환과 개척정신이 있었기에 오늘의 미국을 건설하고 세계사를 주도하고 있는 것이다.

모험과 개척! 역동적인 이 말은 새 역사 창조의 동력으로써 우리의 가슴에 불길을 댕긴다. 평탄하고 안이한 사고만으로 획기적 새 역사 창조는 불가능하다. 이는 동서고금의 역사가 웅변해준다.

어느 시대, 어느 국가 사회에서나 그 구성원이 극복해야 할 절실한 시대적 과제가 있다. 그 과제가 무엇인가를 정확하게 진단하고 시대정신으로 승화시켜 슬기롭게 헤쳐 나아갈 때 그 사회는 한 단계 발전하고 미래지향의 역사가 창조된다. 오늘날 우리에게 부과된 절실한 과제는 무엇일까. 그것은 수세기 동안 우리들을 옥죄어 온 한반도라는 지정학적 운명의 굴레를 벗고 새로운 생활공간을 개척하는 길이다. 그 길이 신작로 같이 탁 트인 연해주로 진출해야 하는 대로(大路)다.

2. 지정학적 운명의 시련

지난 수세기 동안 한반도는 중화질서에 한 편린(片鱗)으로 편입되어 사대조공국(事大朝貢國)의 처지를 감수해야 했고, 19세기 이후 동북아에 국제정치의 격전이 벌어질 때 언제나 그 격랑의 소용돌이에 휩쓸렸다. 열강들의 이해에 따르는 홍정의 대상이 되었고, 자기 명운을 자의대로 결정짓지 못한 채 역사 객체의 나락(奈落)으로 떨어졌다.

그 원인은 크게 두 가지로 요약된다. 첫째는 당시 역사 주역들이 서세동점(西勢東漸)의 새로운 국제질서가 태동되는 세계사의 흐름을 제대로 인식하지 못해, 국제적 변화에 자주적, 능동적으로 대처하지 못했다.

조선의 조정은 변화의 물결을 외면한 채 비생산적 성리학에 몰입되어, 위정척사(爲政斥邪) 사상으로 무장하여 쇄국정책을 강화했다. 거기에다 열강이 한반도에 결정적 영향력을 행사하게 되자 조정신료들은 친중, 친일, 친러 등 당파를 조성하여 각기 자기편에 유리한 외세에 의존하는 작태를 나타냄으로써 사분오열 되어 국가자주성은 완전히 실종되었다.

둘째는 한반도라는 지정학적 영향 때문이었다. 한반도는 랜드브리지(Land Bridge)의 성격을 띠고 있어 해양세력과 대륙세력이 서로 상반된 진출을 시도할 때 부딪히는 지정학적 운명을 지니고 있다. 청 · 일 전쟁과 러 · 일 전쟁이 한반도 주변에서 일어난 원인도 이 범주에 속하며 일본이 러시아의 동진을 막기 위해 이토 히로부미(伊藤博文)가 구상했던 러 · 일 간 한반도와 만주의 분할점령 계획 등도 이에 해당된다 할 것이다.

또한 6 · 25 전쟁의 성격이나 북핵문제를 다루기 위해 구성된 6자회담의 성격도 지정학적 영향 때문임을 부인할 수 없다. 뿐만 아니라 오늘날도 미 · 일을 축으로 하는 해양세력과 근래 욱일승천의 기세로 급부상하고 있는 중국 사이에서 자칫 샌드위치가 될 위험성을 안고 있다. 만일 북한 체제가 갑작스레 붕괴되는 경우 중국이 취할 태도와 이에 맞설 미국의 자세를 상정해 볼 때 한반도가 또다시 어떠한 형국에 직면하게 될지 가늠하기조차 어렵다.

이제 우리는 오랫동안 우리를 옥죄어 온 지정학적 굴레를 벗고 새로운 생활공간 개척을 도모해야 한다. 종래의 전통적 국경관과 영토관을 과감하게 수정하고 좁은 한반도 공간을 넘어 이웃과 더불어 공생할 월경(越境)적 협력(transborder cooperation)체제를 모색해야 할 것이다. 그러기 위해서는 사고의 대전환의 발상이 요청된다. 일반적이고 통속적인 사고방식으로서는 국가의 명운을 가늠할 역사창조는 불가능하다.

인간은 공간(空間)을 경영하는 존재다. 여기서 말하는 공간은 육지, 바다, 하늘을 총칭하는 생활공간을 뜻한다. 사람은 공간을 변형, 개척, 확장하거나 새로운 지역으로 이주하는 등 여러 가지 방법으로 공간경영을 도모한다. 1860년대 조선족이 두만강을 건너 간도와 연해주로 이주하여 신천지를 개척하고 한민족의 새 생활 터전을 닦아 후일 항일 독립운동의 경제 사회적 뒷받침을 한 일 등은 새로운 공간 개척의 좋은 사례들이다.

인간의 본성 가운데는 이주를 갈구하는 심성이 내재해 있다. 이주하면서 변화를 겪게 되고 변화하면서 향상된 삶을 추구하게 된다. 인류의 역사는 이주(이동)의 역사이며 고대로부터 근·현대에 이르기까지 끊임없이 이주가 이어져왔다.

여기서 이주란 인간의 이동에 의한 한시적이거나 항구적인 지리적 지배를 뜻한다. 인간은 한자리에 영구적으로 머문 적이 없으며 멀고 넓은 지역을 옮겨 다녔다. 이주의 동기에는 여러 가지가 있다.

변화를 추구하기 위해, 압박을 피하기 위해, 또는 더 나은 생활을 도모하기 위한 신천지 개척을 위해 이동하며 변화를 추구했다. 그리고 현재 전 세계에서 노동력을 수출하거나 수입하지 않는 국가는 존재하지 않으며 동서 간의 이주에서 남북 간의 이주가 양(수)적으로 팽창하면서 이주는 꾸준하게 이어지고 있다.

그리하여 오늘날 지구적 이주 추세는 이주할 수 있는 권리가 국제법을 초월한 생존권적 자연권으로 부각되면서 새로운 국제 질서를 창출하고 있다. 미래학자들이 예견한 바와 같이 이주가 양적으로 팽창하여 여러 민족이 혼합된 사회를 구성함으로써 다민족 사회가 형성되고 복합문화시대가 도래하게 된 것이다. 이러한 추세는 국경의 벽이 낮아지는 21세기 인류문화사의 획기적 변화 양상으로 전개돼 가고 있다.

더구나 과다한 인구, 좁은 영토, 부존자원의 부족 등으로 나라가 처한 상황이 어렵다면 현실타개를 위해서나 국가의 먼 장래를 설계하기 위해 밖으로 시야를 돌려야 함은 당연하다. 여기에는 국가차원의 치밀하고 객관적 합리성을 갖춘 획기적인 이주기획이 절실히 요청되고 있다.

역사는 우리에게 끊임없이 변화하라는 엄중한 교훈을 던져주고 있다. 불변자 부득천하(不變者 不得天下)라고 하거니와 혁명적 사고의 변화에서 창조의 동인(動因)이 유발된다. 도전과 변화를 추구하는 자만이 새 시대를 열어간다.

역사에 큰 족적을 남긴 사람들의 공통적 특징은 끊임없이 변화하고 도전한 점이다. 연해주를 한민족의 생활공간으로 넓히고 우리의 경제적 영역화 한다는 설계는 일반적이고 평범한 사고로는 접근하지 못한다. 여기에는 가히 혁명적인 사고와 철학이 정립되어야 한다.

외국의 실례(實例)를 하나 들어보자. 1803년 미국의 제3대 대통령 제퍼슨은 독립전쟁을 치루고 연방 정부가 들어서서 미처 확고한 기반이 잡히기도 전에 미국 중부의 미시시피 강 유역까지의 루이지애나 지역을 매입하려 했다. 당시 국내 여론은 당장에 불요불급한 황무지를 재정적 압박을 받아가면서 왜 매입하려 하느냐고 반대하여 심지어 위헌논쟁까지 야기하였다. 그러나 제퍼슨 대통령은 이러한 반대를 무릅쓰고 1,500만 달러를 지불하고 나폴레옹으로부터 매입했다. 매입한 루이지애나 지역 면적은 미국이 대영독립전쟁시 대서양 연안의 13개주를 합친 면적보다도 넓었다.

당시 제퍼슨 대통령은 루이지애나 지역을 매입함으로 해서 서부 개척의 길이 열릴 것으로 전망하고 향후 미국의 영토는 동은 대서양, 서는 태평양 연안을 연결한다는 웅대한 구도를 그렸다. 이 구도는 적중하여 오늘날 미국 영토는 대서양과 태평양을 연결시켰다. 역대 미국 대통령의 결단과 업적 중 제퍼슨의 이 결단을 제일 높이 평가한다. 이는 오늘날 우리들에게 새 생활공간 개척을 위한 좋은 교훈이 되고 있다.

3. 연해주와 한민족

연해주는 고대로부터 근 · 현대에 걸쳐 한민족과는 특별한 연고관계를 지니고 있다. 고대에는 발해의 강역이었고 근 · 현대에 와서는 이주 한인들의 생활터전이었으며 선열들의 항일 독립투쟁의 활동무대였다. 연해주가 러시아의 영토가 된 것은 불과 150년밖에 되지 않는다. 발해 멸망 후 중국 지배하에 있었는데, 1860년 청 · 러 간의 북경조약에 의하여 러시아 영토가 되었다.

연해주는 러시아 영토가 될 때까지 미개척지였다. 거기에는 여러 종족의 거주민이 있었는데 그 수는 불과 1만 2,000여 명 정도였으며, 그들은 수렵, 어로, 순록사육 등의 생업에 종사하고 있었다.

러시아는 연해주 진출을 위해 1483년에 시베리아 대원정을 시도한 바 있었으나, 장거리인데다 혹한의 기후로 인해 도중에 그쳤고 본격적인 진출 행보는 16세기 말엽부터 시작되었다. 우랄 산맥을 넘어 계속 동진하는 과정에서 중국 흑룡강 유역에 이르게 되자 청나라와 충돌하게 되었다. 이때 청나라는 조선의 원병을 요청하였고, 1654년과 1658년 조선에서 출병하게 됨으로써 조・러 간에 처음으로 접촉이 있었다.

그 후로도 러시아는 중국과 크고 작은 사건을 겪으면서 계속 동진하여 1858년에는 아이훈 조약(愛琿條約, Treaty of Aihun)을 체결하여 연해주를 러시아와 청나라의 공동감시 하에 두었다가 2년 후 1860년 10월에 청나라가 영국, 프랑스와 제2차 아편전쟁을 끝내기 위해 조약을 맺는 혼란을 틈타 다시 청을 협박하여 청・러 간 북경조약을 체결함으로써 우수리 강 동편에서 태평양 연안에 이르는 연해주 지역을 점령하게 되었다.

러시아는 신개척지에 이민을 장려하기 위하여 1861년 4월 러시아 자유이민법을 제정, 공포했다. 이 법에 의하면 관유지(국유지)를 개간하면 사유지로 인정하고 이주민에게는 병역면제 혜택과 인두세를 면제하며 20년간 토지세를 면제해 주었다. 이 법은 러시아인만이 아니라 이국인에게도 동등하게 적용되었다.

한인이 연해주에 거주한 것은 1863년으로 공식 기록되어 있다. 함경북도 북단의 13가구가 두만강을 건너 포시에트 지역의 관유지를 개척하여 정착했다. 공인되지 않은 기록에 의하면 홍경래의 난이 일어났던 1811년 한인들이 두만강을 건너 박석골에 감자밭을 일구고 살았다는 기록이 있는가 하면, 1853년 함경북도의 한(韓)씨 일가가 남부 우수리 포시에트에 와서 농경에 종사함으로써 연해주 한인 이주의 시초가 되었다는 기록도 있다.

그러나 이들은 봄에 와서 농사지어 가을에 돌아가는 계절출가농업(季節出稼農業)에 지나지 않았다. 한인의 연해주 이주 시초에 대해서는 사료마다 다소 차이가 있으나 러시아인 그라베(V. Grabe)의 「극동 노령에 있어서 황인종 문제 보고서」에 1863년으로 되어 있다.

1863년 한인 13세대가 포시에트에 정착한 사실이 알려지게 되자 연해주 총독 코르사코프(Korsakov)는 1864년 11월 16일자로 다음과 같은 지시각서를 지방관에 하달하였다. "국경지방 이민의 중요성에 비추어 러시아 국경 안에 영구정착 허가를 원하는 한인들을 보호하고 우선 예비비 중에서 정착 초기에 필요한 식료품을 지급하라." 이 조치는 조선 내 이주 희망자들에게 널리 알려져 이주의 촉매제가 되었다. 1864년에 60가구가 이주하였고, 1868년에는 165가구, 1869년에는 766가구로 늘어났다.

한인의 이주 동기는 경제적 이유 때문이었다. 좁고 척박한 농토로 인한 극빈과 영세성, 지방 관리들의 가렴주구가 심한데다가 인접한 러시아의 비옥한 땅에 대한 동경, 그리고 과중한 군역을 들 수 있다. 당시 조선 조정에서는 국민보호라는 명분으로 월강죄(越江罪)를 제정하여 이민을 금지하고 내왕과 교역하는 것을 통제했다. 그러나 국경지대에 거주하는 한인들은 강 건너 비옥한 땅을 두고 월강죄가 두려워 주저앉아 있을 수 없었다.

국경을 넘는 것은 주로 밤 시간대에 육로와 해로 등을 통해 다양한 방법으로 행해졌는데, 국경 경비 초소에서는 이를 막을 효과적인 방법이 없었을 뿐더러 러시아 측에서는 이민을 바라고 있는 처지였기 때문에 묵인했었다. 조선 조정은 이민을 금지했지만 생사를 걸고 이주해가는 사람들을 막기에는 역부족이었다.

여기에서 당시 조선 조정의 무능했던 안목을 엿볼 수 있다. 러시아는 자국과는 아무 연고도 없는 원거리의 연해주를 점하기 위하여 몇 세기에 걸쳐서 노력하고 끝내 강압적 수단으로 차지했다. 조선 입장에서 볼 때 연해주는 발해 고토라는 연고에다 인접한 땅인데, 한인이 이주해 가는 것을 장려는 못

할망정 묵인이나 할 일이지 왜 그렇게 막으려고만 애를 썼던가. 겨우 이러한 국제적 안목으로 1860년대 개화기를 맞게 되었으니 쇄국정책으로 일관했던 것이 아닌가.

연해주 한인의 정착문제는 러시아의 이주민정책과 궤(軌)를 같이 한다. 러시아는 연해주 개발을 위해 많은 인력이 필요했고, 한인들은 새 생활터전을 찾아 이주하게 됨으로써 쌍방은 상호 필요보완 관계로 시작되었다. 이주 초기 러시아 정부는 한인들에게 매우 우호적이며 여러 가지 혜택을 주었다. 까다로운 절차나 규제를 하지 않았고, 오히려 식량을 지원하고 빈번한 중국 마적단의 만행으로부터 보호해 주었다.

1865년 여름, 연해주 총독이 티진헤(地新墟)에 있는 1863년의 최초 한인 정착지를 방문했다. 그는 첫 이주민들이 열심히 농사를 지어 성공적인 정착이 가능함을 예견하고 앞으로 이주해올 한인들도 극동노령지역 개척에 매우 유익할 것이라 전망했다.

이러한 실태를 파악한 총독은 국경초소에 다음과 같은 행정지시를 하달했다.

1. 한인들이 이주를 신청할 때 무조건 허가하고 협조하라.
2. 국경에서 조금 떨어진 곳에 정착하게끔 그들을 설득하고 만일 원하지 않으면 다른 정착지를 선택하도록 하라.
3. 이주 한인들을 러시아의 법률하에 동등하게 보호하고 중국 관리의 어떠한 간섭도 허용하지 말라.

위의 정책 지시에서 러시아의 두 가지 측면을 읽을 수 있다. 첫째 이주 한인을 환영하며 최대한의 편의 제공과 보호책을 강구한 점이다. 러시아 영토에서의 보호뿐만 아니라 중국의 간섭과 조선 정부의 박해로부터도 보호하려는 의지를 표명하며 이주 한인들을 러시아 국민으로 입적시키려 하였다.

두 번째 의도는 연해주에 한인 이주가 쇄도함으로 인해 발생할지도 모를 불상사를 예방하기 위하여 가급적 한인 정착지의 한계선을 설정하려 한 점이다. 이주 초기에는 한계선에 대해 특별히 정책적 배려를 하지 않았으나 1870년대에 접어들면서 이주가 대폭 증가하자 가급적 한·러 국경에서 멀리, 그리고 러시아인 촌락에 산재시킴으로써 만일의 경우를 대비했다.

이 결과 한인들은 수이푼, 우수리스크, 파르티잔스크, 수찬 지역 등 연해주 여러 곳에 분산 정착하게 되었다. 이주 한인들은 이러한 러시아 정부의 호의에 감사하고 신뢰하며 그 시책에 잘 따랐다. 그러나 조선 정부와 러시아 정부 간에는 한인 이주에 따른 어떠한 협정도 없었다. 러시아 당국은 모든 외국인들에게 자기나라 정부의 허락 여부에 관계없이 러시아 국적을 부여한다는 것을 염두에 두면서 조선 또는 중국 관리들이 러시아 영토 내의 한인들을 문제 삼는 일에 대해서 이를 받아들이지 않으며 오히려 더욱더 한인을 보호할 것이라는 의지를 나타냈다. 러시아 정부는 한인들을 러시아 농민으로 받아들이고 보호하는 것이 경제발전에 유익하며 사회적으로 불안요소가 되지 않는다는 것을 확신했던 것이다.

이주 한인들의 직업실태를 살펴보면 80%가 농업에 종사하였고, 그 외 20% 가운데 도시 도로공사와 건축에 종사하는 도시 근로자와 어로업, 벌목공, 광산 노동자 또는 극소수이기는 하지만 러시아 하급 관청에서 보조적인 일을 하는 사람들도 있었다.

러시아 당국은 한인을 겸손하고 도덕적 수준이 높으며 예의바르고 근면하며 신뢰성 있는 민족이라고 좋게 평가했다. 그러나 이주 한인들이 머리를 길러 상투를 틀고, 한복을 입고 한인 풍습과 생활양식을 그대로 지키면서 다만 생계를 위한 토지만을 요구하자 러시아 당국은 이들을 동화되기 어려운 민족으로 보고 호의적인 태도도 점차 변하기 시작했다.

러시아 당국은 이주 한인의 러시아 귀화를 종용하면서 모발과 의복과 생활양식의 현지화를 유도했으나 별 효과가 없었다. 한인들은 러시아 국적을 취득하면 토지 소유권을 비롯하여 여러 가지 우대를 받는 줄 알면서도 조상 전래의 한인 풍습을 쉽게 버리려 하지 않았다. 한인들의 민족정체성 유지의 강한 의지가 돋보인다.

후일 연해주에 대규모 신한촌(新韓村)이 형성되고 이상설, 이동녕, 이동휘, 안창호, 홍범도, 신채호, 유인석, 최재형 등 국내외 내로라하는 인사들이 결집하여 망명정부가 서게 되며 군대양성, 신문발간, 한인학교 설립, 근업회(勤業會)와 성명회(聲明會) 결성 등으로 조직적 독립운동을 할 수 있었던 것도 연해주 한인사회의 뒷받침이 있었기 때문이다.

1937년 스탈린에 의해 중앙아시아로 강제이주를 당하는 비운을 겪기도 했지만 연해주와 한민족은 운명적으로 불가분의 관계다. 초기 연해주로 이주한 한인들 마음에는 이 땅은 옛 발해의 고토이므로 다시 이주할 때 타국으로 간다는 생각이나 월경에 대한 죄의식도 없었을 것으로 믿어진다.

근래 한인들이 연해주에 진출하여 옛 발해의 고적과 선열들의 독립운동

연해주 여행자들의 유명 방문지가 된 연해주 신한촌 기념탑(블라디보스토크, 1999, 해외한민족연구소 건립)

의 발자취를 보게 될 때 특이한 감회에 젖으며 애틋한 향수를 느끼게 된다. 폐허가 된 신한촌에 1999년 (사)해외한민족연구소에 의해 신한촌 기념탑이 건립되어 연해주 고려인들에게 구심점 역할을 하고, 수이푼 강변에는 이상설 선생 추모비가 세워졌으며, 연추 강변에는 안중근 의사를 위시한 12명의 단지 결의비가 세워져있다. 또한 초기 이주 한인들이 개간한 광활하고 비옥한 들판과 우물, 그리고 연자방아가 그대로 남아 있어 오늘날 우리의 눈길을 끌고 있다. 이 모두가 연해주와 한민족 간에 맺어진 연고의 징표이다.

4. 연해주의 지정학적 위상

연해주의 위상은 러시아 영토로서 갖는 군사적, 정치적, 경제적 위상과 전 지구적 측면에서 갖는 지정학적 위상이 있고, 한국과의 특수한 관계에서 가지는 위상이 있다. 이중 여기에서는 한국과 관련된 위상을 위주로 언급하는 것이 좋을 듯하다.

연해주는 한국과 친숙한 지역이며 여러 가지 관점에서 중요한 의미를 지니고 있다. 역사적 연고성과 지리적 근접성, 광활한 땅과 풍부한 자원, 에너지 확보와 수송문제 그리고 앞으로 시베리아 횡단의 교통과 물류의 중심지 기능 등으로 지정학적, 또는 지경학적 위상은 대단히 높다.

연해주는 지리적으로 가까워 서울에서 블라디보스토크까지 불과 750km 거리에 있고, 인천 공항에서 항공편으로 2시간 15분이면 도착할 수 있는 가까운 위치에 있다. 그리고 연해주는 한반도와 중국, 러시아가 만나는 지역이라 닭이 울고 개가 짖으면 3개국에서 동시에 들을 수 있는 지역이다.

오늘날 남북한 분단시대에는 대북 경제 교류의 배후지로서 북한을 연결하는 채널 역할을 하고, 향후 통일시대에는 러시아 진출의 물류 전진기지로서 시베리아 내륙을 연결하는 통로의 역할을 할 것으로 기대된다.

한편 연해주는 넓은 대지와 풍부한 자원 자체가 그 위상을 높이고 있다. 외지인이 연해주에 첫발을 딛게 되면 두 가지 면에서 놀라게 된다. 그 하나는 광활함이요, 또 하나는 비옥함이다. 거기에다 땅이 비어있다는 사실이 신기하리만치 느껴진다. 면적은 16만 5,000km^{2}로서 남한의 1.7배가 되는데, 인구는 불과 230만 명 정도로 그마저 해마다 감소현상을 보이고 있어 비어있는 땅이란 표현이 실감난다.

연해주 경작지의 규모는 250만ha로서 우리나라의 경작지 195만ha를 능가한다. 연해주 3대 농작물은 쌀, 콩, 감자로, 그 밖에 옥수수, 약용작물과 각종 채소류 재배도 가능하다.

쌀의 경우 한인 초기 이주민들이 쌀농사를 시작했으나 처음에는 바닷가의 한랭한 기온과 극심한 안개 등의 기후조건으로 실패했다. 이를 피해 내륙으로 북상하여 끊임없는 연구와 노력 끝에 우수리스크 일대와 항카 호 부근에서 벼농사에 성공했다. 연해주에서 벼농사가 가능하게 된 것은 전적으로 이주 한인들이 노력한 결실이다. 그러나 불행하게도 1937년 중앙아시아로 강제이주 당한 후 연해주에서의 벼농사는 자취를 감추었고, 대신 중앙아시아에서 벼농사에 대성공을 거두어 한민족의 저력을 과시했다.

근래에 들어 한국인들이 다시 연해주에 진출하여 항카 호 부근과 우수리스크 주변에서 영농사업을 전개하고 있다. 그중에서 대순진리회가 항카 호 부근에 대규모 영농사업에 착수하여 크게 성공하였다. 그리고 유니베라(구 남양 알로에) 회사에서 큰 규모의 약용작물을 재배하여 두 기업이 성공한 사례로 꼽히고 있다. 그 외에도 2009년 재일교포 이성사(李誠司) 회장이 농지 3,000ha를 매입하여 아그로 아무르 농장을 열고 2010년에 1,000ha(300만 평)에 콩과 옥수수를 경작하여 크게 성공했다. 앞으로 이 농작물을 사료로 해서 2만 두의 양돈 계획을 세우고 자신감에 찬 의욕을 보이고 있어 밝은 미래가 전망되고 있다.

한국은 앞으로 통일을 대비하여 안정적 식량공급지로서 연해주 땅이 절대 필요하다. 특히 중앙아시아 고려인들이 연해주에서 안정적인 직업을 구할 수 있다면 재이주를 희망하고 있고, 중국 내의(주로 연변지역) 조선족 동포가 모여들고 있으며 북한의 노무자들이 있을 뿐 아니라 한국에서 연해주 진출이 증가하고 있다. 이러한 점들을 감안할 때 연해주 영농사업은 중요한 의미를 갖는다.

한편 러시아 입장에서 보면 중국 농산물 수입을 저지하고 농촌경제의 복구를 위해서 정책적으로 영농사업을 장려해야 할 입장이다. 다행히 러시아인이 보는 한인은 근면, 성실하며 지난날 연해주와 중앙아시아에서 벼농사에 풍부한 경험이 있는 것으로 인식되어 있다. 때문에 한인의 영농사업 진출을 기대하고 있는 실정이다.

연해주가 지닌 지경학적 위상은 대단히 높다. 광활한 대지, 풍부한 부존자원, 씨를 뿌리면 얼마든지 열매를 거둘 수 있는 조건이다. 그런데 연해주 자원을 논할 때 특별히 유념해야 할 것이 있다. 연해주 자체가 보유하고 있는 자원만이 아니라 연해주 인접지역을 포함한 광의의 연해주를 염두에 두고 생각해야 한다는 점이다. 왜냐하면 러시아의 동시베리아 극동지역과 사할린에 매장되어 있는 막대한 석유, 천연가스, 석탄 등의 에너지 활용문제를 연해주와 연결 지어 고려해야 하기 때문이다.

한국의 경우 에너지 소비규모가 세계 10위이며 97%를 수입에 의존하고 있는데 그중 중동 의존도가 82%를 차지하고 있어 원유수입의 다원화가 시급한 실정이다. 이러한 실정을 고려할 때 에너지 안보 차원에서 중동 의존도를 낮추고 수송상의 안전성 확보를 위해 그 대안으로 연해주와 관련하여 생각하지 않을 수 없다. 뿐만 아니라 광활한 들판, 특히 지난날 우리 선조들이 일구어놓은 농지는 앞으로 안정적 식량 확보를 위한 대안이다.

이와 아울러 연해주는 한빈도 평화인징에도 중요한 역할을 할 수 있을 것이다. 연해주는 남한과 북한, 러시아 간의 다자협력을 통해 남북협력의 다변화를 가능케 할 수 있는 잠재력을 가지고 있다. 연해주를 기점으로 남북한과 러시아 3국 간에 에너지 협력사업이 이루어지면 남한의 자본과 기술, 북한의 노동력, 러시아의 에너지 자원이 결합되어 3국이 모두 경제적 혜택을 입게 되며 한반도의 평화안정은 한층 증대될 것이다.

이러한 다방면의 전략적 가치 때문에 한국과 연해주는 불가분의 관계로 발전되어야 한다. 주도면밀한 계획을 세워 하루라도 빨리 진출하여 타국과의 경쟁에서 주도권을 잡아야 할 것이다. 연해주는 21세기 한 · 중 · 일이 마지막 경쟁을 벌이는 각축장이 될 것이라는 견해가 지배적이다.

5. 맺는말

연해주는 열려있는 공간, 기회의 땅이다. 여기서 열려있는 공간이라 함은 도전과 개척정신을 가진 사람들에게 무한한 가능성을 지닌 희망의 땅이라는 뜻이다.

지난 수 세기 동안 운명처럼 고질화되어 있는 지정학적 굴레를 벗어날 수 있는 근절책은 무엇인가? 그 방략은 한반도의 지정학적 영향을 벗어나는 길이며 그러기 위해서는 밖으로 눈을 돌려 생활공간을 개척해야 할 것이다. 그 대상지역은 여러 가지 여건을 감안해볼 때 연해주라는 결론에 이르게 된다.

미래학자들이 예견한 대로 국경의 벽이 낮아지고 다민족사회가 도래한다면 연해주는 우리의 의지와 노력 여하에 따라 우리의 경제적 영역화가 가능하다. 혹 러시아와의 마찰을 염려하기도 한다. 하지만 국경의 벽이 없어지다시피 되고 다민족사회의 도래가 인류문화사의 추세라면 그리 염려할 것이 없다. 러시아와 더불어 공동개발하고 공동번영을 추구하면 마찰이나 갈등은 얼마든지 극복할 수 있다.

그 좋은 실례는 하와이에서 볼 수 있다. 하와이는 일본의 진주만 기습으로 악연이었지만, 미 · 일 간에 공동번영을 누림으로써 양국 간에는 하등의 갈등문제가 야기되지 않는다. 지금 하와이는 형식적으로 미국의 주권이 행사되고 있을 뿐 실제로는 일본 영토화되었다 해도 과언이 아니다. 요컨대 연해주를 하와이와 같이 개발하여 한・러 간에 공동번영을 누리게 하자는 것이다.

연해주 진출문제는 단순히 감상적인 희망사항이 아니라 21세기 한민족의 진로개척에 반드시 지향해야 할 민족사적 과제이다. 얼핏 생각하면 한민족이 연해주를 개척하여 경제적 영역화를 도모한다는 것이 황당한 발상으로 여겨질지도 모른다. 그러나 이 과제를 현실화시키기 위해 국민의 의지가 결집되고 추진 주체가 확고한 신념으로 잘 주도하면 충분한 가능성이 있다.

연해주로 진출할 수 있는 객관적 여건을 종합적으로 고찰해 보면 그 가능성을 실감할 수 있다. 국경에 구애받지 않고 이주가 가능해지는 국제 환경의 변화 추세, 다민족 사회의 도래 전망, 비어있다시피 한 땅, 인구감소의 대책으로 해외이민과 투자를 환영하는 연해주의 실정, 여기에다 한국과의 지리적 근접성과 역사적 연고성까지 가지고 있는 지역인데 불가능할 이유가 없다. 다만 추진방략의 두 가지 측면에서 각별히 유념해야 할 점이 있다.

첫째, 러시아와 상생의 원칙하에 상호 호혜의 정신으로 공동번영의 길을 모색해야 한다. 아무리 앞으로 대영토주권의 개념이 바뀐다 하더라도 연해주는 엄연히 러시아 영토이다. 이주자의 자본과 기술이 우월하다고 해서 주인을 홀대하는 사태가 야기돼서는 안 된다. 한・러 간에는 서로가 상대를 필요로 하는 유대관계가 유지되어야 한다. 하와이의 예에서 보듯이 서로 필요 보완 관계가 되었을 때 갈등이나 마찰의 소지가 야기되지 않는다.

둘째, 진출방법은 반드시 경제적인 접근방법으로 시도해야 한다. 정치, 군사적 접근법은 절대 금물이며 시대착오적이다. 남의 나라 땅에 들어가서 주객(主客)이 더불이 잘 살 수 있는 공통요인은 경제밖에 없다. 서로 협력하여 경제적 풍요를 누릴 때 상호간에 신뢰가 쌓이고, 경계심은 자연히 해소되기 마련이다. 이국에서 이민족 간에 융합될 수 있는 방법은 신뢰가 으뜸이다.

이러한 신뢰를 바탕으로 산업을 발전시켜 연해주를 전 러시아 중 가장 잘 사는 주(州)로 만들면 러시아와는 자연히 융합이 이루어지고 공동 번영하는 상생관계가 맺어질 것이다. 그리고 또 한 가지 다른 측면에서는 현지의 고려인, 한국에서 진출하는 기업과 산업역군, 북한의 노동력, 거기에다 옛 고향 원동(연해주)으로 재이주를 갈망하는 중앙아시아 우즈베키스탄, 카자흐스탄, 키르기스스탄 등지의 고려인들이 다시 돌아와 모두 함께 화학적 통합으로 새로운 신한촌을 형성할 수 있을 것이다. 이것이 바로 우리가 바라는 연해주에서의 한인 생활공간을 넓히는 길이고 경제적 영역화를 성취할 수 있는 방략이다.

제1부

연해주의 고려인사회 - 과거와 현재

1 연해주 한인의 이주과정 및 생활상 | **신승권**

2 신한촌(新韓村)과 노령(露領) 한인사회(韓人社會) | **반병률**

3 신한촌과 한인독립운동 | **박 환**

4 연해주 고려인들의 현황 | **이광규**

5 러시아 연해주 고려인과 우리의 진출전략 | **고상두**

1 연해주 한인의 이주과정 및 생활상

신승권(한양대학교 정치학과)

1. 한인의 연해주 이주과정 및 러시아의 대한인정책

1) 조·러 육로통상조약 체결 이전

16세기 중반 이래 동남진 정책을 지속적으로 추진해 온 제정(帝政)러시아는 국력이 쇠퇴해진 중국 청조(淸朝)를 압박하여 1858년 아이훈(Aigun) 조약과 1860년 북경조약으로 아무르 강(黑龍江) 이북과 연해주(Primorskaia oblast') 지역을 각각 차지하였다. 따라서 러시아인의 극동 이주는 1860년을 전후하여 시작되어 아무르 강 및 우수리 강 연안, 항카(興凱) 호반, 남부 연해주 등으로 러시아 각지의 빈곤자들을 이주케 하였다. 제정러시아는 1859년 시베리아와 서부에서 약 1만 명의 러시아인 이주자를 불러들여 이 지역을 개척하려 하였다. 이주 장려책으로써 아무르 지방으로 향하는 정치범에 대해 여권이 발부되었고, 2년간 정부의 생활 지원이 약속되었다. 그리고 1860년에는 중앙아시아 지방에 살고 있던 카자흐인 등 다수를 이곳으로 이주시켜 본격적인 개척에 나섰다.[1]

---

1 玄圭煥, 『韓國流移民史(上)』(서울: 대한교과서주식회사, 1967), pp. 768-769, p. 786.
연해주로의 러시아인 이주는 크게 두 가지 방식으로 이루어졌는데, 하나는 강제적인 것이

그러나 러시아 당국의 이민 장려와 특전에도 불구하고 이주 신청자가 계속 감소함에 따라 자국민(自國民)으로 충당한다는 계획은 이 지역이 넓은 만큼 큰 실적을 올리지 못했다. 따라서 '다른 국민, 다른 민족'의 활용 필요성을 느꼈고, 이의 일환으로써 한인들의 러시아령 극동으로의 이주가 장려되었다. 한인들은 마침 국내에서의 흉년 등으로 인한 생활 곤란으로 압록강과 두만강을 건너 만주 등지에 이미 이주가 증가되고 있었던 때인 만큼 러시아의 이민 환영과 특전 등 좋은 조건을 발견하고 러시아의 연해주 지방 병합과 비슷한 시기에 이주가 시작되었다.[2]

연해주 지역으로 한인 이주의 시작은 1863년, 1864년, 1868년 등 여러 설이 있다. 그러나 가장 일반적인 것은 한인 농민 13가구가 1863년 겨울 두만강을 건너 포시에트에 정착한 것이 한인 이주의 효시라는 주장이다.

그러나 1830~1849년경 두만강을 건너 당시 청국 영토인 우수리(沿海州) 지역에 한인 선주민(先住民)의 발자취가 있었고, 그 후 함풍(咸豐) 10년(1860년) 러 · 청 국경조약이 성립된 후에도 잔류하였다고 한다. 이는 러시아가 연해주 지역을 접수하기 이전에도 이 지역에 한인이 거류하고 있었음을 암시해 준다.[3]

그 이후 1864년 60가구, 308명이 이주했고, 227 데샤티나(약 7,500평)의 토지를 점유했다. 1866년에는 100가구, 1868년에는 165가구, 1869년에는 766가구가 이주하였다. 당시 러시아인과 카자흐인의 수는 6,200명이었고 한인은 총 인구의 25%를 차지하였다. 특히 한인의 이주에 박차를 가했던 1869~70년 북한 지방의 흉년에는 일거에 수천 명이 이주하였다. 이러한 이주 추

었고, 다른 하나는 자유 이민이었다. 강제적 이주는 군 복무중의 '자 바이칼 카자흐'인과 보병대의 징계병을 주축으로 이주시켰으며, 자유 이민은 유럽 쪽 러시아에서 토지를 소유치 않은 농민이 토지를 구해서 이주하게 된 경우를 말한다.

2 위의 책, p. 786.

3 위의 책, p. 806.

세에 놀란 조선 정부와 러시아 정부는 다 같이 이주 방지에 나섰으나 그래도 약 3,500명의 이주자가 생겼고, 이들은 포시에트구에 정착하였다.[4]

그리하여 1864년부터 촌락 '치진허'가 포시에트 구역에 생겼으며, 1867년에 마을 '하얀치허'와 '상얀치허', '시디미' 마을과 '케드로바야파드', 1868년에 '니콜라예프카'(추안 구역), 1869년에 '바라노프카', 1871년에 '파타쉬', 1872년에 '아디미', 1875년에 '크라스노에셀로'가 건설되었고, 1880년에 치진허와 얀치허 출신 이주자들과 조선으로부터 새로 도착한 주민들에 의해 압록강 분지에 '자레치에'('강 건너 지역'이란 의미) 마을이 건설되었다. 1879년에 와서는 '암바비', 1880년에 '랴자노프카', 또한 1882년에 '크라베', 1884년에 '페스찬나야'와 '클레르크', 1885년에 '몬구가이'가 생겼다. 그리고 1869년에는 수이푼 구역에 '크로우노프카', 1870년 '푸칠로프카' 마을이 형성되었다.[5]

러시아의 유명한 극동지역 여행가인 프리제발스키는 1867년부터 2년 동안 극동지역을 여행하고 쓴 『극동지역으로의 여행』에서 당시 한인들의 근면성과 상부상조의 정신 및 민족적 단결력을 칭찬하면서 차르정부에 러시아화 정책을 건의하였다.[6]

한인이 이주하기 시작한지 처음 10년 동안에는 러시아 당국이 한인들을 호의적으로 대해 기꺼이 러시아로의 귀화를 받아들였고, 토지도 제공하였다. 이로써 정착한 한인들은 농업기술을 갖고 연해주 지역의 농업발전을 촉진시키게 되었다. 이 외에도 한인의 이주는 도시로의 값싼 노동력을 공급했고, 부농인 100 데샤티나(약 3,300평) 소유자 및 카자흐인들의 소작인과 일용농부로 고용되어 농업인구를 증가시켰다.[7]

이와 같이 제정러시아 정부는 새로운 노동력의 유입이라는 차원에서 한

4 위의 책, p. 778, pp. 807-808.

5 鄭泰秀 編譯(원저자: 金承化), 『소련 朝鮮史』(서울: 대한교과서주식회사, 1989), pp. 26-27.

6 "발굴 秘史, 韓 · 露 關係 1세기", 『한국일보』 1992. 11. 15.

7 정태수 편역(원저자: 김승화), 위의 책, p. 34.

인들의 이주를 환영하였다. 한인들은 인구가 희박한 지역에서 소작인(arendatory)내지는 날품팔이(batraki)로서 일함으로써 값싼 노동력을 제공하였다. 그렇지만 어떠한 지원 수단도 없이 이들은 러시아 지방정부의 명령에 따라 우수리 강 및 아무르 강 주변의 여러 마을로 보내지게 되었다. 이와 같이 초기의 한인 부락 형성은 결코 순수한 '자연발생적 과정'을 통해 이뤄지지 않았다. 결국 차르 정부는 이들을 이용한 것이다.[8]

이 일에 차르 행정부가 관여했고, 자신들에게 유리하게 일을 추진시키려고 한인들의 자연적 집단 형성을 방해하고자 노력하였다. 그 결과 수이푼 강 주변에는 콘스탄티노프스키(127명), 카자케비체프카(329명), 코르사코프카(280명), 푸칠로프카(150명), 시넬리니쿄보(93명), 포크로프카(150명) 등 7개 한인 거주지가 인위적으로 형성되어 전체 330가구, 남녀 1,616명이 살았다. 그 대가로써 1869~1871년에 그들에게 3만 5,000부대의 비상식량이 보조 출하되었다.[9]

1869년 조선 북부지역에 기근이 발생한 후 일거에 수천 명의 이주자가 생기게 되었고, 이러한 문제는 당시 조선의 정정(政情)상 용납될 수 없는 문제였기 때문에 급기야는 외교문제로까지 번지게 되었다. 조선 정부는 러시아의 조선인 이주허용에 항의하였고, 러시아 측에서도 다수의 이주자 도래에 놀랐으며, 즉시 이주방지책을 마련하게 되었다. 그럼에도 불구하고 포시에트구 내에 수천 명이 입국하였다.[10]

이와 같이 1870년을 전후로 대규모의 한인들이 이주하면서 원주민 및 러시아인과의 마찰이 생기기 시작했다. 당시 동부 시베리아 총독 시넬리코프는 한인 이주자로서 아직 정착하지 못하고 있던 103가구를 1871년 아무르

---

8 Youn-Cha Shin Chey, "Soviet Koreans and Their Culture in the USSR," in Dae-Sook Suh ed., Koreans in the Soviet Union(Hawaii: University of Hawaii, 1987), p. 62.

9 정태수 편역(원저자: 김승화), 위의 책, pp. 23-24.

10 현규환, 위의 책, p. 778.

주둔 보병부대가 있던 '블라고베시첸스크'[11]로 강제 이주시켰고, 이들에게 알렉산드르 2세의 칙령에 의거해 가구당 일정 규모의 토지, 정착에 필요한 식료품, 목재 및 종자 등을 제공하였다. 한인 이주자들은 이처럼 제정러시아 당국의 지원 하에 군인들에게 필요한 식량이나 식료품 등을 생산하고 팔면서 비교적 쉽게 정착해 러시아화하면서 러시아 정교로 개종하거나 귀화하였다.[12]

그렇지만 1884년 6월 25일 러시아는 조선과의 수호통상조약(修好通商條約) 체결 과정에서 조선 측의 요구를 수용해 한인 이주에 대한 제한을 가하였다. 이 조약에 의하면, 러시아령 지방에 거주하는 한인을 3종으로 구분하였다. 제1종은 1884년 이전에 러시아에 이주한 자이며, 러시아 국적을 취득하는 것을 조건으로 이들에게 극동 러시아령에 토착할 것을 허가하였다. 제2종은 제1종 이외의 자로서 사업 폐쇄를 위한 일정기간 후에는 한국으로 귀환함을 요하는 자들이었다. 제3종은 일시적으로 러시아령에 들어온 한인들이었다.[13]

제1종의 한인은 당시 1,845가구, 9,000명이나 되었고, 이들은 곧 러시아 신민이 되어 정부에서 1가족 당 15 데샤티나(약 500평)의 토지를 부여받고, 또 향후 20년간 토지세를 면제받았다. 제2종의 한인에게는 사업 폐쇄를 위하여 2년간의 유예기간이 주어졌고, 이 기간에는 토지는 몰수되고 제3종과 같이 취급되었다. 또 유예기간 중에는 제1종의 한인과 같이 금전적 · 현물적인 납세의무를 지었다. 또 제2종 및 제3종의 한인에게는 조선 정부 및 러시아 정부에서 발급한 여권을 소지토록 했다. 그런데 러시아 정부는 여권 발급 시 여권세를 징수토록 하였다.[14]

---

11 이곳은 나중에 '블라고슬로벤노예'("축복받은 땅"이란 의미)로 지명이 바뀌었는데, 러시아 당국이 처음이사 마지막으로 개척한 韓人村이기도 하였다.

12 "발굴 비사, 한 · 러 관계 1세기", 『한국일보』 1992년 11월 15일자.

13 현규환, 위의 책, p. 787.

14 위의 책, pp. 787-788.

이주와 함께 한인들은 그리스정교에의 입교 및 러시아로의 귀화가 장려되었으며, 일단 러시아 국적에 든 자에게는 1호당 100 데샤티나의 배분지를 주었다. 그러나 조선 정부의 러시아에 대한 항의는 격렬하였으며, 당시 조선 정부는 러시아 정부가 조선 이주민을 허용하고 있다고 비난하였다.[15]

한편 러시아로서는 한인의 놀라운 이주 추세가 러시아에게 대단히 위험스럽다고 보았으며, 조 · 러 · 청의 국경 지대에 한인 이주민이 집단 거주함을 크게 경계하였다. 따라서 러시아 대신회의(大臣會議)에서 한인의 국경지대 영주를 금할 것과 또 내무대신으로 하여금 沿우수리(黑龍)지구 총독과 협의를 거친 후 국경지대에 정주하고 있는 한인을 내지(內地)로 재 이동시키는 법률을 제정토록 했다. 그리하여 1886년 11월 22일에 이 법률은 러시아 황제의 칙재(勅裁)를 얻어 법률화 되었다.[16]

2) 조 · 러 육로통상조약 체결 이후~러시아혁명 이전

조선 당국은 한인의 국외 이주를 강력히 금하였으며, 조 · 러 육로통상조약(朝 · 露 陸路通商條約) 체결 과정에서 연해주로 이주하고 있는 한인의 법적 지위를 명문화하려는 러시아 당국의 제의를 무시하였다. 부연하면, 1885년 10월 초대 조선주재 러시아 공사로 온 웨베르는 양국 간 육상무역에 관한 협상을 시작하면서 수교 이전에 이주한 사람이 귀화할 경우 러시아 시민으로 받아들이고 그 이후에 이주한 한인에 대해서는 조선 정부가 알아서 처리하라고 제안했는데, 조선 정부는 이를 거부하였다. 결국 1888년 8월 양국 간에 체결된 조 · 러 육로통상조약에서는 러시아내 한인의 법적 지위에 관한 조항이 포함되지 못했다.

조약 체결 전에는 약간의 잡음이 있었으나 러시아는 한인 이주 제한에

15 위의 책, p. 787.

16 위의 책, p. 788.

대해 미온적이었고, 오히려 이를 환영하였다. 그러나 조선 정부의 엄한 항의, 그리고 러시아 자체의 식민정책, 극동경영의 견지에서 종전의 방임적이고 초무(招撫)적인 태도에서 벗어나 제약을 가하기 시작했다. 한인 이주를 제약한다는 의미로서 한인들을 3가지 종류로 구분하고 여권의 소지 및 여권 수수료의 고액 징수를 의무화하였다.[17]

시베리아 총독 코르프 남작은 극동지역에 거주하는 한인을 세 부류로 구분하여 각기 달리 취급하였다. 그러나 1893년 코르프 남작의 사망으로 이 정책을 중단되었고, 그 후임인 두호프스코이 총독이 한인 이주를 보다 쉽게 할 수 있도록 이를 개정하여 수많은 한인 이주자들에게 시민권이 부여되었다. 그러나 20세기에 접어들면서 민중봉기로부터 러시아인 지주를 보호하기 위해 이주제한정책을 택하기 시작하여 실제로 러시아 시민권을 취득한 사람은 전체 이주자의 20~30%밖에 되지 않았다.[18] 하지만 러시아 극동지역에 정착하는 한인 인구가 점차 증가해 1889년에 수찬에 타우데미 마을이, 1890년에 안드레프카에 한인 마을이 생겨 1904년경 연해주에는 32개의 한인 거주지가 형성되었다.[19]

19세기 말까지 극동지역에 대해 제정당국이 실시한 식민정책의 근본 취지는 이민해 오는 한인의 값싼 노동력을 국경지역 개발에 자연스럽게 활용하는 것이었다. 그러나 20세기 초에 실시한 차르의 정책은 민중봉기로부터 지주들을 보호할 목적으로 가난한 농민들을 러시아로부터 추방하는 정책으로 변경되었다. 당시 국경의 비옥한 땅들은 러시아인들이 이미 확보하고 있었고, 제정러시아 당국은 한인 이주민에 대해 '황화(黃禍)와의 투쟁'이라는 구실 아래 추방정책을 실시하였다.[20]

---

17 위의 책, p. 788.

18 Kim Syn Khva, Ocherki po Istorii Sovetskikh Koreitsev, Almaata, 1965. p. 42.

19 정태수 편역(원저자: 김승화), 위의 책, pp. 26-28.

20 위의 책, p. 35.

1905년 沿아무르(黑龍江) 총독으로 임명된 운테르베르게르는 러시아의 식민화를 장려하면서 한인 이주자의 쇄도를 강력하게 저지했다. 그리고 그는 외국 출신 국민들에게 국유지 부여를 금지하는 것과 그 국유지 관리업무를 외국인 고용으로 맡기는 것을 금지하는 것이 필수적이라고 생각했다.[21] 따라서 귀화하지 못한 한인들의 수도 급속히 증가하였다. 1905년 당시 연해주에는 3만 4,399명의 한인 거주자가 살고 있었는데, 그중에서 1만 5,122명(남 7,939명, 여 7,192명)만이 러시아 국적을 취득했다.[22]

그러나 미귀화(未歸化) 한인들을 쫓아내려는 정책의 시도는 뜻대로 진행되지 않았다. 왜냐하면 한인의 내지전주(內地轉住)문제는 우선 이주에 소요되는 경비가 상당하다는 점과 한인을 포시에트 지방에서 쫓아내면 국경지방이 공허해질 뿐더러 대체 인력이 없기 때문에 동지(同地)의 식량과 노동력의 결핍을 가져와 이 지역의 주둔 군대와 관청에 큰 타격을 준다는 점 때문이었다.[23]

코르사코프와 두호프스키 총독은 국경지방 개발을 촉진시키기 위해 한인 고용을 이용하자는 데 합의했다. 그 결과 초기에 이주한 한인들은 이 같은 조치에 대하여 감사하면서 분여지를 분배받았다.[24]

이와 같이 러시아 중앙 당국의 방침과 실지(實地)에서의 적용 사이에는 현격한 차이가 있었다는 점에서 러시아의 대한인정책(對韓人政策)은 극동지역에 부임하는 총독 개인의 판단과 주관에 입각해서 정해졌으며, 확고부동하게 일관된 정책이 추진되지 못했다는 점이다. 따라서 총독에 누가 부임하느냐가 문제시 되었고 이러한 양상은 유동적인 면을 지니고 있었다. 그러나 대체적으로 코르프 남작과 운테르베르게르 등의 총독을 제외하고는 한인 이주에 고무적인 태도를 취했으며, 아울러 환영하였다. 특히 '콘단지' 장군은

---

21 위의 책, p. 35.

22 위의 책, p. 34.

23 현규환, 위의 책, p. 788.

24 정태수 편역(원저자: 김승화), 위의 책, p. 34.

조 · 러 조약 체결 당시의 총독으로 한인의 입주 개간의 필요성을 절실히 느끼고 가능한 한 보호 및 장려하였다. 또한 한국인, 중국인을 유치하는 것은 국가적으로 유익하다고 생각하고 조 · 러 통상조약에 명시한 대로 귀화한인에게는 자국민과 동등하게 취급하여 1호당 15 데샤티나를 부여하고 또 교육면에서도 고무 · 보호육성책을 써서 학교 창설과 교육을 장려하였기 때문에 이주자는 날로 격증하였으며, 남부 우수리(沿海州) 일대와 니콜라옙스크시 부근 곳곳에 한인 부락이 형성되었다.[25]

한편 극동 러시아 영토, 특히 연해주 지방일대는 항일투사의 근거지 내지는 활동지였다. 따라서 이 지역 한인들은 일본에게 큰 위협적인 존재가 되었다. 이에 대해 일본은 러 · 일 양국의 국제관계가 허용하는 최선의 수단을 다 동원하여 한인 세력의 분열 · 약화에 주력하였다. 즉 친일분자를 파견하여 친일세력을 심어 놓으려고 하였으며, 교육 사업이나 기타 선심 회유책으로써 한인들의 마음을 돌리려고 하였다. 다른 한편으로는 이곳 주재 각종 일본 官民출장소, 외교기관 등을 통해서 정보활동을 엄밀히 하였음은 물론이며, 이러한 활동은 이미 통감부(統監府) 시절부터 표면화되었다.[26]

1908년 일본 정부는 러시아 당국에 이러한 반일활동(反日活動)에 대해 강경한 조처를 취해줄 것을 요구했다. 일본과의 우호적인 관계를 바랬던 러시아는 이 요구에 응해 한인들의 어떠한 반일선동이나 무장세력 형성도 허용하지 않았고, 밀반입된 무기들을 몰수하였다. 이를 위해서 카자흐인들이 국경을 따라 배치되었다.[27]

제국주의 일본이 조선을 강점한(1910년) 후에도 러시아 극동지역 한인들은 독립군을 형성해 반일운동을 더욱 강화하였다. 일본 정부는 동경 주재 러

25 현규환, 위의 책, p. 788.

26 위의 책, p. 898.

27 Teruyuki Hara, *The Korean Movement in the Russian Maritime Province, 1905-1922*, in Dae-Sook Suh, *ed.*, *op. cit.*, (Hawaii: University of Hawaii, 1987), p. 3.

시아 영사관을 통해 즉각 항의했고, 러시아 당국으로부터 조선 독립군의 월경(越境)금지 조치를 얻어냈다. 제정러시아 당국은 일본과의 관계에서 새로운 분쟁 발생을 두려워하여 극동지역에서의 반일운동에 제동을 거는 일련의 조치를 취했다. 따라서 한인들은 러시아로의 이주가 더 이상 허용되지 않았다.[28] 그리고 일본은 러시아에 계속 압력을 가함에 따라 러시아 경찰은 42명의 한인들을 체포하여 이중 7명은 "반일운동의 주모자들"이란 명목으로 이르크츠크 지방으로 추방시켰다.[29]

러시아와 일본은 공통적 이해관계로서 1911년 6월 1일 러 · 일간 인도조약을 체결하였다. 이 조약에 첨가된 비밀선언은 국제법의 일반법칙에 어긋나는 정치범의 인도조항도 포함하고 있었다. 이러한 엄격한 규제로 인해서 러시아 영토 내 한인들의 반일운동은 위축되고 말았다.[30]

3) 러시아혁명 이후~한인들의 중앙아시아로의 강제 이주

혁명 초기 민족자결주의에 입각해 소수민족보호정책을 표방해 온 소비에트 정부는 레닌이 사망하고 스탈린의 권력이 강화되는 과정에서 소수민족의 자율권이 극도로 억제되게 되었다. 더욱이 일본의 팽창주의로 인해 극동지역에서 안보위협을 느낀 스탈린은 이 지역 한인들을 중앙아시아로 강제이주시키는 조치를 전격 단행하는 등 한인들에 대한 '분산 및 지배(divide and rule)' 정책을 추구하였다.

1921년경 한인들의 러시아로의 귀화현황을 보면 다음과 같았다.[31]

28 정태수 편역(원저자: 김승화), 위의 책, p. 35.

29 Teruyuki Hara, *op. cit.*, p. 4.

30 *Ibid.*, p. 4.

31 *Ibid.*, pp. 2-3.

표 1 ▸ 1921년경 한인들의 러시아 귀화 현황 (단위: 명)

지 역	러시아 귀화	러시아 미귀화	합 계
도시: 블라디보스토크	535	7,910	8,445
니콜스크-우수리이스키이	1,105	3,355	4,460
하바롭스크	127	638	765
니콜라옙스크-나-아무르	60	283	343
농촌: 니콜스키이이 구역(okrug)	11,168	12,847	24,015
올긴스키 구역	1,021	11,498	12,519
이만스키이 구역	1,392	2,095	3,487
하바로프스키이 구역	776	287	1,063
우드스키이 구역	632	-	632
연해주 탄광지역	660	990	1,560
합 계	17,467	39,813	57,289

연해주가 소비에트에 병합된 1922년 이래 연해 방면으로의 이민은 드물어졌으나 스탈린이 〈5개년 계획〉의 실시와 함께 "고도 국방 국가건설"을 부르짖음에 따라 극동의 이민문제는 재차 중대시되었다. 즉 스탈린의 생각은 만일 소련이 일본과 싸우게 된다면 극동은 군사적으로나 경제적으로 일개의 독립된 단위지역으로서 모든 점에서 자급자족토록 해야 한다고 생각하였다.[32]

극동의 건설은 이러한 계획하에서 진행되었다. 그리하여 우선 국경에서 5km 이내에 거주하는 이민을 퇴거케 하고 여기에 국경 방위지대로서 요새화하였다. 각지에는 활발히 군수공장이 세워졌으며, 종래 극동의 인구만으로는 이러한 요구를 충족시킬 수 없어 소비에트 정부는 노동력의 확보를 위해 이민을 장려하였다. 그의 일환으로써 1937년에는 극동지역 농민들에게 특전이 부여되었다.[33]

혁명 중의 혼란이 진정되고 극동지역에 질서가 회복되자 표면상으로는 민족주의 배경을 내걸고 소수민족 보호 및 자치를 적극 주창하였으나 집단

---

32 현규환, 위의 책, p. 771.

33 위의 책, pp. 771-772.

농장 형성과정에서 한인들에 대해서 토지할당 및 농기구 · 영농자금의 배정 등에서 러시아인들과 달리 불평등한 대우를 하였다. 따라서 한인과 러시아인 간 무력 충돌이 발생하였다. 이로 인해서 한인들의 원성은 자자해졌고, 또한 주요 국경지대에 거주하는 한인들에 대한 두려움 때문에 서서히 한인들을 다른 지역으로 강제 이주시키기 시작했다. 이는 한인들이 이주한 이래 근 1세기 동안 피땀으로 황무지를 개간하여 생활해온 터지를 일방적으로 박탈한 행위로써 인도적으로나 당시 소비에트 법률에서도 용납될 수 없는 것이었다. 그리하여 극비리에 한인들의 이송이 진행되었다.[34]

부연하자면, 블라디보스토크 근방 태평양 연안지방에 집단농장이 처음으로 건설될 당시 지방관은 한인들을 희생시켜가며 러시아인들에게 특별한 대우를 하였다. 러시아인 집단농장은 농지를 많이 받고 좋은 농기구가 급여되었으며 융자까지도 받았다. 이러한 불평등한 조치를 받은 한인들은 당국자들의 배타주의에 불평을 표시하였으며, 이것은 사태를 더욱 악화시켰다. 이로써 러시아인들은 근방에 사는 한인들에게 분노감을 가지게 되었고, 이후 블라디보스토크 역내에서 수많은 충돌사건이 양 국민들 간에 벌어졌다.[35]

1930~31년 겨울에 개최된 특별회의에서 공산당위원회는 한 · 러시아인이 뒤섞여 사는 지역에서 배타주의를 배격할 것을 결의하였다. 이러한 간섭이 있은 후부터는 사태가 호전되었다. 그러나 초기 집단농장 건설 시의 충돌사건 등 소수 아시아 민족에 대한 정책은 이것으로써 종지부를 찍은 것이 아니었고, 슬라브 민족의 혈맥 속에 흐르고 있는 배타적 습성은 그대로 남아있었다. 이러한 가운데 한인은 극동지역에서 서서히 자취를 감추게 되었다.[36]

한인들은 1920년대 중기부터 산발적으로 중앙아시아 쪽으로 이주되기 시작했는데, 이러한 움직임은 그 후로도 계속되었다. 1924년 타슈켄트 교외

34 위의 책, p. 895.

35 위의 책, pp. 796-797.

36 위의 책, p. 797.

에 최초의 콜호스가 성립되었고, 1928년 이후에는 크질오르다주에도 미곡경작 단체가 있었다고 한다. 그러나 이러한 방식으로 이주한 한인의 수는 그리 많지 않았고, 수십만의 대규모적 이주는 1937년 스탈린에 의한 강제 이주 때 이루어졌다.[37]

2. 한인들의 이주원인

1860년 이전의 연해주 거류자는 여름에 갔다가 가을에 되돌아오는 정도였으며, 가족적인 이주는 아니었다. 따라서 한인의 이주는 러시아가 연해주 지방을 접수하고 러시아가 이 지역을 경영하기 시작한 1861년경부터 가시화되기 시작했다.[38]

조선 정부는 이들 월강국외(越江國外) 도피를 극형으로 대하고, 또 효수(梟首)로써 대중에게 시위하였다. 이와 같은 금지조치에도 불구하고 조금도 이주민의 수가 줄지 않았다. 이는 국내에서의 생활이 그 보다 더 위협받고 있었음을 시사해주는 것이다. 이주의 근본적 원인은 주로 경제적인 이유에서였으나 그밖에 정치 · 사회적인 이유도 있었다. 더구나 1869년에 있었던 북한지방의 흉년은 더욱 국외 이민을 촉진시켰으며, 이들 선주(先住)이주 한인들은 아무 곳이나 농경 적지(適地)를 골라 정착하였다. 따라서 러시아의 관유지도 점령하게 되었는데, 러시아 정부는 이러한 행위에 대해서 묵인해 주었다. 러시아는 이 한인들에 대하여 1861년 4월 27일부 원노원령(元老院令) 제36928호로써 영구히 인두세를 면제해주고 또한 20년간 토지세를 면제해 주는 조치를 취하였다.[39]

37 정태수 편역(원저자: 김승희), 위의 책, p. 273.

38 현규환, 위의 책, pp. 806-807.

39 위의 책, p. 787.

이와 같이 러시아령 극동지역으로의 이주 원인은 만주로의 이주 원인과 비슷하였지만 다만 한 가지 다른 점은 처음에는 러시아 총독들이 한인의 이주를 환영하였고 자국민과 별 차이 없는 특전과 대우를 한데서 더욱 이 지역으로의 이주가 활발해졌다는 것이다.[40]

결국 19세기 후반~20세기 초반의 한인 이주의 주요 원인은 다음과 같이 정리해 볼 수 있다. 첫째로 관리 · 지주들의 무법, 전제 및 봉건압제의 강화였는데, 그것은 농민들을 토지의 상실과 극도의 궁핍으로 내몰았다. 둘째로 조선에 침투했던 외국자본의 압박이었다. 외국자본은 조선인을 무자비하게 착취하는 대가로 높은 이익을 획득하고 국내의 천연자원을 약탈해 갔다. 셋째로 일본 제국주의에 대한 정치적 투쟁의 필요성을 어느 정도 인식했던 일부 진보적 성향의 사람들이 조선인의 민족해방 투쟁조직에 가담하기 위해 이주하였다.[41]

일본이 한반도의 내치(內治)외교를 한손에 쥐게 된 후로는 이들의 한인에 대한 지배와 압제는 비단 한반도상의 한인에만 국한하지 않고 만주로 이주한 한인들에게까지도 미쳤다. 그러나 러시아의 한인들에 대해서는 비록 러 · 일 전쟁에서 러시아가 참패했으나 러시아의 강대성은 여전히 일본을 위압하는 것이었기 때문에 만주의 경우와는 달리 일본기관의 활동에는 많은 제약을 받았다.[42]

20세기에 접어들면서 한반도에 대한 일제의 침략이 노골화되자 이주 동기도 조금씩 변하기 시작했다. 일자리 및 새로운 땅을 찾아 국경을 넘는 사람들 외에도 당시 항일지사 및 범법자들이 일제 관헌의 눈을 피해 연해주로 도피하여 정착하였다. 따라서 연해주 지역으로의 한인 이주자의 수는 계속 늘어 1870년 9,000명으로부터 1915년에는 6만 3,000명 이상으로 증가하

40 위의 책, p. 799.

41 정태수 편역(원저자: 김승화), 위의 책, p. 19.

42 현규환, 위의 책, pp. 897-898.

였고, 그 이후 일본과 러시아 관계가 악화되어 국경선의 감시가 심했음에도 불구하고 두만강과 만주국경, 심지어는 바다를 통해 이주가 계속됨으로써 1923년에는 10만 6,800명, 1926년에는 12만 3,000명으로 증가하였다. 그 결과 스탈린에 의한 한인의 중앙아시아로의 강제 이주가 있기 전인 1936년에는 극동지역에 거주하는 한인의 수가 25만 명 이상으로 증가하였다.

3. 재연해주 한인의 생활상

차르 정부 밑에서 연해주에 거주하는 여러 민족들은 결코 동등한 권리를 가지고 있지 않았다. 그리고 농민과 이주민의 권리 상태도 동일하지 않았다.[43]

그럼에도 불구하고 러시아 농민들과 비교적 동일한 기반에 있었던 제1그룹 한인들은 세금 · 부역 · 군역의 의무를 이행했다. 러시아인들이 가족 당 15 데샤티나를 기준으로 토지를 분배받았듯이 그들도 그와 같이 토지를 분배받았고, 1893년에는 러시아 국적을 취득하고 귀화했다. 또한 부유한 한인 농민은 자기 동포를 착취하여 여기서 축적한 재산을 산업과 무역업에 투자하기도 하였다. 그리하여 1910년에 포시에트 지방 경찰구 부농한인 중에 80명의 무역상인과 7명의 도기공장 소유자, 그리고 15명의 염업 소유자가 존재하였다.[44]

제2그룹에 속하는 사람은 2년 안에 가사(사업)를 정리하고 조선으로 떠나야만 했다. 이 2년 동안 그들은 제1그룹 한인처럼 부역과 납세의무를 이행하고 있었다. 그러나 그들은 군복무 이행이 면제되었다. 반면 지방에 일시적으로 거주하는 제3그룹의 한인들은 국유지에 정착하거나 그곳에서 사업할

43 정태수 편역(원저자: 김승화), 위의 책, pp. 31-32.

44 위의 책, p. 32, pp. 50-51.

권리를 소유하지 못했다. 그러나 그들은 러시아 농민과 똑같이 토지세와 소자료를 내야 했다.[45]

한편 주택을 소유하고 있는 한인들은 자기 동족을 자기 집에 거주시키는 것이 금지되어 있었다. 그러므로 대다수 한인들은 농업 노동자나 일용농부로 가는 것 외에는 다른 방도가 없었다.[46] 따라서 카자흐인들, 元토착인들, 새로운 이주 러시아인들 및 심지어는 러시아화한 한인들(제1그룹)조차도 제2그룹의 한인 정착민들 및 제3그룹의 한인 노동자들을 자기 농장에 고용하거나 소작케 했다.[47] 또한 국유지, 사유지, 시유지, 공공용지에 정착할 경우, 여기에서 가옥과 여러 가지 산업시설을 건축하는 것, 이 땅을 개간하는 것, 또 독자적으로 풀베기, 가축방목, 사냥, 고기잡이, 금속과 광물 채굴, 그와 유사한 직업에 종사하는 것은 군정관의 특별한 허가가 있을 때에만 가능했다.[48]

러시아에 이주한 한인으로서는 귀화 문제가 법적 지위의 안정과 러시아 정부에서의 여러 특전이 부여되고 있었던 만큼 중대한 문제였다. 특히 한인 대책에 대한 러시아 정부의 정책이 일관되지 않아 총독의 교체시마다 혹은 박해하고 혹은 보호하는 불안정한 상황하에 있었기 때문에 러시아 국적을 취득하는 것이 가장 안전한 길이었으며, 또 대부분의 한인이 농경에 종사하고 황무지 개척의 역군이었던 만큼 토지에 대한 분배와 권리 옹호를 위해서라도 귀화하는 길만이 유일한 방편이었다. 러시아 제국은 그리스정교를 국교로 하고 있었으며, 귀화 수속은 단지 러시아 사원에 가서 구교(舊敎)신자임을 고백하고 명부에 등록하면 되었다. 그럼에도 불구하고 한인의 러시아 귀화는 귀화를 원하는 전원에게 허용되지는 않았다.[49]

---

45 위의 책, p. 32.

46 위의 책, pp. 33-34.

47 Haruki Wada, "Koreans in the Soviet Far East, 1917-1932", in Dae-Sook Suh, *ed.*, ***Koreans in the Soviet Union***(Hawaii: University of Hawaii, 1987), p. 28.

48 정태수 편역(원저자: 김승화), 위의 책, p. 33.

49 현규환, 위의 책, pp. 824-825.

제1그룹에 속하는 이주민들은 두호프스키 장군의 정책을 계승했던 그로데코프 총독 시기인 1898년에 러시아 국적을 취득했다. 국경 거주 5년 미만인 한인들도 귀화가 허락되었다. 제3그룹 한인 이주민들은 이만, 호르, 키이, 아무르 등의 강변에 정착하도록 허가되었다. 뒷날 그들은 결국 여기서 50개의 한인 정착촌을 형성했다. 러시아 국적을 취득하지 못했던 한인들에게도 국유지 임차가 허락되었는데, 주로 국경에서 멀리 떨어진 구(區)인 알렉산드로보미하일로프카 마을이 형성된 호르강과 루캬노프카와 아브구스토프카 마을이 생겨난 이만강을 따라 허용되었다.[50]

결국 러시아 국적을 취득한 한인들은 전체 이주자 가운데 20~30%밖에 되지 않았으며, 이들은 러시아 국내 이주 연도가 기록된 관구장이 서명한 특별 신분증명서를 받았다. 증명서에는 가족명단이 기록되어 있었고, 이 증명서를 토대로 농촌사회국의 호적등본에 등재되었다. 이 새 국민들 중 20세 이상은 지방세 납부와 부역 의무가 부과되었다. 또한 국적 취득자들은 분여지를 소유했고 다른 이주민들보다 적게 착취당했으며, 아울러 개인 분여지(15데샤티나)를 소유한 거의 모든 한인들은 일용농부까지 고용했다. 그 후 이들 가운데서 청부업자, 상인, 부농이 배출되었는데, 특히 1910년에 최초로 한인 중에서 상인이 나타났다. 이들 상인들은 블라디보스토크에 210명, 하바롭스크에 80명, 니콜스크-우수리스키에 90명이 있었다.[51]

1910년에는 조선 주재 러시아 영사관에서 발급한 비자와 국민여권을 소지하고 러시아 국경에 합법적으로 당도한 이주민들이 대종을 이루고 있었다. 이러한 이주민 모두가 러시아에 1년간 체류허가를 받고 국경 지방에서 잠정적으로 거주한 후 뒷날 국적 취득이 결정되었다. 반면에 일정한 직업이 없는 자, 노동을 할 수 없는 자, 노약자(60세 이상, 12세 이하)인 한인은 러시아 이주가

50 정태수 편역(원저자: 김승화), 위의 책, p. 34.

51 위의 책, pp. 32-33.

금지되었기 때문에 그러한 사람들은 즉각 국경 밖으로 추방되었다.[52]

이주민 대부분은 어떠한 생존 수단도 갖추지 못하고 있었다. 따라서 러시아 정부는 트루베츠코이를 국경 대표자로 하여 조선 국경 책임자와 〈월경자 인수(越境者引受)에 관한 협정〉(1884년 6월 25일 체결된 〈조선인 이주제한에 관한 협정〉으로 추정)을 체결하도록 하였다. 이 협정이 체결된 뒤 연해주 지사인 푸루겔림은 당시 642가구가 살고 있던 치진허 한인 부락에 대해 생존 수단을 지니지 않은 가구들은 러시아에 남을 수 없고 반드시 조선으로 되돌아가야 한다고 명하였으나 이주 한인들은 조선으로 되돌아가도 조선의 국내법에 의해서 처벌을 받기 때문에 대부분 러시아에 남겠다고 단호한 태도를 보이자 결국 이들의 체류를 허락하였다. 그 후 한인들은 남우수리의 도로 건설작업 등에 동원되었다. 또한 푸루겔림은 라즈돌린과 아스트라한에 거주하는 한인들을 우수리 강, 수이푼 강, 한크 호를 따라 운항하는 국영 기선용 장작조달을 위해 활용할 것을 명령하였다.[53]

연해주 지방의 광산 기업가들은 한인의 저렴한 노동력을 크게 착취했다. 7,139명 중 러시아 노동자는 1,829명이었고, 나머지는 주로 한인 노동자였다. 이 외에도 많은 한인 단순 노동자들은 도시와 항구에서 일하고 있었는데, 1906년 니콜스크-우수리스키에 2,300명, 블라디보스토크에 4,505명, 니콜라예프스키에 1,541명의 한인이 살고 있었다.[54]

그러므로 한인 이주와 관련한 러시아 제정의 소수민족정책은 한인들의 집단 정착을 못하게 분산시키며, 이미 정착한 한인은 값싼 노동력으로 최대한 이용했다는 점이다. 그리고 한인들의 교육문제와 정신생활은 차르 관리들의 관심 대상이 아니었다. 제정당국은 한인 노동자들의 자녀들이 초등교육을 받을 수 있는 기회를 부여하는 것조차 전혀 노력을 기울이지 않아 1904년까

52 위의 책, p. 33.

53 위의 책, pp. 22-23.

54 위의 책, p. 55.

지 한인 마을에 정부출자 학교는 하나도 세워지지 않았다. 그럼에도 불구하고 러시아 민족과의 교류는 한인 이주민의 문화적 성장을 촉진시켰다.[55]

한인 이주자의 수가 증가하면서 러시아 시민권을 취득한 사람들의 수도 꾸준히 증가하였으나, 한 · 일 합방으로 인해 한반도가 일제의 식민지화되면서 자유왕래 등이 불가능해졌다. 반면에 한인들의 러시아화가 급속도로 진행되었다. 러시아 정교를 믿는 한인들의 수가 급증하게 되고 이름 또한 러시아식으로 짓는 등 러시아의 생활방식으로의 동화현상이 급속도로 진행되었다.

1907년 이전에는 거주 지구의 제한 등 도시 생활자에 대한 부분적 제한을 제외하고 그리 큰 위협을 받지 않고 생활하였다. 다만 노동 임금이 러시아인보다 저렴하였고, 또한 한인 귀화자에 대한 분배 토지가 러시아인의 것보다 토질이 나쁘고 협소했을 뿐이었다.[56]

차르 정부의 국유 기업체에서의 '황색인종 노동자' 사용금지 조치에 따라 1910년부터 총독 운테르베르게르의 명령으로 한인에게는 국유지 소작이 금지되었다. 그리하여 한인의 농업 집중은 훨씬 높아졌다. 이와 같이 농업에서 잉여 노동력이 형성된 것을 이용하여 부농은 임금을 낮게 지불하기 시작했다. 또한 지방 부농들은 국유 토지를 임차하여 즉시 더 비싼 임대료를 받고 한인들에게 빌려 주었다. 무역 · 고리대 업무는 매우 보편화된 한인 노동자에 대한 착취의 한 형태였다. 종종 부농들은 한인들에게 씨앗, 노동가축, 농기구, 식료품 등을 단골로 제공하면서 고리대 업자로 등장하였다. 따라서 많은 한인 농민들은 채권자를 위해 일생동안 일하지 않으면 안 되었다. 또한 10월혁명 전의 한인 노동자들은 차르 당국으로부터 심한 착취와 민족차별 등 박해를 받아왔다. 그 결과 한인 주민들은 불만을 품지 않을 수 없었다.[57]

가령 블라디보스토크 동쪽 해안에 한인들이 모여 사는 '신한촌(Koreiskaia

---

55 위의 책, p. 38.

56 현규환, 위의 책, p. 895.

57 정태수 편역(원저자: 김승화), 위의 책, pp. 53-54.

Slobadka)'이 있었다. 초기에 블라디보스토크에 이주했던 한국인 이주민들은 도시 중심부에 정착했었으나 시베리아 철도 개통과 더불어 러시아인들이 집중되자 한인들은 교외로 밀려나가게 되었다. 날로 러시아인의 수가 증가됨에 따라 교외로부터 산록 지대로 다시 밀려 나고 말았다. 그리하여 이곳에 자리 잡은 한인 집단부락을 '신한촌'이라고 부르게 되었다.[58] 이곳에는 한인 문화의 중심지로써 1927년경에 267개의 한글학교가 있었다. 그러나 당시 연해주로 이주한 한인들 대부분이 문맹자였을 뿐만 아니라 낮은 생활 및 의식 수준으로 인해 교육열이 부족하여 러시아말은 물론 한국말도 제대로 깨우치지 못한 사람들이 태반이었다.[59]

그렇지만 이곳은 한인들의 집결지였고 동시에 해외거주 애국지사들의 본거지였다.[60] 따라서 종종 혁명가들을 위해 자금이 모금되었고, 러시아 행정 당국의 박해로부터 정치 망명자들을 숨겨주기도 하였다.[61] 아울러 이와 비슷한 혁명 기지로서는 조선과 러시아 국경지역 근처의 '노보키에브스코에'가 있었는데, 러 · 일 전쟁 당시 러시아를 도왔던 이범윤(李範允) 등에 의해서 여러 의병대가 조직되어 있었다.[62]

이처럼 당시 러시아 극동지역은 동양에 있어서 좌경사상의 근원지 또는 배양지가 되어 공산주의를 부르짖는 한인들 대부분이 이 지역을 근거로 하든가 또는 이와 밀접한 연고를 맺고 있었다.[63]

한인의 혁명운동 참가는 두 가지 방향에서 전개되었는데, 하나는 러시아혁명 민중과 함께 러시아 제정과 그의 억압정책에 대항하는 것이었고, 다

58 위의 책, p. 244.

59 고송무, 『쏘련의 한인들: 고려사람』(서울: 이론과실천, 1989), p. 15.

60 Teruyuki Hara, *op. cit.*, p. 3.

61 정태수 편역(원저자: 김승화), 위의 책, p. 70.

62 Teruyuki Hara, *op. cit.*, p. 3.

63 현규환, 위의, 책 p. 903.

른 하나는 일본 식민세력으로부터 조국의 해방을 위해 전체 한민족의 투쟁을 지도하면서 일본 침략자들에게 대항하는 것이었다.[64] 설사 좌경사상을 갖지 않고 단순히 자기 생활향상을 지향하고 있는 자라 할지라도 일본에 호감을 갖고 있는 자는 없었으며, 표면상의 주의(主義)·사상(思想)이 공산주의이든 민족주의이든 간에 궁극적 목적은 한국의 독립에 있었다.[65]

러시아 내전기에 연해주 지방에서의 농민분화는 빈농층의 계속적인 몰락뿐만 아니라 계급투쟁의 심화로 인해 더욱 가속화되었다. 1884~1916년 사이에 연해주 지방으로 이주해 온 한인들은 전혀 분여지를 소유하지 못했고 이들 이주민들은 러시아 농민, 카자흐인, 개인이 소유한 토지를 소작하고 있었기 때문이다. 1917~1923년 사이에 연해주 지방 한인 인구는 25%나 증가했으나, 경작면적은 오히려 58만 2,000 데샤티나로 17.6%가 줄었다. 농민 토지 소유율도 43%에 불과했다.[66]

제1차 세계대전이 발생하자 러시아 한인들은 군대로 징용되었으나 토지가 없던 한인들은 대부분 가족과 함께 만주로 도피하였다. 그러나 전쟁 과정에서 노동력의 수요가 증가되자 중국인 노동자들뿐만 아니라 한인 노동자들도 필요로 하게 되었다. 그리하여 한인들의 러시아 극동지역으로의 이주가 전쟁 기간에도 계속 증가되었다.[67]

1917년 러시아혁명 초기 연해주내 거주 한인은 주로 남부 연해주 지방, 즉 니콜리스크-우수리스키에, 그다음으로 오리긴스키에 많이 살았으며, 도시 지역에는 별로 거주하지 않았다. 이것은 농업에 종사하고 있는 한인이 다수였음을 말해주는 것이다. 또한 시·군에 거주하는 한인들도 직업이 다양하여 일정치 않았고 상업을 영위하는 자 역시 소위 "부자"라고 일컬을 자는

64 정대수 편역(원지자: 김승화), 위의 책, p. 55.

65 현규환, 위의 책, p. 904.

66 정대수 편역(원저자: 김승화), p. 40. p. 145.

67 Haruki wada, *op. cit.*, p. 31.

극히 드물었으며, 주로 건재상, 잡화상, 고깃점, 한국식 음식점, 이발소 등을 운영하였다. 그밖에 철도, 부두, 어업, 광산, 등의 인부 공급 청부를 하는 자들도 적이 않았다.[68]

소연방 내에서 공산주의자에게는 특권이 부여되고 또 공산주의자가 아니라도 좌경사상이 있으면 그 정도에 따라서 대우받았다. 따라서 자신들의 생활을 위해서도 동(同) 사상에 공명하는 것이 유리했기 때문에 좌경 분자의 증가는 당연한 결과였으며, 또 이 지역에 이주해 온 한인의 거의가 무산자였다는 성격도 공산주의화를 용이하게 하였다.[69]

1923년 8월 24일 극동혁명위원회의 결정에 따라 이 지역 한인들은 카자흐인과 러시아 토박이가 소유한 과대한 분할지를 분여 받고, 오래 전에 변방으로 이주했던 한인 농부들에게는 하바롭스크와 아무르 관구의 토지가 배분되었다.[70]

극동 농업에서 한인 농민의 위치를 살펴보면, 1923년 연해주의 한인 농가 수는 총 17,226 농가(90,561명)이었는데, 이 수는 주(州)농민의 8%에 해당되며, 대다수가 연해주 지방에 정착하고 있었다.[71]

연해주 지역의 한인사회가 기존의 전통적인 생활모습을 급격히 상실하기 시작한 것은 무엇보다도 스탈린의 농업 집단화 정책 및 러시아화 정책이 본격화된 1928년 말부터이다. 스탈린은 내전으로 파탄 상태에 빠진 구소련 경제에 자본주의적 요소를 도입함으로써 활성화시키려 한 레닌의 〈신 경제 정책(新經濟政策, NEP)〉을 버리고 급속한 산업화와 농업의 집단화로써 중앙 통제적 계획경제체제를 구축하기 시작했다. 이를 위해서 연해주를 비롯한 극동지역에 살고 있던 한인들의 경제생활 및 기타 문화 활동은 크게 변화되었

68 현규환, 위의 책, p. 822.

69 위의 책, p. 904.

70 정태수 편역(원저자: 김승화), 위의 책, p. 152.

71 위의 책, p. 147.

고, 1930년대에는 한인촌도 집단 농촌으로 본격 건설되기 시작해 1934년에 거의 완료되었다. 1940년대 극동지방에 거주했던 주민들의 직업을 민족별로 살펴보면 다음과 같았다.[72]

- 러시아인(카자크포함): 주로 정치 · 경제 · 문화 · 군사 방면에서 활약
- 우크라이나인: 주로 농업 방면에서 활약
- 白러시아인 · 유태인: 주로 정치 · 경제 · 문화 방면에서 활약
- 타타르인 · 중국인: 주로 상업 · 농업 방면
- 한국인: 주로 농업 방면
- 퉁구스인: 주로 임업 · 어업 방면

결국 이를 통해서 볼 때 연해주에 이주했던 한인들의 80%가량이 주로 농업에 종사하고 있었음을 알 수 있다.[73]

끝으로 연해주 한인들의 사회체제는 각 단위 부락마다 연장자를 중심으로 유교적 윤리를 바탕으로 운영되고 있었다. 특히 지역적으로 한국과 인접하고 새로운 이주자들의 왕래가 끊임없이 행해졌던 포시에트 구역에서는 이러한 전통이 오래도록 지속되었다. 그러나 외지의 다른 문명과 접촉이 잦고 또 다른 문명의 영향권 내에서 생활하다보니 그 원형이 오랫동안 지속될 수는 없었다.[74] 결국 한인들은 자체 사회를 소극적이 규제로써만 단속했을 뿐 사회 구성원의 생활이나 이익을 위해서 적극적으로 단결력을 형성하거나 또는 상호부조를 위해서 귀일(歸一)하는 일에는 매우 등한시하였다.[75]

---

72 현규환, 위의 책, p. 775.

73 정태수 편역(원저자: 김승화), 위의 책, p. 41.

74 현규환, 위의 책, p. 901.

75 위의 책, p. 902.

4. 오늘날의 연해주 한인들

1937년 강제 이주되어 현재 중앙아시아에 살고 있는 한인 후손들은 현 거주지를 고향으로 여기고 중류생활을 영위하고 있으며, 러시아 정부의 러시아로의 이주허용[76]에도 불구하고 연해주로 이사하려는 사람들은 그리 많지 않은 상태이다. 그럼에도 불구하고 연해주 지역에는 1994년 9월 현재 약 8,300명가량이 거주하고 있다. 도시 지역에 거주하는 한인들의 학력 수준은 대체적으로 높은 편이며, 교육기관 · 국영기업 등에 종사하는 자도 많다.

연해주 지역은 역사적으로나 지경학적(geoeconomic)으로도 경시할 수 없는 지역이다. 우선 역사적인 면에서 연해주의 최남단 '크라스노에셀로' 지방이 한국의 영토였다는 점이다. 이 사실은 이순신 전승대의 비문, 아국여지도(我國輿地圖) 및 강좌여지기(江左輿地記) 등 여러 사적기록에 명기되어 있고, 또한 경홍 하류의 주민들이 어로활동을 한 사실도[77] 있다. 지경학적으로는 남 · 북한이 통일 이전 단계에서 인적 · 물적 교류를 할 수 있는 몇 가지 경로 중의 하나라는 점이다. 왜냐하면 북한이 최근 무역자유지구인 나진-선봉 지구에 대해 1995년 초부터 외국인들의 무비자 입국을 허용하고, 앞으로 러시아 하산(크라스노에셀로가 속해 있는 지역)으로부터 두만강을 거쳐 북한을 연결하는 도로를 건설할 계획[78]이라고 밝혔기 때문이다.

따라서 독일이 구소련 지역에 살고 있는 약 200만 명에 달하는 독일인들을 위하여 러시아연방과 합의, 볼가강 지역에 독일인 자치주를 건설하기 위한 노력을 경주하고 있듯이 우리도 연해주 지역을 한인 자치구로 만들어

76 1991년 4월 러시아 공화국이 「피압박민족 명예회복」에 관한 법률 및 동 시행령을 공포함으로써 국제 고려인 협회는 1991년 9월과 1992년 8월 두 차례에 걸쳐서 러시아 공화국 최고 회의에서 1937년 한인 강제이주 조치에 대한 공개 사과 및 보상, 원 거주지로의 귀화 요청 등을 요구하는 내용의 결의문을 제출한 바 있다.

77 현규환, 위의 책, p. 806.

78 『중앙일보』, 1994년 11월 21일자.

이 지역 한인들과의 제휴를 통해 통일을 앞당기고, 더 나아가 과거의 영화(榮華), 이를테면 만주벌판을 우리의 영토로 삼았던 고구려 광개토왕 시절의 대국(大國)을 다시 한 번 재건했으면 하는 바람이다.

2 신한촌(新韓村)과 노령(露領) 한인사회(韓人社會)

반병률(한국외국어대학교 인문대학 사학과)

1. 머리말

신한촌을 중심으로 한국과 러시아 현대사의 한 페이지를 장식했던 노령의 한인사회는 당시 국내외에서 떨쳤던 명성과 기대에 걸맞지 않게 아직도 역사가들과 일반대중들의 관심 밖에 놓여 있다. 신한촌은 노령한인사회를 상징하는 대표적 한인 집단촌으로 어느 해외 동포사회에서도 그 유례를 찾기 힘든 매우 독특한 위치를 차지하였다. 이런 이유로 신한촌은 한국의 독립운동과 관련하여 연구자들의 주목을 받아왔으나 독자적인 연구대상으로 본격적으로 검토된 바는 그리 많지 않다. 이런 점에서 이번의 학술회의에서 신한촌을 독립적인 학술회의의 주제로 삼은 것은 매우 뜻깊은 일이다.

이 논문은 노령 한인사회의 발전과 변화 과정의 큰 흐름 가운데서 신한촌의 위상과 성격이 어떻게 바뀌어갔는가 하는 문제를 다루고 있다. 즉, 1911년 중반 신한촌이 형성된 이후 제1차 세계대전, 러시아혁명과 시베리아 내전, 소비에트화 과정, 1930년대 스탈린의 대탄압과 강제이주 등의 러시아 사회에서 한인사회가 겪었던 경험들을 신한촌을 중심으로 살펴본 것이다. 이 논문에서 주목한 점은 두 가지이다. 첫 번째는 시기별로 전체 노령 한인사회에서 신한촌이 어떠한 위치와 역할을 담당했는가는 하는 것이고, 두 번째는 신한촌의 이러한 위치와 역할을 노령 한인사회에서 나름대로 중요한 위치를 차지했던 다른 지역들, 예를 들어 연추(포시에트), 소왕령(니콜스크-우수리스크), 화발포(하바롭스크), 치타, 이르크츠크 등의 지역과 비교하여 그 차별성을 부각시켜보고자 했다.

2. 신한촌 형성 이전의 한인사회

1863년 13호의 함경도 농가들이 월경도강하여 지신허(Tizinkhe, 地新墟) 마을을 개척한 이래 연해주 남부지역 각지에 한인촌락들이 형성되었다. 지신허에 이어 수이푼(추풍, 秋風, 1869), 나선동(羅鮮洞, 黑頂子, 1875), 녹둔(鹿屯, 클라스노예 셀로, 1875), 남석동(南石洞, 수하노브카, 1884) 등지에 연이어 도강해온 한인 농민들에 의하여 한인촌락이 개척되었다. 특히 이미 1871년에는 아무르 주(흑룡주)의 아무르 강 연안 블라고웨시첸스크 부근에 러시아 당국의 인도를 받은 한인들이 한인촌락을 형성하여 러시아어로 '블라고슬로베노에' 우리말로 '사만리'라 불렀고, 연해주 동남부지역인 수청(水淸) 지역의 여러 곳에도 신영동(新英洞 , 니콜라옙스크, 1868) 등 여러 곳에도 한인촌락들이 나타났다. 한인들이 해삼위(海蔘威, 또는 海蔘)라 부른 블라디보스토크에도 1874년에 한인촌 개척리(開拓里)가 형성되었다. 한인들은 바로 이 초기 한인촌을 1911년에 형성된 신한촌과 구별하여 구개척리라 불렀고, 신한촌을 신개척리라고 불렀던 것이다. 구개척리는 한옥식 초옥(草屋) 5개에 불과한 작은 거주지였으나, 점차 확대되어 1911년 폐쇄될 당시에는 400~500호에 달하는 대촌으로 발전하였다.[1]

---

1 「강동쉰해」, 『한인신보』, 1917년 10월 1일자. 한편 『신한민보』에 따르면, 한일합병 당시인 1910년 8월 당시 개척리가 "100여 호의 대촌"이었다고 하여 차이를 보이고 있다(『신한민보』

을사조약 이후 국내에서의 구국운동이 고조되고, 이후 국내에서 의병운동과 애국계몽운동에 참여했던 애국지사들이 노령연해주로 오게 되면서, 한인사회에서 민족운동이 시작되었다. 특히 초기 한인이주민들의 다수가 자리잡고 있었으며, "우리 한인의 과거 연혁사의 제1페이지"[2]를 차지하게 되는 연추(煙秋) 일대가 의병운동의 중심지가 되었다. 연추가 의병운동의 중심지가 된 것은 지리적으로 인접하였던 관계로 국내로 진출하기에 편리하였을 뿐만 아니라 최재형(崔在亨)이라는 한인사회의 걸출한 지도자가 의병운동을 강력히 후원했기 때문이었다. 그러나 이러한 의병운동은 국내진입전을 전개했던 1908년 여름을 정점으로 두 지도자인 최재형과 이범윤(李範允) 간의 대립 등의 의병진 내부의 분열, 러시아 당국의 금지 정책, 최봉준(崔鳳俊), 김학만(金學萬), 차석보(車錫甫) 등 원호인 자산가들의 적극적인 반대로 쇠퇴의 길을 밟게 되었다.

한편 도시지역인 블라디보스토크의 구개척리를 중심으로 1907년 이후 교육, 종교, 문화운동이 시작되어, 계동학교(啓東學校)를 비롯한 교육활동, 공립협회와 국민회의 블라디보스토크 지부의 사회활동, 그리고 『해조신문(海朝新聞)』, 『대동공보(大東共報)』, 『대양보(大洋報)』의 언론활동 등이 초기 한인사회에 새로운 바람을 불러일으켰다. 그러나 구개척리에서의 초기민족운동은 정순만(鄭淳萬)에 의한 양성춘(梁成春) 살해사건(1910년 1월 8일)과 같이 국내로부터 온 망명인사들 간에 지방파쟁이 격화되면서 최재형, 최봉준, 김학만 등 원호인들의 비난을 받았다. 특히 구개척리는 한일합병 직후인 9월 12일 한일합병 반대운동을 전개했던 42명의 성명회(聲鳴會) 지도자들의 검거를 위해 러시아 당국이 개척리에 대한 대대적인 수색검거작전을 펼친 결과, '황량한 세계'로 바뀌기도 했다.[3]

1910년 10월 19일자).

2 뒤바보, 「아령실기」, 『독립신문』, 1920년 4월 3일자.

3 이전의 많은 연구성과들에서 신한촌 형성이전의 시기에 전개된 한인들의 활동, 특히 성명

3. 러시아 2월혁명 이전의 신한촌과 노령 한인사회(1911-1916)

러시아 당국은 1911년 3월, 페스트 방지 등의 위생상 이유로 한인거류지 개척리를 폐쇄하고 새로이 조성될 신한촌으로 이전할 것을 명령하였다.[4] 곧이어 형성된 신한촌은 순전한 러시아식의 건물들이 즐비하여 구개척리와 크게 대비되었는데, 1914년 5월 당시 신한촌은 가옥을 소유한 입적한인, 즉 원호인(原戶人, 元戶人)들이 300여 호에 3,000여 명이 거주하는 대규모 한인 집단촌의 모습을 갖췄다. 그리하여 신한촌은 "내지로서 내왕하는 노동동포의 기종점(起終点)이 되고 해외에 재(在)한 애국지사의 책원지 되었고",[5] 1937년 중앙아시아로의 강제이주까지 노령한인사회를 대표하는 상징으로서의 명성을 얻게 된다.

구개척리에서 신한촌으로의 이주는 한인사회의 일신을 가져오는 계기가 되었다. 그리하여 민지(民智)의 발달이 반영되어 종래 노령 한인사회의 자치를 위한 기초단위였던 풍속(風俗)(일종의 국내의 리(里)나 촌(村)과 같은 것)이 근대적이며 민주적 형태의 민회(民會)로 바뀌었고, 그 지도자의 명칭도 농촌지역에서는 풍존(風尊)으로 도시지역에서는 노야(老爺)로 불렸던 것이 점차 민장(民長)이나 회장으로 바뀌게 된 것이다.[6]

전체 한인이민역사의 관점에서 볼 때, 신한촌의 형성은 최재형이란 인

회를 중심으로 한 한인합병 반대운동 등이 신한촌을 중심으로 전개되었다고 서술하는 것은 당시는 아직 신한촌이 형성되기 전이라는 사실에 주목하지 않은데서 비롯된 오류이다.

4 『신한민보』, 1911년 5월 3일자. 구개척리는 해안지대에 위치해 있을 뿐만 아니라, 일본총영사관과 가까운 거리에 있고, 이후 군부대가 들어서게 된 사실을 볼 때, 러시아 당국이 일본과의 복잡한 외교적 문제의 방지를 포함한 안보적, 외교적인 정책적 고려에 따라 폐쇄된 것으로 보아야 할 것이다. 어쨌든 러시아 당국의 구개척리 폐쇄명령에 대비하여 블라디보스토크의 한인들은 최병숙, 황공도, 한사교 등이 구제발기회를 조직하였고, 미주지역의 한인들이 의연금을 보내왔다.

5 뒤바보, 「아령실기」, 『독립신문』, 1920년 3월 1일자.

6 뒤바보, 「아령실기」, 『독립신문』, 1920년 3월 25일자; 윤병석, 「沿海州에서의 민족운동과 신한촌」, 한국민족운동사연구회편, 『한국민족운동사연구』 3, 1989, 지식산업사, 170-171쪽.

물로 상징되던 농촌지역인 연추 중심의 초기 한인사회로부터, 이종호(李鍾浩)를 비롯한 여호인(餘戶人 또는 流戶人)들과 원호인 청년들이 주도하는 도시지역의 신한촌의 한인사회로 무게중심이 이동하게 되었음을 의미하는 것이다.

신한촌이 형성된 직후, 1911년 중반 무렵 노령의 한인사회가 처해 있던 상황을 좀 더 면밀히 검토해보자. 일본은 1910년의 '한일합병'의 결과 이전의 대한제국 신민(臣民)은 중국이든 러시아든 거주하고 있는 지역이나 입적여부에 관계없이 일본제국의 신민이라고 주장했다. 중국과 러시아 모두 일본의 이러한 주장을 인정하지 않는 입장이었지만, 현실적으로 중국은 일본의 개입을 배제할 수 있는 힘이 없었고, 러시아는 일본의 정책을 거부했다. 그러나 노령지역내의 비입적 한인의 경우는 사정이 달랐다. 이들 비입적 한인들은 경우에 따라 일본이 러시아의 내정문제에 개입할 근거가 될 수 있었다. 또한 일부 러시아인들은 러시아내에서의 한인들이 앞으로 있을지도 모르는 일본과의 충돌 시 일본세력 침투의 근거가 될 수 있을 뿐만 아니라, 러시아인들의 고용기회를 빼앗는다는 근거로 한인과 중국인 등 황색인종 배척론을 제기하고 있었던 것이다. 이들 이유 때문에 1911년에 새로이 부임한 연흑룡총독(沿黑龍總督) 곤닷찌(Nikolai Lvovich Gondatti)는 입적하지 않은 한인들을 축출하는 한편, 이들 비입적한인들의 입적을 적극 권장하는 정책을 취하게 되었던 것이다. 곤닷찌 총독은 한인이주민들을 한인사회의 러시아의 정치경제적 이익에 믿을만하고 유익한 요소라고 간주하고 있었고, 특히 향후 일본과의 충돌시 러시아에 유리한 역할을 담당할 것이라고 평가하여 한인들의 사회, 교육, 문화, 실업활동을 적극 권장하는 정책을 취하였다.

이제 이러한 외부적 여건에 더하여 신한촌 형성 당시의 한인사회의 내부적인 사정을 검토할 차례이다. 앞에서 간단히 언급한 대로 1908년 여름이후 노령내에서의 의병운동과 같은 '급진론'의 실행은 사실상 불가능해졌고, 교육, 문화, 종교에 중점을 두고 러시아 당국이 허용하는 합법적 공간을 최대한 활용하는 '완진론'이 현실적인 노선이 힘을 얻게 되었다. '급진론'은 1910

년 여름 국망(國亡)의 절박한 상황에서 13도의군(十三道義軍)으로 일시 부흥하기도 했지만, 일본과의 외교적 관계를 우선시할 수밖에 없었던 러시아의 정책, 상업과 청부업 등에 종사하고 있던 원호인 부호들의 의병 반대입장, 이범윤 등 의병지도자들의 권위주의적 행동방식과 국민회 내의 기호파(畿湖派)와 서도파(西道派)간의 파쟁에 혐오감을 갖게 된 최재형 등 원호인 사회의 지지 상실 등 여러 요인에 의하여 현실적인 힘을 상실하고 있었다. 이러한 '급진론'에 대신하여 합법적이고 점진적인 운동노선을 취하고 있던 국민회(國民會)가 1908년 가을 이후 1909~1910년의 시기에 연해주와 북만주지역을 비롯한 원동지역에서 영향력을 확대하여 갔다. 그러나 이들 국민회의 활동은 미국의 영향력 확대를 우려한 러시아 당국의 의구심과 견제로 연해주지역에서의 합법적 활동이 불가능했고, 결국은 자바이칼주의 치타로 이동하여 활동을 재개할 수밖에 없었다.

권업회(勸業會)는 바로 노령한인사회가 처한 이러한 대내외적 상황에서 결성되었다. 권업회는 신한촌이 형성된 1911년 중반의 주객관적인 조건에 적합하게, 그리고 이를 반영하여 조직된 것이다. 권업회의 조직은 지방파쟁의 와중에서 다소 벗어나 있었던 함경도 출신(北派)의 주도로 추진되었다. 권업회 추진자들은 원호인들의 절대다수가 함경도 출신이었고, 국민회와 같은 합법적이며 점진적인 '완진론'을 취하고 있으면서도, 국민회와 달리 러시아 당국의 의구심을 받지 않았던 것이다.

권업회의 조직과 활동을 언급할 때 이상설(李相卨), 이동휘(李東輝), 이동녕(李東寧) 등과 함께 결코 빼놓아서는 안 될 인물이 바로 이종호이다. 이종호는 조부인 이용익(李容翊)의 유지를 받들어 이상설, 이준(李儁)과 함께 블라디보스토크에 와서 헤이그밀사 파견에 깊이 관여하였고, 이후 1917년 상해에서 일제영사관에 체포되어 국내로 압송될 때까지 노령과 북간도 한인사회의 단합과 민족의식화를 가능케 했던 실질적인 재정적 후원자였다. 이종호는 1911년 6월 1일 함경도 출신들이 중심이 된 북파를 배경으로 하고, 한인사회의 '주인옹'인 최재형를 비롯하여 의병운동의 영웅인 홍범도(洪範圖)와 언론운동의 필봉을 잡고 있던 신채호(申采浩) 등의 지지를 얻어내어 권업회 발기회를 조직하였다. 권업회 발기회는 이후 한형권(韓馨權), 김와실리 등 원호인 2세 청년들이 중심이 된 청년근업회(青年勤業會)와 연합하고, 이어 라이벌 세력인 이상설 등의 기호파와 손잡는 것에 성공한데 이어 마침내 치타에 있던 서도파의 정재관(鄭在寬)을 끌어들이고 러시아 당국의 인가를 얻어 1911년 12월 권업회를 창립하는 데 성공하였다.

결론적으로 말하면 권업회는 한일합병, 곤닷찌 총독의 부임, 신한촌의 형성 등 객관적인 조건에 더하여 지연(地緣)과 노선(路線) 상으로 분열 대립하던 한인사회가 발전적으로 통합을 달성하면서(완벽하고 영구적인 것은 아니더라도) 이루어낸 결실이었던 것이다.

권업회는 회원 수와 지회를 꾸준히 확대하여 1914년 해산될 당시, 하바롭스크, 수이푼, 스챤 등 연해주지역의 한인사회가 있는 거의 모든 지역에 10개 이상의 지회를 확대하였고, 회원도 당초 300명이던 회원 역시 1만 여명에 달하였다. 1912년 3월 권업회는 거류민회와 공동으로 신한촌에 240명을 수용할 수 있는 한민학교의 대건물을 건축하였는데,[7] 이종호의 기부금 5,000루블과 이범진이 청년회에 기부하였던 1,000루블의 기금을 활용하였다.[8] 한민학교는 한인사회 최대의 학교로서 노령 한인사회 "남녀교육의 모범이 되게 하매 이를 따라 각 지방에 학풍(學風)이 크게 진흥"하였는데,[9] 처음에는 신한촌 거류민회가 관할하였으나, 거류민회가 권업회에 통합된 1914년 3

7 한국독립유공자협회 편, 『러시아 지역의 한인사회와 민족운동사』, 교문사, 1994, 116쪽.

8 뒤바보, 「아령실기」, 『독립신문』, 1920년 4월 3일자. 이범진은 5,000루블을 블라디보스토크의 동포에게, 그리고 6,000루블(3,000달러)은 미국의 동포에게 보냈다(『신한민보』, 1911년 6월 7일자, 1면). 블라디보스토크에 보낸 5,000루블은 한민학교에 1,000루블, 안중근의사 부인에게 500루블, 민영환 부인에게 500루블, 이상설, 이범윤, 유인석, 김현토에게 각각 500루블을 보냈다.

9 뒤바보, 「아령실기」, 『독립신문』, 1920년 3월 30일자.

월 15일 이후에는 권업회에서 관장하였다. 그리하여 1914년 2월 현재 권업회본부 또는 지회의 관할 하에 있던 학교가 약 10개 학교에 학생 수가 약 1,000명에 달하였다.

권업회는 러시아 당국으로부터 연해주 한인의 자치기관의 지위를 부여받아 러시아 당국의 행정기능을 대행하였다. 특히 러시아 당국이 장려하고 있었고 한인들이 절실히 필요로 하고 있던 시민권의 신청, 취득에 필요한 행정적 편의를 제공하여 약 4,000명의 한인이 권업회의 도움으로 입적하였다. 이와 관련하여 권업회는 입적에 필요한 정교에 관한 종교상식을 제공하기 위하여 신한촌에서 일요일 야간학교와 여론행사들을 개최하였다. 또한 희랍정교당에 교당학교를 설립하여 러시아어교육을 실시했다. 권업회는 또한 러시아 당국의 위탁으로 1913년 3월 블라디보스토크 거주 한인에 대한 인구조사를 시행하기도 했다.

권업회의 활동 가운데 가장 주목되는 것은 역시 권업회 기관지로 1912년 5월 4일에 창간된 『권업신문(勸業新聞)』을 통한 언론활동이라 할 것이다. 과거 구개척리에 근거를 두고 발간되었던 『해조신문』, 『대동공보』, 『대동신보』, 『대양보』를 계승한 한인사회의 언론지로서 『권업신문』은 1914년 8월 정간될 때까지 주 1회씩 한 회도 거르지 않고 2년 동안 126호를 발간하면서 한인사회의 교육계몽과 통합에 크게 기여하였다. 『권업신문』은 그 배포수가 1912년의 930부에서 1914년 정간당시는 1,400부로 증가하였고, 노령각지는 물론 국내, 만주, 중국관내, 일본 그리고 미주와 하와이에까지 배포되어 미주의 『신한민보(新韓民報)』, 『신한국보(新韓國報)』(후에 『국민보(國民報)』로 개칭)와 함께 대표적인 3대 항일민족언론지였다. 특히 노령에서는 『권업신문』의 언론활동의 영향으로 금광 어장 등의 노동자들 간에도 신문 구독열이 매우 높았다.[10]

10 뒤바보, 「아령실기」, 『독립신문』, 1920년 3월 30일자.

권업회가 추진한 매우 야심적인 활동의 하나는 이만(伊萬, Iman) 이북(以北)의 라블류(Lavliu) 일대에 한인농업단지를 조성하여 한인들을 대거 이주, 정착시키려 한 계획이었다. 그리하여 간부들을 현지에 파견하여 단지를 물색하여 마침내 1912년 12월 러시아 당국의 허가를 얻고, 이후 고본단(固本團)의 조직과 고본의 모집을 진행하는 한편, 농업학교 설립, 자위대와 상주 경찰대의 조직 등 구체적인 계획을 수립하였으나 100호도 안 되는 가구들이 이주하는데 그쳤다.

비록 1차 세계대전의 발발로 지속적으로 추진되지 못했고 또 한인들의 이주기피로 인하여 권업회의 라블류 대이주계획은 성공을 거두지 못하였으나, 한인들이 주도적으로 러시아 당국의 협조를 얻어 추진하였다는 점에서 1929–1933년간에 소비에트당국이 남부우수리지역의 무토지 한인들을 대거 연해주 북부지역으로 이주시키려했다가 한인들의 불호응으로 실패하고, 마침내는 1937년 강제이주를 당하게 된 일련의 사건들과 관련시켜 볼 때 여러 가지의 역사적 의미를 되새겨 볼 필요가 있다.

권업회를 비롯한 노령의 한인 각 단체와 조직들은 1914년의 한인들의 노령이주50주년 기념사업 계획을 추진했다. 노령이주50주년 기념사업은 1914년 1월초에 이주한인의 원로격으로 당시 권업회 회장직을 맡고 있었던 최재형을 비롯하여 최봉준, 채두성, 박영휘 등이 발기하여, 1914년 2월 3일부터 7일간에 걸쳐 각 지방대표회를 개최하고, 신한촌에서의 대대적인 기념식의 거행 (1914년 10월 4일), 최초 이주지인 목허우(포시에트, Pos'et) 한국식 기념비의 설립(10월 11일), 그리고 한인이주역사 편찬(노어와 한글의 두판으로) 등을 계획하였다.[11]

또 하나 주목할 것은 한인사회의 종교 즉, 희랍정교와 기독교의 관계에 관련된 문제이다. 희랍정교의 신부는 러시아의 국교로서 입적, 결혼, 장례,

11 반병률, 『성재 이동휘 일대기』(범우사, 1998), 113-114쪽.

개학 등 모든 의식을 주재하는 직권을 갖고 있었다. 국내 함남 성진에 본부를 두고 있던 카나다장로교 선교본부에서 전도사부인이 처음 와서 장로교를 전도하여 기독교가 전파되었지만, 러시아 당국의 비호를 받은 러시아정교에 의한 "핍박, 시기, 장애가 더욱 심하여" 신한촌의 예배당이 폐쇄되는 일이 많았고 신자들의 어려움이 적지 않았다고 한다.[12] 이러한 현상은 만주지역에 대한 미국의 진출을 우려하고 있던 러시아 당국이 한인기독교신자들이 증가함으로 인하여 노령에서의 미국의 영향력이 확대되는 것을 달갑지 않게 여겼던 때문이기도 했다. 그리하여 이러한 정치적인 이유 때문에 이전의 미국계통의 기독교신자들이었던 민족운동자들이 희랍정교로 개종하는 경우가 허다했으니, 이강(李剛), 정재관, 황공도(黃公道), 최관흘(崔寬屹) 등이 그 좋은 예이다. 특히 최관흘 목사는 평양교회에서 파견되어 신한촌을 근거로 우수리 각지 한인들에 열심 전도한 결과 많은 기독교신자를 만들었으나, 1912년 7월 11일 일본당국이 일본의 정계원로 카쓰라(桂太郎)의 러시아방문을 빌미로 100여 명의 한인들과 함께 하르빈에서 체포하였다. 이 때 최목사는 희랍정교 신부인 오와실리의 주선으로 석방된 후에 기독교목사를 중지하고 희랍전도사로 전향하게 되어 기독교가 큰 타격을 받게 되었던 것이다.[13]

권업회의 활동은 대체로 러시아 당국의 정책에 적극 부합하는 방향에서 이루어졌다. 러시아 당국은 권업회를 통하여 자신의 정책을 효과적으로 관철함으로써 한인들의 러시아화를 도모하였고, 한인들은 권업회를 통하여 경제적 안정과 교육, 문화적 함양을 통한 지위향상을 추구했다. 그러나 이러한 권업회의 활동은 표면적으로는 체제내의 활동으로 독립운동의 궁극적 목표인 독립전쟁을 통한 독립을 달성하고자 했던 이동휘, 이종호, 이상설, 이동녕 등 여호인 민족 운동가들에게는 만족스러운 것이 될 수 없었다. 그리하여

12 뒤바보, 「아령실기」, 『독립신문』, 1920년 4월 1일자.

13 뒤바보, 「아령실기」, 『독립신문』, 1920년 4월 1일자; 「강동쉰해」, 『한인신보』 1917년 10월 8일자.

이들 여호인 지도자들은 최재형 등 원호인 지도자들과는 별도로 비밀히 비합법활동을 추진할 수밖에 없었다. 연흑룡총독 곤닷찌를 만나 노령이주50주년기념행사 문제를 상의했던 최재형이 『권업신문』의 기자에게 곤닷찌 총독이 자신에게 러시아인들 간에 "한인들이 이 일(50주년기념행사)를 빙자로 하여 무삼 다른 경영이 없는가" 의혹하는 자들이 있다고 지적한 사실이 있다고 전한 사실에서[14] 최재형이 이동휘, 이종호 등 여호인 민족운동가들이 노령이주50주년 기념식을 계기로 대한광복군정부의 무력투쟁에 필요한 군자금을 모으기로 한 계획을 알고 있지 못했음을 짐작할 수 있다.

신한촌에 본부를 두었던 권업회를 중심으로 한민족운동가들의 진취적인 활동의 결과, 1914년에 이르러 신한촌의 한인사회는 구개척리와 비교하여 한층 새로운 면모를 갖게 되었다. 노령으로 이주한 지 10여 년이 된 한 논자가 춘사(春史)라는 필명으로 『권업신문』에 기고한 글을 통하여 당시 신한촌의 새로운 면모를 엿볼 수 있다.

> 이제 신한촌은 3백여 호 한 부락에 수 삼천 명 남녀노소가 즐겁게 사는데 날판집에 유리창 붙이고 장판방에 교의상을 놓았으니…. 그러나 본촌에서 먹고 사는 일에 노동과 직업보다도 정신상으로 양식 주고 종교, 교육, 사회의 기관이 많아 각 방면으로 적지 아니 경향을 크게 끼쳤도다….이 앞서 구개척에서 살던 형편으로 말하면 움 속과 돌막집에 들락날락할 제 집엉위를 길 인줄 알고 다닌 일도 있었으며 이밖에 작의패(作義派)가 큰 단체오 주정장이와 투전군이 영웅이며 주먹이 센 자가 재판관이라. 이같이 살 때에 우리 사람의 일반 생각하는바가 다만 돈량뿐이니 이를 잘 저축하여 남과 같이 큰 경영할 생각 없고 잠시 호탕하게 낭비할 것뿐이로다.[15]

1914년 여름 제1차 세계대전의 발발로 러시아가 일본의 동맹국이 됨으

---

14 『권업신문』, 1914년 5월 31일자.

15 『권업신문』, 1914년 5월 5일자.

로써 노령 한인사회는 위기국면을 맞게 되었다. 제1차 세계대전의 발발직후인 8월 초순 신한촌의 권업회와 『권업신문』은 즉시 러시아정부의 전쟁노력에 대한 적극적인 지원활동에 나섰다. 그리하여 한인들은 러시아의 승리를 기원하는 기도회를 개최하고 헌금을 모금하였고, 한인청년들은 전쟁에 출전할 것을 촉구하였다. 그러나 이러한 한인들의 적극적인 지원태세는 러시아와 일본이 동맹국이 됨으로써 억압적인 분위기를 반전시키기에는 역부족이었다. 1911년 이후 권업회가 중심이 된 한인들의 모든 활동이 일시에 탄압을 받게 된 것이다. 권업회와 합성사(合成會社)가 해산되었고, 『권업신문』이 정간되었으며, 노령이주50주년기념회도 다음해로 연기되었다.[16] 권업회를 비롯한 노령한인사회의 재정적 후원자였던 이종호가 블라디보스토크 퇴거명령을 받고 연해주 각지를 숨어다니다가 마침내 북경으로 도피하였으나 1917년 6월 상해에서 일본영사관에 체포되어 국내로 압송되고 말았다. 신한촌 거류민회는 해산되자 이름을 위생부로 바꾸었으나 매우 제한적인 민회활동을 겨우 유지하였다.[17]

전쟁이 계속되는 동안 19세에서 47세에 이르는 4,000명의 귀화한인들이 전쟁에 동원되었고 장교로 근무한 자만도 150명에 달했다. 동원에 응한 대부분의 한인들은 오래전에 이주해서 입적한 원호인들이었으며, 최근에 곤닷찌 총독에 의하여 러시아시민권을 받은 입적한인들의 경우는 4~5%만이 동원에 응하였고, 나머지는 동원령을 피해 가족들과 함께 대거 만주로 이동하였다.[18]

---

16 그러나 이때 수집된 한인의 노령이민사에 관한 기록은 러시아혁명 이후 신한촌에서 발간되던 『한인신보』에 「강동쉰해」라는 제목으로 연재되었고, 사료수집과 편찬 작업에 참여한 것으로 보이는 계봉우는 후일 상해의 『독립신문』에 뒤바보란 필명으로 12회에 걸쳐 노령 한인사회의 역사를 「아령실기」라는 제목으로 발표하였다.

17 박환, 「대한국민의회와 연해주지역 3 · 1운동의 전개」, 『연해주 한인독립운동과 상해 대한민국임시정부』(광복회 고려학술문화재단 주최 대한민국임시정부 수립 80주년 기념 제11회 국제학술심포지움 발표요지문, 1999년), 72쪽.

18 반병률, 『성재 이동휘 일대기』(범우사, 1998), 123쪽. 한편, 미주의 『신한민보』는 5,000명

4. 러시아 2월혁명 이후의 신한촌과 노령 한인사회(1917-1922)

원동러시아 지역에서의 러시아혁명은 1922년 10월 말 일본군이 블라디보스토크 항을 떠날 때까지 5년 7개월간 계속되었다. 1918년 8월 이후 일본군이 주둔하고 있었던 블라디보스토크의 러시아혁명일지는 러시아의 다른 지역, 특히 중앙의 생 페테르스부르크나 모스크바 등의 그것과 크게 다르다. 블라디보스토크에서 소비에트가 권력 장악을 선언한 것은 1917년 12월 12일이고, 연해주, 흑룡주, 사할린 주, 하르빈의 10월혁명파가 하바롭스크에 제3회 소비에트대회를 개최하고(1917.12.25.-1918.1.2) 권력 장악을 선언하고 이어 1918년 1월 18일 원동지역의 정권기구로서 원동인민위원회(遠東人民委員會)가 출범한 것이다.

이처럼 성립된 블라디보스토크의 볼셰비키 정권은 1918년 8월초 일본군등 연합국이 블라디보스토크를 점령하면서 붕괴되었다. 곧이어 1918년 11월 옴스크에서 콜차크(Aleksandr Kolchak) 제독이 정권을 장악한 이후 연해주를 비롯한 러시아원동 지역은 백위파의 천하로 되었다. 1919년 11월 콜챠크정권의 몰락이후 백위파 정권들이 볼셰비키 세력이 이끄는 혁명세력에 의하여 붕괴되었고, 1년여를 존속했던 연해주 블라디보스토크의 백위파 로자노프(Sergei Rozanov) 정권 역시 1월 31일 사회혁명당계의 메드베데프(Aleksandr Medvedev)를 수반으로 하는 연해주임시자치정부로 대치되었다. 이후 2개월 존속하던 블라디보스토크의 러시아혁명정부는 1920년 4월 4~5일 러시아혁명세력에 대한 일본군의 공격, 즉 한인들이 4월참변이라 부른 대사건으로 붕괴되고 일본군의 지원을 받는 백위파 천하로 되어 1922년 10월 말 일본군이 철수할 때까지 19개월 동안 계속된다.

블라디보스토크에서 전개된 러시아혁명을 신한촌의 입장에서 보면,

또는 2만 명이 종군했다고 쓰고 있다.(『신한민보』, 1916년 2월 22일자; 1916년 9월 8일자).

1920년 4월 초의 4월참변(四月慘變)을 기준으로 크게 전후의 두 시기로 나눌 수 있다. 러시아 2월혁명 이후 4월참변에 이르는 앞의 시기는 1918년 8월부터 1920년 2월에 이르는 백위파 정권 시기에 일정한 제한을 받긴 했지만, 신한촌의 노령한인사회가 정치, 경제, 사회, 종교 등 모든 분야에서 역동적인 모습을 띠고 있던 시기였다. 4월참변 이후의 시기는 노령한인사회의 구심점 역할을 해왔던 신한촌이 일본 간섭군에 의하여 여지없이 파괴되었을 뿐만 아니라, 노령 한인역사에서 처음으로(그리고 마지막으로) 이 지역이 일본군에 의하여 장악되고 이전 한인사회의 구심점이 되어왔던 신한촌이 친일화(親日化)되어갔던 시기였다. 이와 때를 같이 하여 이르크츠크, 치타, 브라고웨시첸스크, 자유시(스바보드뉘 고로드), 하바롭스크 등이 한인들의 정치활동의 중심지로 부상하고 스찬 지방과 같은 농촌지역이 의병운동의 본거지로 부상하게 되었다.

1) 4월참변 이전 시기

노령의 한인들은 2월혁명을 열렬한 환희로써 환영했다. 제1차 세계대전으로 러시아 당국의 탄압으로 침체에 빠져있던 신한촌 한인사회 역시 러시아 2월혁명으로 새로운 민족적 각성과 활발한 정치, 경제, 문화적인 활동을 재개할 수 있는 기회를 맞이하였다. 한인들이 대거 거주하고 있던 연해주 남부 농촌지역의 군촌회(郡村會)와 사회공안위원회에 원호인들이 대거 참여하였고, 신한촌를 비롯한 니콜스크우수리스크, 스챤 등 연해주의 거의 모든 지역에 한민회(한인회 또는 한민자치회)가 성립되었다.[19] 이들 여러 지역 가운데서도 신한촌은 2월혁명 이후 러시아에서의 정치적 변화가 가장 민감하게 반영된 지역이었다.

러시아 2월혁명 이후 재건된 신한촌의 한민회는 처음에는 입적한 원호

19 『한인신보』, 1917년 12월 23일자.

인들이 중심이 되었다. 이러한 원호인 중심의 신한촌 한민회는 1917년 9월 초 전쟁에 참여하고 귀환한 보다 진취적인 군인회의 원호인 청년들에 의하여 장악되었다.[20] 이들 군인들의 적극적인 참여로 신한촌 한민회 사업이 더욱 활발하게 추진되었다.[21] 이것은 1917년 여름 코르닐로프(Lavr Kornilov) 장군의 반란 이후 페트로그라드의 노병 소비에트가 볼셰비키 세력에 의하여 장악되어가면서 급진화되어가는 1917년 가을 러시아 정치상황의 영향을 받은 결과였다.

신한촌에 위치한 한민회는 블라디보스토크 지역 거류한인 1만여 명의 대표기관을 자임하였고, 교육부, 심사부(심판부), 위생부, 경찰부, 노동부, 구제부 등 부서 외에 검사원, 수전위원(收錢委員)을 두었다. 교육부에서는 한민학교, 교당학교를 관할하였고, 3 · 1여학교는 기독교교회에서 관할했다. 한민회 외에도 신한촌에는 대한부인회, 노인회, 청년회 등의 세대별, 성별 조직들이 재건되었다. 신한촌 한민회 교육부는 한글로 교육하는 한민학교와 러시아로 교육하는 교당학교를 관장하였다. 『권업신문』을 계승한 『한인신보(韓人新報)』가 1917년 7월 8일 창간되어 주 1회 발행되었는데, 신한촌 니콜리스크 거리 21호에 위치하고 있었다. 3 · 1운동 이후에는 신민단(新民團)의 『신민보』, 소년단의 『자유보(自由報)』, 장기영(張基永)과 김종현(金鍾鉉)이 주도한 『독립신문』, 일세당(一世黨)의 『일세보(一世報)』 등 신문잡지가 신한촌에 근거를 두고 발간되었다.[22]

신한촌 한민회는 1917년 가을이래 러시아 행정당국으로부터 자치행정

20 劉孝鐘, 〈極東ロシアにおける十月革命と朝鮮人社會〉(ロシア研究〉 45, 24쪽; 박환, 「대한국민의회와 연해주지역 3 · 1운동의 전개」, 72-73쪽. 이후 신한촌 한민회는 군인회 측이 양보하여 다시 노장 측 인사들과 타협을 이루어 개편하게 되어, 1917년 12월 30일에 개최된 연종회에서는 김치보를 회장으로 하는 새로운 체제로 개편하게 된다.

21 『청구신보』, 1917년 10월 7일자.

22 니콜스크-우수리스크에서는 1917년 7월 5일에 『청구신보』가 창간되어 고려족중앙총회의 기관지로 기능했고(1918년 5월 전로한족중앙총회가 성립된 후에는 한족공보로 개칭), 3 · 1운동 이후에는 청년회가 『독립잡지』를 간행하였다.

에 관한 일들을 대거 위임받았는데, 소송업무, 동포들의 구제업무, 식료품 조절 업무 등의 제반 사무를 시행하게 되었다.[23] 한인사회는 신한촌은 해외 한인사회와의 창구였을 뿐만 아니라, 노령한인사회의 주요한 이슈들과 관련하여 이니셔티브를 쥐고 한인사회의 여론을 이끌어가는 위치에 있었다. 특히 신한촌에 위치한 『한인신보』의 역할이 매우 컸다.

이와 관련하여 두 가지 예를 들고자 한다. 신한촌의 한인들은 러시아군옥에 투옥되어 있던 이동휘를 비롯한 정치망명자들의 석방문제를 가장 앞서 제기했다. 신한촌의 한인 군인회는 총대를 선출하여 러시아군인회와 관청에 파견하여 이동휘의 무죄를 주장하며 석방을 요구하여 노령한인사회의 이동휘 석방운동에 불을 댕겼다. 이동휘가 하바롭스크로 이감되자 신한촌 한인 군인회와 한민회는 각각 총대를 선출하여 하바롭스크에 파견하여 석방운동을 전개하였다. 석방된 이동휘는 군인회총대인 박세몬과 한민회총대 한용헌(韓容憲)과 함께 신한촌으로 돌아왔고, 신한촌민회 회장이자 한인신보사 사장인 이형욱(李亨郁)의 집에 묵었다.

두 번째는 1917년 7월, 신규식(申圭植), 조소앙(趙素昂), 박용만(朴容萬), 박은식(朴殷植), 신채호, 윤세복(尹世復) 등 상해, 중국, 하와이의 민족운동가 14명이 작성하여 중령, 노령, 미주지역 등지의 민족 운동가들에게 배포된 〈대동단결의 선언〉이 노령한인사회에 전해진 것은 모두 3통으로 신한촌의 김학만(金學萬), 이규풍(李奎豊)과 한인 신보사 총무인 김하구(金河球) 앞으로 전달되었다. 신한촌 한인지도자들의 의견을 집약한 것인지 여부는 알 수 없으되, 김하구는 『한인신보』를 통하여 중앙기관의 창설을 위한 대회 소집과 같은 큰 문제보다도 현실적인 문제의 논의를 위해 신한촌으로 올 것을 역제의하였던 것이다.[24]

---

23 『청구신보』, 1917년 10월 7일자.

24 『한인신보』 1917년 9월 23일자.

노령 연해주 한인사회 전체에서 차지하는 신한촌 한인사회의 위상과 성격을 검토해볼 차례이다. 일반적으로 원호인사회의 지도적 인물들(문창범, 한명세, 김철훈 등)은 러시아사회에서의 사회경제적 안정과 지위향상을 추구하였던 관계로 사회혁명당계열 인사들이 많았고 따라서 볼셰비키 세력과의 제휴를 꺼려했다. 이러한 입장은 순수한 민족주의이념에서 볼셰비키의 이념을 좋아하지 않았던 일부 여호인 민족운동가들(윤해, 김하석, 원세훈 등)과의 이해일치를 가져왔다. 이들은 1917년 5월에 개최된 전로한인대표자회의 결과로 그해 8월에 성립된 원호인 중심의 고려족중앙총회를 기반으로 2월혁명 이후 10월혁명 초기까지 노령한인사회를 주도하였으며, 당시의 러시아임시정부의 정책을 지지하였다. 러시아임시정부는 동맹국인 일본과의 외교관계를 중시하여 노령한인들의 반일운동을 달가워하지 않았던 것이다.

이에 반하여 여호인 민족운동가들 다수(이동휘, 김립 등)는 볼셰비키세력과의 적극적인 제휴에 의한 항일투쟁을 선호하였으나, 한인사회에 대한 영향력의 측면에서 고려족중앙총회 중심의 원호인 주류보다 열세에 있었다. 이들은 일부 친볼셰비키적인 원호인 청년들의 지지(박애, 이한영, 박진순, 오와실리)를 받아 10월혁명 이후의 득세하기 시작한 볼셰비키 세력을 배경으로 1917년 말 원호인과 여호인 모두가 참여하는 새로운 한족중앙총회의 결성을 추진하였다. 니콜스크-우수리스크 지역을 근거로 한 고려족중앙총회는 반볼셰비키적인 옴스크의 시베리아정부를 지지하였고, 하바롭스크 지역을 기반으로 한 한족중앙총회는 볼셰비키정권을 지지하였다. 볼셰비키 정권은 독일과의 단독강화로 연합국진영에서 탈퇴하는 등 이전의 임시정부에 비하여 한층 반일적이었다.

이들 양세력은 1918년 1월 17일 통합에 관한 잠정적인 타협을 이루었지만 1918년 중반에 이르러 양분되었다. 한족중앙총회 추진세력은 볼셰비키 세력의 지도를 받아 한인사회당을 결성했고(1918년 4월 28일), 고려족중앙총회 세력은 1918년 5월의 제2차 전로한인대표자회에서 출범한 전로한족중앙총회를 장악하였던 것이다.

1918년 8월 이후 '체코군 구원'이란 명분을 내세운 일본, 미국, 영국, 프랑스 등의 본격적인 무력개입 이후 이들 양측의 입장은 보다 분명해졌다. 즉, 전로한족중앙총회는 볼셰비키 정권이 득세하던 시기에 개최되었던 1918년 5월의 대회에서 선언한 정치적 중립에서 벗어나 사회혁명당 계열의 러시아 중간파정권을 지지하고, 일부 간부들은 심지어는 백위파를 지지하기까지 했다. 전로한족중앙총회는 백위파 득세 이후 유일하게 합법적 지위를 유지하였지만, 한인사회당 그룹은 볼셰비키 세력과 함께 농촌지역이나 만주지역으로 도피하였다.

신한촌 한인사회의 위상과 성격과 관련하여, 특히 『한인신보』 그룹의 친볼셰비키적 성격을 강조하여 니콜스크-우수리스크의 고려족중앙총회와 대비시키고, 심지어는 이 그룹을 한인사회당 창립의 주도세력으로까지 설정하려는 견해가 있다.[25] 이것은 신한촌 한인사회 특히 그 지도자들이 포진하고 있던 『한인신보』 주도인물들의 정치적, 사회경제적 성격에 대한 잘못된 평가에서 비롯된 것이다.

구체적으로 보면 1917년 하반기 당시 『한인신보』의 발행인 겸 편집인은 연해주회의원으로 고려족중앙총회 임원이었던 원호인지도자 한용헌이었으며, 김병흡(사장), 김하구(총무), 김치보(고본단단장), 이형욱(고본단부단장), 김철훈(고본단서기), 윤능효(재무), 채성하(회계검사원), 강양오(회계검사원) 등으로 원호인과 여호인이 혼재되어 있었다. 이러한 『한인신보』 간부진의 혼성적 성격은 원호인과 여호인들이 함께 거주하고 있었던 신한촌의 주민구성을 그대로 반영한 것이기도 하다. 한마디로 말하여 신한촌 한인사회 특히 『한인신보』 그룹은 니콜스크-우수리스크 그룹과 대립적이지 않았다. 때문에 신한촌 한민회는 1918년 1월 11일에 개최되는 고려족중앙총회에 한용헌, 김형권, 채

25 대표적인 연구가 임경석의 「高麗共産黨硏究」(성균관대학교 박사학위논문, 1993년 6월, 38-42쪽)이다.

성하, 강양오, 조장원 등의 대표들을 파견하였던 것이다. 1918년 1월 중순에 니콜스크-우수리스크의 고려족중앙총회측과 하바롭스크의 한족중앙총회측의 통합으로 구성된 잠정적인 임시중앙간부과 헌장기초위원에서도 양측과 함께 신한촌 인물들인 한용헌, 김하구 등이 선출되었다.

제2회 전로한족대표자회에서 원호인 중심의 고려족중앙총회 계열과 여호인 중심의 한인사회당은 다시 격돌하였는데, 당시 신한촌 한인지도자들은 일치된 행동을 했다기 보다는 분열된 입장을 보였다. 1918년 말 이후 파리강화회의과 독립선언서 준비과정, 그리고 이후 대한국민의회의 조직, 3·1운동의 준비와 시위만세과정을 주도한 것은 문창범(文昌範)이 이끄는 니콜스크-우수리스크의 전로한족중앙총회였다. 이것은 한편으로는 백위파 정권하에서 한인사회당계열 지도자들이 지하로 잠입하여 활동이 자유롭지 못했기 때문이기도 하지만, 다른 한편으로는 신한촌 한민회가 일치단결된 행동을 보여줄 수 없는, 앞에서 언급한바 주민 구성의 복합적인 성격에서 비롯된 것이다.

이를 1929년 2월 『조선일보』에 기고한 박진순의 글을 통하여 살펴보자. 박진순은 노령 한인들을 크게 언어, 의복, 풍속, 습관 등에 따라 레웨지식, 얼마우재식, 로서아식의 세 가지로 분류했다. 이에 따르면, 레웨지는 한국식 풍습습관을 갖고 있는 사람들을 말하며, 얼마우재는 러시아사람이 아닌 제2 러시아사람이라는 뜻으로 한국에서 건너온 지 오래되었거나 러시아에서 생장하였으나 한인부락에 거주하면서 언어, 의복, 풍습관습이 반은 한국식, 반은 러시아식인 사람을 말한다. 신한촌은 바로 이러한 얼마우재 한인들이 국내로부터 온 레베지들과 어울려 거주하던 곳이었다.[26] 신한촌은 도시인 블라디보스토크에 위치하고 있으면서, 한인들이 대거 집결해 거주하고 있는 매우 독특한 예로서, 원호인촌과 여호인촌이 따로 구별되어 있었던 노령한인사회에서 매우 독특한 경우였다.

26 朴春宇, "露領에 잇는 高麗人의 狀況-移住歷史와 生活內容"(4), 『조선일보』, 1929년 2월 17일자.

러시아혁명 이후 신한촌은 노령한인사회의 정치적 중심지였으며, 특히 3 · 1운동시기 이후에는 만세시위운동의 중심지로서 연해주 한인민족운동의 메카로 등장하였고, 대한민국 임시정부가 소재한 상해와 더불어 임시정부의 위치를 두고 경쟁하기도 했다. 그러나 당시 신한촌이 위치한 블라디보스토크 지역은 계엄령이 선포되어 있어, 집회의 전면금지와 기타 일본과의 국교관계를 해치는 일체의 행위를 엄금하고 있었다. 그리하여 일본당국의 압력을 받은 러시아 당국은 3 · 1운동을 주도한 대한국민의회와 신한촌한민회에 대한 폐쇄명령을 내렸다.[27] 이러한 억압적인 정치적 환경은 신한촌을 본거지로 하고 있던 국민의회가 이후 상해임정과의 주도권쟁탈전에서 상대적인 열세에 처하고 급기야는 1919년 8월 30일 해산을 선언할 수밖에 없게 한 주요한 원인이 되었던 것이다.(대한국민의회는 1920년 2월 15일 상해임정 측이 약속을 위반하였다는 이유로 재건을 선언하게 된다.)

3 · 1운동을 주도한 때문에 대한국민의회와 함께, 러시아 당국의 명령으로 민회가 해산되자, 신한촌 주민들은 신한촌의 청결사업을 관장하는 위생부(衛生部)를 두어 조직을 유지하다가, 1919년 가을에는 러시아자치제의 구역회(區域會)를 모델로 한 한인지방회(韓人地方會)로 개칭하여 대외적으로 러시아 당국의 압박을 모면하면서 실제로는 종래의 민회의 사업을 재개하였다. 사실상의 민회 복구나 다를 바 없었다.[28]

27 반병률, 「노령에서의 3 · 1운동」, 국사편찬위원회, 『한민족독립운동사』 3 (3 · 1운동), 1988, 473쪽.

28 〈鮮人ノ行動ニ關スル件〉(機密4號(大正9年 1月 14日), 日本外務省史料館 소장 자료, 不逞團關係雜件 朝鮮人ノ部, 在西比利亞ノ九(국사편찬위원회 수집).
신한촌민회는 1919년 12월 28일 연말총회를 개최하고 다음과 같이 임원을 선출하였다.
민회장 강량오(姜良五), 부민회장 김만겸(金萬謙), 위생부장 김일천(金一天), 한글서기 조원관(趙元寬), 러시아문서기(겸) 김만겸. 한편 신한촌의 중국인거리(키타이스카야 울리짜 또는 대국촌(大國村)으로 불리기도 함) 거주 한인들은 별도로 신한촌 위생부의 활동에 반발하여 별도의 민회를 조직하였다. 이 이른바 제2민회의 임원은 다음과 같다. 회장 신성화(申聖化), 부회장 최영봉(崔永鳳)이며 발기인은 김순약(金舜若), 이동준(李東俊), 주임선(朱任善), 지인학(池仁學), 신성화(申聖化) 등으로 평의원 30명 회원은 약 190여 호였다 한다.

러시아백위파당은 일본의 압력에 따라 한편으로 한인사회 특히 신한촌 주민들에 대하여 항일운동을 억제하기 위한 탄압을 가하는 한편, 동시에 이들을 회유, 포섭하기 위한 정책도 폈다. 우선 러시아 당국 즉, 옴스크를 수도로 하고 있던 콜챠크 백위파 정권은 1919년 7월 1일의 내각회의에서 문부대신의 제의로 한인소학교 교사들을 양성하기 위한 조선인사범학교를 니콜스크-우수리스크 시에 설치하는 안건을 가결시켰다. 조선인사범학교의 설립은 러시아혁명 이래 한인들의 민족교육을 위해 원호인들이 일관되게 주장해 온 것이었다. 조선인사범학교는 입적한 한인자제들만을 대상으로 하고, 조선언어와 간단한 조선역사 외에 모든 과목은 러시아어로 진행해야 하며, 조선어와 조선역사의 강의도 교과서 없이 구두로만 가능하도록 하였다. 이는 모든 과목을 조선어로 가르치도록 할 것을 요구했던 원호인들의 주장이 매우 제한적으로 받아들여진 것이지만, 차르 시대에 강의언어로 러시아어만 사용하도록 강제했던 것에서 크게 진일보한 것으로 일본당국은 한인의 민족의식의 고취에 적지 않은 영향을 줄 것으로 크게 우려했던 것이다.[29]

1920년초 백위파 세력의 몰락과 러시아혁명세력의 득세로 신한촌은 한인혁명세력들이 러시아혁명세력과의 적극적인 제휴를 강화하게 되면서 다시 노령 한인사회의 정치적 중심지로 등장하게 된다. 러시아혁명세력의 협력을 받아 한인의용대 조직이 추진되었고, 친일분자들에 대한 색출작업과 일본군 병사들을 상대로 한 선전선동활동이 강화되었다. 뿐만 아니라 러시아인, 한인, 중국인간에 일본군의 철퇴를 목표로 내세운 배일(排日)과 일본상품배척운동이 전개되기도 하였다. 이전에 러시아인과 중국인간에 은밀히 진행되던 배일, 일본상품배척운동이 1920년 3월 7일 블라디보스토크 구매조합에서 이 운동을 확대하여 일본인이 운영하는 세탁소, 구멍가게 등에 이르

---

29 〈鮮人ノ行動ニ關スル件〉(機密113號, 大正8年 11月 6日), 日本外務省史料館 소장 자료, 不逞團關係雜件 朝鮮人ノ部, 在西比利亞ノ九(국사편찬위원회 수집). 러시아 당국은 조선인사범학교 설립 허가 결정과 함께 타타르인의 사범학교를 톰스크에 설치하는 안을 가결했다.

기까지 일본인과의 관계를 철저히 끊을 것을 선언하는 결의문을 발표하였다. 이에 부응하여 러시아혁명파는 신한촌에 사람을 파견하여 이 운동에의 참가를 권유하고 한인민회는 이를 발표하고 일본인과의 관계 단절과 일본인 상품배척을 촉구하는 3월 8일자로 광고하기에 이르렀던 것이다.[30]

그러나 일본은 러시아혁명세력과 한인민족운동세력간의 연대 강화에 커다란 위기의식을 갖게 되고, 뒤에 언급하게 될 4월참변을 자행하게 된다. 신한촌에 있었던 국민의회, 한인사회당, 노인단, 애국부인회 등을 중심으로 활동했던 민족운동가들은 러시아혁명세력이 장악하고 있는 흑룡주나 만주 또는 농촌지역으로 도피하여 재기를 도모하게 되는 것이다.

2) 4월참변 이후

4월참변은 1920년 4월 4~5일 밤에 일본군이 연해주일대의 러시아혁명세력과 한인사회를 먼저 도발하여 공격한 만행적인 사건을 말한다. 일본군은 블라디보스토크, 니콜스크-우수리스크, 스파스크, 하바롭스크, 포시에트, 스챤 등의 한인들을 공격하고 대량검거, 방화, 파괴, 학살 등의 만행을 자행하였다. 1919년 4월 20일자 『독립신문』의 "일군(日軍) 폭력하(暴力下)에 귀(歸)한 해삼위(海蔘威)의 비참(悲慘한 광경(光景)"이란 제목의 기사에 따르면, 4월참변은 일본군이 시베리아각지에서 행한 각종 폭행중에서 "가장 학독(虐毒)한 악행"으로 일본군은 소총, 기관총, 대포를 사용하여 시가지를 파괴하였다. 기사는 신한촌의 학교와 신문사와 가택들이 일본군에 의하여 방화되었으며, 한인사상자의 숫자는 알 수 없으나 부녀자와 어린이들까지 포함된 한인 380명이 체포되어 끌려갔다고 보도했다. 또 다른 자료에는 300명의 한인들이 살해되었고, 100명가량이 체포되었다고 한다.[31]

30 〈鮮人ノ行動ニ關スル件〉(機密18號(大正9年 3月 12日), 日本外務省史料館 소장 자료, 不逞團關係雜件 朝鮮人ノ部, 在西比利亞ノ九(국사편찬위원회 수집).

4월 4~5일 밤 블라디보스토크 주재 일본헌병대가 신한촌을 습격하여 한민학교에 주둔하고 있던 러시아군인 50명의 무장해제를 단행하고 한인단체사무소와 모든 가택을 수색하고, 60여 명을 검거하였다. 이 과정에서 일본군은 한민학교, 한인신보 사옥을 불태우고, 총기류와 폭탄물은 물론 한인단체들의 중요한 서류와 기물들을 파괴 또는 압수해 갔다. 일본군은 신한촌거류민회 겸 한인지방총회사무소를 마주보고 있던 대한국민의회 사무소에 헌병대분견대를 주둔시키는 한편, 자위대라는 헌병보조기구를 창설했다. 니콜스크-우수리스크에서도 일제는 한인 76명을 검거하고, 4월 7일에는 이들 가운데 최재형, 김이직, 엄주필, 황경섭 등 4인의 지도자를 총살하였다.[32]

4월참변 이후인 4월 13일 신한촌에서는 호주 90명이 참석한 가운데 총회를 개최하고 새로운 거류민회를 조직하였다. 회장에 반일적 활동경력을 가진 조영진(趙永晉)이 선출되었다.[33] 이후 치밀한 공작을 통하여 일본영사관은 5월 23일 신한촌을 비롯한 블라디보스토크 각지 한인들을 포괄한 조선인민회를 조직하였는데, 무학자이며 블라디보스토크 최대자산가인 이상운(李尙雲)이 회장으로 선출되었다. 그러나 조선인민회는 조직 당시 일본영사 스스로 "완전한 친일적인 단체"로 볼 수 없다고 평가하였지만, 일본영사관의 감독과 후원을 받고 있었기 때문에 이 민회의 친일화는 단순한 시간문제였다.[34]

블라디보스토크의 조선인민회 성립은 4월참변 이후의 무력적 우세를 배경으로 일제가 연해주 각지에 조직한 조선인민회 또는 간화회(懇話會) 같은 친일조직들과 맥락을 같이 하는 것으로, 이미 북간도를 비롯한 중국각지에서 일제에 의하여 주도면밀하게 추진하여 온 정책의 산물이었다. 그리하여

31 Smith F. Canfield, *Vladivostok under Red and White Rule: Revolution and Counterrevolution in the Russian Far East(1920-1922)*, University of Washington Press, 1975, p. 45.

32 姜德相 編, 『現代史資料』 27권, 325-333쪽.

33 姜德相 編, 『現代史資料』 27권, 334쪽.

34 Japanese Government, Ministry of Foreign Affairs, *Archives in the Japanese Ministry of Foreign Affairs*, MT.382306, pp. 265-277.

니콜스크-우수리스크(5월 1일), 포시에트(5월), 스라비얀카(7월), 라즈돌리노예(8월), 스찬 등지에 조선인민회 또는 간화회가 조직되었다. 일제는 또한 오창환(吳昌煥), 김영학(金永學), 강전규(姜佺奎)를 내세워 조선인교육회를 조직하고 한인들에 대한 일본어교육을 실시하였다.[35] 4월참변은 이처럼 노령한인사회 내부에 친일적인 대중조직의 대두를 가져왔다는 점에서 매우 부정적인 영향을 끼쳤으며, 특히 이 당시 이들 친일적인 어용조직들을 조직하여 일본의 정책과 한인사회의 분열과 친일화에 기여한 이들은 후일 1929년 이후 반우파(反右派)투쟁, 당청결운동, 전면적인 집단화 과정에서 타도의 대상이 되기도 했다.

4월참변은 일본침략자들이 민족운동의 메카로서의 신한촌의 전통과 위상를 폭력으로 송두리째 파괴한 대만행이었다. 4월참변은 일제의 헌병대에 의한 무차별적인 학살파괴 행위라는 점 외에도 별도의 글로 다루어야 할 만큼, 전체 민족운동에 여러 가지 면에서 부정적인 깊은 파장과 영향을 끼친 대사건이었던 것이다.

5. 소비에트화 시기의 신한촌과 노령 한인사회(1923-1937)

소비에트화 과정에서 신한촌은 노령한인사회에서 여전히 중요한 위치를 차지하였다. 그러나 그 위상은 이전에 비하여 크게 약화되었다. 도시와 농촌의 모든 분야에 걸쳐 러시아공산당의 지도로 소비에트화가 전면적으로 진행된 때문에 한인사회의 독자적 영역이 상실됨과 동사에 신한촌의 위상 역시 바뀌었고 이전 시기에 비하여 상대적으로 크게 약화되었다.

종래 노령한인사회의 여론형성과 의식개조에 기여했던 『권업신문』이

35 한국독립유공자협회 편, 『러시아지역의 한인사회와 민족운동사』, 198-199쪽.

나 『한인신보』가 신한촌에 위치하여 한인사회의 주도로 간행되었던데 비하여, 1923년 3월 이후 발간된 『선봉』은 러시아공산당 블라디보스토크현당 고려부에서 발간하였을 뿐만 아니라 러시아공산당 기관지인 『적기』사가 위치한 블라디보스토크 중심가인 레닌스카야 거리에 위치하고 있었고, 1929년 4월 이후에는 하바롭스크로 옮겨가 강제이주 직전인 1937년 8월까지 러시아공산당원동당간부에서 발행하였던 것이다. 『선봉』 외에도 포시에트구역당간부 발행의 『레닌의 길로』(1930년 창간), 포시에트엠떼스 정치부 발행의 『공격대원』(1933년 창간)과 블라디보스토크 어업조합에서 발행한 『연해주어부』(1930년 창간) 등이 신한촌 이외 지역에서 발행되었다.[36]

교육에 있어서도 1923년 이후 한인사회의 대중적 교육시설이 혁명적으로 확대되면서 신한촌은 더 이상 노령한인사회의 중심지를 자처할 수 없게 되었다. 즉, 1917년까지 원동지역에 4년제 초등학교가 15개에 불과했으나, 강제이주 직전인 1937년 8월 현재 한인의 교육기관으로 초등학교 300여 개, 초급중학교 60여 개, 중등학교 및 전문학교 20여 개에 달했다. 특히 니콜스크-우수리스크에는 1918년 한족회 주도로 중등학교로 설립되었던 조선인사범학교가 이후 시베리아내전으로 인한 우여곡절 끝에 1926년 고려교육전문학교로 정식 설립된 이후 1936년까지의 10년 동안에 교원 244명을 배출하였고, 블라디보스토크에는 1931년에 설립된 고려사범학교가 1935년에 첫 졸업생 17명을 배출하였다. 특히 고려사범학교는 부설로 단기코스의 노동학원을 운영하였다.[37]

그럼에도 불구하고 신한촌은 한인들이 집결해 거주하고 있었고 오랫동안 한인사회의 중심지였다는 점에서 3 · 1 독립선언일, 메이데이, 8 · 29 국치기념일 등을 기념하는 집회장소로 활용되었다. 특히 신한촌의 스딸린구락

---

36 반병률, 「在露韓人 强制移住 以前의 韓人社會의 動向, 1923-1937」, 『한국독립운동사연구』 11(독립기념관 한국독립운동사연구소, 1997년), 158쪽.

37 위의 책.

부는 블라디보스토크 한인들의 대중 집회로 빈번하게 활용되었다. 즉, 스딸린구락부는 1927년 10월혁명 10주년 기념행사 때 한인들에게 나누어준 기념책자 『십월혁명십주년과 쏘베트고려민족』에 필요한 증언과 자료 수집을 위한 협의회가 개최된 장소였고, 블라디보스토크 고려인노력군중대회, 조선공산당사건관련자들에 대한 일제의 고문과 탄압을 규탄하기 위한 반항대회, 1929년 이후 당청결을 위한 대중집회 등의 개최장소로 활용되었던 것이다.[38] 신한촌의 스딸린구락부에는 고려도서관이 위치하고 있었고, 신한촌의 벽신문인 『레닌의 거름대로』를 발간했다.[39]

소비에트화 과정에서 노령 한인사회가 겪은 첫 번째 사건은 1929년 이후의 이른바 당청결, 반토호투쟁(反土豪鬪爭), 위로부터의 집단화 과정에서 한인사회의 지도적 인물들이나 자산가들이 대거 제거된 것이다. 1929년의 제9차 원동변강당대회에서 종파투쟁을 하는 한인공산주의자들과 "결단적으로 투쟁"할 것이 결정되었다.[40] 당청결과 반토호투쟁 과정에서 주목되는 점은 상해파의 경우 청결대상이 된 자가 없는 반면, 국민의회-이르크츠크파의 경우 거의 모두가 출당되거나 추방되었다는 점이다. 국민의회계열은 한명세, 최고려, 김하석, 임호 등이 이르쿠츠파계열(이르꾸짠)의 경우는 남만춘, 채동순, 김정규 등이 대거 청결대상에 올랐고, 비당원이었던 문창범, 염하익 등이 토호로 몰려 추방되었다. 이들은 차르 시대에 입적 부유층인 이른바 원호인 토호출신들이 많았고, 특히 내전당시 백위파가 득세하던 시기에 백위파측에 가담하여 반혁명적 활동을 한 사실이 드러났고, 시베리아내전 이후에 종파활동을 한 혐의로 출당되었다.[41]

---

38 『선봉』 1927년 6월 30일자, 10월 20일자, 10월 30일자; 1929년 3월 8일자, 1933년 7월 3일자; 1936년 12월 27일자.

39 벽신문은 모든 구락부가 다 발간했는데 『선봉』의 주도로 1929년 이래 전개되었는데, 1934년 한 해 동안에 한 달 1회의 정간호가 12호, 매일호가 41호 발간되었다.

40 『선봉』 1930년 1월 3일자.

41 반병률, 「在露韓人 强制移住 以前의 韓人社會의 動向, 1923-1937」, 157쪽.

소비에트화 시기에 한인사회가가 겪은 두 번째 사건은 1930년대 중반기에 자행된 스탈린 대탄압으로 한인사회의 엘리트 지도자들이 대거 처형된 것이다. 원동러시아 지역은 1930년대에 들어와 일본의 침략적 활동이 활발해지면서 국경에서의 긴장이 한층 고조되고 있었다. 이미 1929년 9월 중국의 만주군벌 장학량(張學良)이 동중철도(東中鐵道)의 무력적 점령을 꾀함으로써 중소간의 무력충돌이 발생하자 소련은 국경을 봉쇄하였다. 일본의 위협을 과민하게 의식하고 있던 스탈린은 소련이 일본에 맞서 대항하기에는 아직 역부족이라는 자체평가 위에서 일본의 무력도발의 소지를 제거하기 위하여 1935년 3월 동중철도를 일본에 매각하였다.

한편 소련내부에서는 1934년 12월 1일 레닌그라드당 서기인 키로프(Sergei Kirov)가 암살된 이후, 지노비에프(Grigory Zinoviev), 카메네프(Lev Kamenev) 등에 대한 처형(1936년 8월)을 시작으로 스탈린의 반대파 숙청이 이어졌다. 볼셰비키당 당원 대부분이 숙청의 대상이 되었는데, 1935년의 제17차 당대회에 참여했던 1,961명 가운데 1,108명이 희생되었다.[42]

한편, '내부의 적'을 찾아내는데 혈안이 되어 있던 원동지역의 당과 보안기관은 원동지역의 볼셰비키당원들을 대거 출당, 처형하였는데 대부분의 한인지도자들이 여기에 포함되었다. 이들 보안기관에 체포, 처형된 원동지역에서의 '인민의 적들'은 영락없이 원동을 분리하여 일본에 넘기려는 목적으로 일본의 각종 정탐부와 협력한 혐의를 받았다. 내무위원부(NKVD) 원동변강의 책임자로서 한인의 강제이주를 책임졌던 뤼쉬코프(Genrikh Lyushkov)가 일본에 망명한 후 일본잡지 『계간 로시아』에 기고한 글에 밝힌 바에 따르면, 비합법단체에 관여한 혐의로 9,000명의 당원과 군인들이 체포되었으며, 11,000명의 중국인이 체포되고, 8,000명의 중국인이 추방되었고, 600명의 폴란드인, 수백 명의 독일인, 라트비아인, 리투아니아인과 1,000명의 백계러

42 김블라지미르, 『재소한인의 항일투쟁과 수난사』, 조영환 역, 박환 해제(국학자료원, 1997), 188쪽.

시아인들이 체포, 처형되었다. 이들과 함께 2,500명의 한인들이 체포, 처형되었다.[43] 1930년대의 스탈린 숙청을 벗어난 이인섭은 후일 1935~6년간에 상해파, 국민의회파, 이르크츠크파, 엠엘파 등의 모든 한인공산주의자들이 출당, 처형되었으며, 그동안 여러 방면으로 양성되었던 한인인재들이 "전부 없어지고 말았다"고 회상했던 것이다.[44]

모스크바에서는 이미 1932~34년간에 주요한 한인공산주의자들인 김영만, 김규열, 유동식, 강해룡, 장순, 박치학 등이 '반역행위', '사보타지', '테러활동 준비'와 '반혁명적 활동' 등의 혐의로 체포, 처형되었다.[45] 원동지역에서도 1933년에 최성문, 최진, 박정임 등 3인의 한인이 일본의 정탐활동을 한 혐의로 체포, 처형되었다.[46] 1936년 1월 25일에는 김아파나시, 김미하일, 장도정, 김진이 체포되었다. 김진을 제외한 이들은 1934년의 원동변강당대회에서 당위원회 위원으로 선출되었고, 특히 김아파나시와 김미하일은 1935년에 개최된 17차당대회에 참가하였고, 대회에서 김아파나시는 원동지역을 대표하여 연설한 인물이었다. 이들의 혐의는 '상해파 반혁명그룹 위원'으로 기타 반대파(민족주의 협조주의자, 이르크츠크파, 엠엘파)와 조선혁명의 지도권과 조선공산당 결성의 주도권 장악을 위하여 투쟁하면서 국제공산당이 내세운 조건을 무시했다는 혐의였다.[47]

이처럼 국가적인 조직적 테러에 의한 한인지도자들 처형과정의 전체적인 실상을 파악하는 일은 결코 쉽지 않은 일이다. 그러나 한인지도자들의 대

43 부가이 니콜라이 표도로비치, 『재소한인들의 수난사-해설및 관계공문서』, 최정운 역, 류한배 감수(세종연구소, 1996), 56-58쪽.

44 이인섭, 『망명자의 수기』(수고본), 180쪽; 반병률, 「在露韓人 强制移住 以前의 韓人社會이 動向, 1923-1937」, 163쪽.

45 리 블라지미르 표도로비치(우효) · 김예브게니 예브게니예비치(영웅), 김명호 옮김, 『스딸린체제의 한인 강제이주』(건국대학교출판부, 1994), 51쪽.

46 Suturin, *Delo Kraevogo masshtaba: O zhertvakh stalinskogo bezzakoniia na Dal'nem Vostoke*, Khabarovsk: KKI, 1991, pp. 190-191.

47 김블라지미르, 앞의 책, 189쪽.

부분은 강제이주 이전인 1936~1937년의 기간에 대대적으로 체포, 처형된 것으로 보여진다. 강제이주 전 1937년 여름 『선봉』에 게재된 두 개의 기사는 1937년에 중반에 이르러 한인지도자들에 대한 공격이 국민의회파, 이르크츠크파, 엠엘파, 상해파 등 한인지도자들 전반에 무차별적으로 광범위하게 진행되고 있었음을 보여준다. 1937년 6월 23일자 선봉기사 "파쟁군 잔재들과의 투쟁은 옳은 결과를 가지어 온다-한보리쓰의 문제는 해결되엿다"는 김모라는 익명의 기자가 기고하는 형태의 기사인데, 조선사범대학의 현총장인 최니콜라이를 비롯하여, 전총장 오가이 뻬드로, 조선사범대학부설 노동학원 총장 한보리쓰, 역사학과 교수 박모이세이 등이 출당된 사실과 함께 한명세, 최고려 등의 '꼬르뷰로파', 엠엘파 등을 비판하고 있으며 1935년 1월에 이미 사망한 이동휘를 '반당 및 반혁명적 조선인 파당 그루빠 상해파의 수위에 있던 자'로 비판하고 있다.[48]

2개월 후인 1937년 8월 18일자 『선봉』에 게재된 〈문화행진 브리가다〉 발기단의 〈원동조선인로력자들에게(경고문)〉은 특히 교육, 문화부문의 한인지도자들이 이미 대거 출당, 체포되어 있음을 잘 보여주고 있다. 한인전체를 상대로 한 협박조의 이 경고문은 한인 문화기관들에 오랫동안 들어앉아 있었던 '인민의 원쑤들'로 원동국영출판부내 조선부에서 활약한 오성묵, 이괄, 나공, 조선인사범대학의 오가이 뻬뜨로, 한보리쓰, 박모이세이, 최니콜라이, 『선봉』의 주필을 지낸 최호림, 리문현, 그리고 『고려문전』의 저자인 오창환 등을 거명하고 이들을 무차별적으로 비판하고 있다.

『선봉』의 이 두 기사에서 주목되는 점은 이들 체포, 처형된 한인지도자들을 "인민의 원쑤", "고치지 못할 반당 및 반혁명적 파당군"로 무차별 공격하고 있는 새로운 세대의 그룹의 존재이다. 이들은 반토호투쟁과 전면적 집단화를 통하여 새로이 부상한 젊은 세대의 청년들로 짐작이 되며, 1932년의

---

48 반병률, 『성재 이동휘 일대기』, 430쪽.

반종교운동에 대한 평가에서 종교적 관습이 한인사회에 여전히 남아 있다고 비판한 오성묵을 '사회주의적 건설과 그 승리를 부인하는', '비볼셰비키적'이라고 비판했던 『선봉』 브리가드'나 〈원동조선인로력자들게게(경고문)〉를 작성, 공표한 〈문화행진 브리가다〉 발기단이 그들의 조직적 형태이며, 1936년 이후 『선봉』의 주필로 활약하는 김홍집, 윤세환, 최낙천, 황보칠 등이 그들의 핵심멤버가 아닌가 짐작된다.[49]

이들 새로운 세대의 선배한인지도자들에 대한 무차별적인 공격과 함께 스탈린에 의하여 각종 재판에 회부되어 처형된 러시아볼셰비키 지도자를 '인민의 원쑤들'로 규탄하는 되풀이 되는 집회를 통하여 이른바 대중적. 집단적 테러문화에 점차 익숙해져간 한인대중들의 정치문화 등이야말로 2,500명에 달하는 한인지도자들에 대한 대대적인 체포, 처형이 아무런 저항 없이 침묵 속에 전개될 수밖에 없었던 객관적 조건을 형성하였고, 급기야는 한인사회 전체가 강압적인 집단적 강제이주를 당하게 되고 만 것이다.

한인지도자들에 대한 처형은 한인의 강제이주 도중과 이후에도 원동지역과 중앙아시아를 비롯한 소련 내의 각지에서 계속되었다. 정확한 시기는 아니지만, 중경의 대한민국임시정부는 재러한인지도자들의 체포소식을 확보하였고, 외무부장 조소앙의 이름으로 소련타스사 주중특파원에게 피금 되어 있는 57명의 재노령한인지도자들의 명단과 이들의 석방을 요구하는 서한을 보냈다. 이 명단에는 한명세, 김하석, 홍범도, 오하묵, 오창환, 김경천, 문창범, 최성우, 이민창, 한창걸, 박윤세, 박일리야, 김미하일, 최고려, 윤해, 홍도, 이승, 윤자영, 계봉우, 장기영, 김규열 등이 거의 모든 한인지도자들이 포함되어 있다.[50]

---

49 반병률, 「在露韓人 强制移住 以前의 韓人社會이 動向, 1923-1937」, 165쪽. 이들 가운데 무차별적인 공격과 숙청의 휘오리 속에 휘말렸을 가능성이 없지 않다.

50 趙素昻, 『素昻先生文集』(삼균학회, 1979), 상권, 491쪽; 반병률, 「在露韓人 强制移住 以前의 韓人社會이 動向, 1923-1937」, 165쪽.

소비에트화 시기에 노령의 한인사회가 겪은 세 번째 사건은 역시 1937년 가을에 단행된 중앙아시아로의 강제이주이다. 1930년대 중반이후 한인 지도자들이 대거 체포, 처형되고 있는 가운데 마침내 소련중앙인민위원회 의장인 몰로토프(Vyacheslav Molotov)와 러시아공산당 중앙위 서기장인 스탈린이 서명한 1937년 8월 21일자 〈원동지방 국경부근 구역에서 한인거주민을 이주시키는 문제에 관하여〉에 의하여 한인들의 중앙아시아로의 강제이주가 단행되었다. 한인의 강제이주는 9월~11월의 기간에 2차로 나누어 진행되었는데 1차는 국경지역거주 한인들, 2차는 내지거주 한인들이 이주되었는데 총 124대의 수송열차에 3만 6,442가구 17만 1,781명이 원동을 떠났다. 이 가운데 2만 170가구 9만 5,256명은 카자흐스탄 공화국으로, 1만 6,272가구 7만 6,525명은 우즈베키스탄 공화국으로 이송되었다.[51]

6. 맺음말

노령한인사회의 저명한 역사가, 저술가, 언어학자, 민속학자이자 혁명가였던 계봉우는 1920년 12회에 걸쳐 독립신문에 기고한 「아령실기」를 마무리하면서, 노령 한인사회의 여러 방면에서 공적을 남긴 여러 인물들을 거명한 후 조국과 민족에 대한 노령의 한인들의 역할에 대한 기대를 다음과 같이 절절한 필치로 표현했다.

> 그네들은 참으로 무명(無名)한 의인지사(義人志士)일다. 또 그네들은 명예를 망요(望要)한 것도 아니다. 사업을 경쟁한 것도 아니다. 그 점으로 보면 못 생긴 듯하나 과연 순직양결(純直良潔)한 사람은 그네들이다. 그네들은 기왕도 그러하였거니와 장래는 더욱 그러하리라. 나는 이런 까닭에 아령(俄領)의 민의를 존중히 할 가

51 이블라디미르, 김예브게니, 앞의 책, 158쪽.

치가 유(有)하다고 하는 바이다. 그네들은 아국혁명(俄國革命)의 신교훈을 짖적 견학하야 내지, 서북간도, 미령재주(米領在住)의 동포들 보다 조국재조(再造)의 그 책임이 더욱 중대한 줄 각오하고 극신중(極愼重)극광명(極光明)한 행동을 취하리라. 또 장래의 신사상적 교육을 우리 전민족에게 지배할 가능력(可能力)이 유(有)하리다. 차(此) 가능력이 충족하기를 나의 절원(切願)하는 바이다.[52]

아마도 1920년 당시 국내외 한인들 역시 이 글을 쓴 계봉우와 같이 노령의 한인사회에 대한 다대한 희망과 기대를 품고 있었고, 신한촌은 그러한 노령 한인사회를 상징하던 대명사였다고 생각된다. 조국광복과 민족해방의 희망의 대상이었던 노령의 한인사회는 해외의 다른 지역 동포사회보다도 한층 역동적이며 진취적인 역사적 경험을 해왔던 것이다. 그러나 노령의 한인사회는 19세기후반 이후의 초기 이민사로부터 최근의 소련해체에 이르기까지의 역사적 대격동기를 거치면서 말할 수 없는 엄청난 고통과 시련의 오랜 세월을 보내야 했다. 소련이 해체된 이후에도 러시아로부터 중앙아시아, 그리고 사할린까지의 유라시아대륙에 흩어져 있는 오늘날의 고려인동포들은 안정된 삶을 확보하지 못하는 가운데, 과거 노령 한인사회를 개척했던 자신들의 선조들 못지않은 시련의 나날을 보내고 있는 것이다.

1914년 노령의 한인사회는 노령이주50주년을 기념하여 성대한 기념식을 신한촌에서 개최하려다가 제1차 세계대전의 발발로 무산된 바 있다. 그로부터 85년이 지난 올해 그 유서 깊은 역사의 현장에서 다시 신한촌을 주제로 한 국제학술회의를 갖게 된 것은 매우 뜻깊은 일이 아닐 수 없다.

52 뒤바보, 「아령실기」, 『독립신문』, 1920년 4월 8일자.

3 신한촌과 한인독립운동

박 환(수원대학교 사학과 교수)

1. 서 론

러시아 지역에서는 구한말부터 1920년대 전반기까지 활발히 독립운동이 전개되었다. 그중에서도 특히 블라디보스토크 신한촌은 한인독립운동의 기지로서 널리 알려져 있다. 러시아 지역의 한인 독립운동을 대표하는 권업회, 권업신문, 대한광복군정부, 한인신보사, 일세당, 대한국민의회, 노인동맹단 등이 이곳에 있었으며, 이동휘 등 수많은 한인 애국지사들이 신한촌에 거주하며 활동하였다. 또한 블라디보스토크 지역의 3 · 1운동이 이곳을 시발점으로 하여 이루어졌으며, 한민학교 등 신한촌에서 수많은 독립운동계획들이 수립되기도 하였던 것이다. 그러므로 이곳 신한촌은 가장 대표적인 독립운동 기지로서 일찍부터 학계의 주목을 받게 되어 신한촌 민회 등 이 지역의 독립운동에 대하여 조망하고자 하는 노력들이 있었다.[1] 그 결과 신한촌과 관련된 많은 새로운 사실들이 밝혀지게 되었다. 그러나 기존의 연구는 대체로 1차 세계대전 발발 이전의 신한촌 민회와 한민학교 그리고 1920년대 연해주

1 신한촌을 주제로 한 기존의 연구로는 다음의 것들을 들 수 있다. 윤병석, 「연해주에서의 민족운동과 신한촌」, 『한국민족운동사연구』 3, 1989; 정태수, 「국치 직후의 신한촌과 한민학교연구」, 『수촌박영석교수화갑기념논총』, 1992; 권희영, 「1920년대 연해주지역의 독립운동과 신한촌」, 『한민족공영체』 4, 사단법인 해외한민족연구소, 1996.

지역 전반의 한인활동 등에 대하여 밝힘으로서 신한촌을 중심으로 한 한인 독립운동을 전반적이면서도 체계적으로 검토하고 있지 못하다고 생각된다.

이에 본고에서는 기존의 연구 성과를 토대로 신한촌을 중심으로 전개된 한인독립운동을 1911년 신한촌이 건설된 이후부터 1922년 일본군이 시베리아에서 철수하기까지를 다룸으로써 신한촌 지역 민족운동의 총체적인 모습과 아울러 변화하는 모습들을 살펴보고자 한다. 이를 위하여 우선 1910년대 전반기의 경우 한일합방 반대운동, 권업회 등에 대하여 밝혀보고자 한다. 그리고 이어서 1917년 러시아혁명 이후의 신한촌 세력의 동향에 대하여 파리강화회의 대표 파견문제, 한인신보의 언론활동, 재러동포들에 대한 민족의식 고취활동 등을 중심으로 알아보고자 한다. 아울러 신한촌의 3 · 1운동에 대하여도 검토해 보고자 한다. 끝으로 1920년 4월에 있었던 신한촌 참변에 대하여 알아보고 이어서 조직된 친일조직에 대하여도 살펴보도록 하겠다.

2. 1910년대의 항일독립운동과 신한촌

신한촌은 주지하는 바와 같이 제정러시아 당국이 콜레라 근절을 이유로 블라디보스토크 중심지에 자리 잡고 있던 한인촌을 강제로 철거하면서 1911년 봄부터 블라디보스토크 시 외곽의 변두리지역에 건설된 한인 집단 거주지이다. 그 이후 이곳은 한인 독립운동의 근거지로서 그 역할을 다하였다. '한일합방' 반대시위운동이 1911년 이곳에서 전개되었으며, 권업회와 그 기관지 권업신문사 그리고 대한광복군정부가 이곳 신한촌에서 조직되었다. 본 장에서는 이 부분에 대하여 살펴보도록 하겠다.

1) '한일합방' 반대 시위

1911년 봄 신한촌이 건설된 이후 이곳에서 최초로 전개된 항일운동은 1911년 8월 29일에 있었던 한일합방 반대운동이었다. 신한촌에 거주하는 한인들은 한일합방 1주년을 맞이하여 이에 반대하는 집회를 준비하였다. 이들은 우선 한글신문인 『대양보(大洋報)』 9호를 한일합방특집호로 1,400부를 간행하여 동포들에게 무료로 배부하면서 민족의식을 고취시켰다. 이 신문에서는 논설을 통하여 민족의식을 고취시키는 한편, 전의근의 기서 『오늘은 어떠한 날인가』를 게재하였고, 또한 통언으로 『어제 밤의 꿈』, 그리고 『개인과 국가의 관계』, 『슬픈 이날』, 『부여민족의 통곡일』 등의 글을 실어 합방의 부당함과 비통함을 서술하였다.[2]

8월 29일 11시 한민학교에서 신한촌 거주 김학만, 최웅, 엄인섭, 오병묵, 조창호, 김진, 전의근, 이춘식, 허웅, 조장원, 김하석 등이 한일합방 모임 발기인 명의로 집회 광고를 하는 한편 당일 각 점포를 폐쇄하고 휴업할 것, 남녀노소를 불문하고 점화하여 밤을 밝힐 것, 각 학교는 휴업할 것, 환소(歡笑) 무용(舞踊) 등을 하지 말 것 등 당일 주의사항을 전달하였다. 아울러 이종호, 김익용, 그리고 한민학교 교사 오병묵, 김하석, 김봉상 등이 교대로 합방의 부당성을 연설하였다.[3]

그리고 오후 1시 한민학교 학생 및 다른 학교에 재학 중인 학생 등 약 250명, 그리고 기타 150명 등 총 약 400명이 모인 가운데 조선인들은 대오를 형성하여 행진하며 애국가와 독립가를 제창하였다. 아울러 신한촌 광장에서는 학교 교사 등이 교대로 연설을 하여 동포 및 학생들에게 민족의식을 고취시켰다. 또한 집회 광고에 게재된 것처럼 상인들은 점포를 닫고, 야간에는

---

2 1911년 8월 31일 한국병합 일주년에 즈음한 당지 조선인의 행동에 관한 보고의 건(일본외무성사료관 소장 자료, 432 2-1-2, 不逞團關係雜件 鮮人部 在西比利亞 이하 출처를 생략함).

3 1911년 9월 13일 병합기념일의 폭행과 金基陽의 살해.

점등하여 불을 밝히는 등 항일적인 면모를 보여 주었다. 또한 일본 상인 田中定吉 집에 돌을 투척하는가 하면, 사내총독(寺內總督)을 죽일 것을 소리 높여 외쳤다.[4] 또한 간도총영사관 고용 통역인 김기양을 신한촌에서 체포하여 신한촌 부근 아무르만에 수장시키는 등 강한 배일의식을 보여주고 있다.[5]

2) 권업회

1910년 일제에 의해 조선이 강점된 후 망국민이 된 러시아 연해주지역의 동포들은 재러동포들의 권익과 조선의 독립을 위하여 1911년 12월 19일(러시아력 12월 6일) 블라디보스토크에서 권업회를 조직하였다. 이 단체는 한인들이 러시아에서 러시아 당국의 공식인가를 받고 조직한 최초의 한인 조직으로서, 1911년부터 1914년까지 4년 동안 연흑룡주 지역의 대표적인 재러한인의 권익옹호기관이자 독립운동단체로서 활동하였다. 아울러 동시기에 자바이깔 치따 지역에서 조직된 대한인국민회 시베리아지방총회와 함께 러시아 지역 한인 단체의 양대 산맥이었던 것이다.

1911년 12월 19일에는 블라디보스토크 신한촌 내 한민학교에서 권업회의 공식적인 창립총회가 개최되었다. 이 총회에서는 임원을 선거하였는데, 의장 이상설, 부의장 이종호 등이었다.[6]

권업회의 종지는 그 명칭에서 알 수 있듯이 재러동포에게 실업을 권장하며, 노동을 소개하고, 교육을 보급시키기 위한 것이었다. 이 단체가 명칭을 권업회라고 한 것은 일본의 방해를 피하기 위한 것이었었고, 사실상 이 단체는 독립운동기관이었다. 그러므로 권업회의 목적과 이념은 시베리아 한인사회의 이익을 증진시키는 권업(경제)문제와 항일운동을 강력히 추진하는 항

---

4 1911년 8월 31일 한국병합 1주년에 즈음하여 당지 조선인의 행동에 관한 보고의 건.

5 1911년 9월 13일 齊藤大佐 일행중에 있던 조선인 金基陽의 살해 사건.

6 박환, 「권업회의 조직과 활동」, 『러시아한인민족운동사』, 탐구당, 1995, pp. 120-126.

일(정치)명제를 결부시키는 전술을 취하면서 끝내는 조국독립을 달성하고자 하는 데 있었다.[7]

권업회에서는 권업회의 목적과 이념을 실천해 나가기 위해서 교육부, 실업부, 경용부, 종교부, 선전부, 검사부, 통신부, 응접부, 기록부, 사찰부, 구제부 등을 두었으며, 1911년 12월 19일 창립이후 활발한 활동을 전개하였다. 그 대표적인 것으로 『권업신문』의 간행, 교육진흥활동, 한인의 자치활동, 토지조차와 귀화 등을 들 수 있다.[8]

한편 권업회에서는 1914년 러일전쟁 10주년을 맞이하여 러시아의 일본에 대한 복수심이 절정에 이르러 다시 개전할 조짐이 있자 대한광복군정부를 조직하고자 하는 한편[9] 한인들의 노령이주50주년 기념대회를 개최하고 그 시기를 이용하여 재러한인의 민족의식을 고취시키는 한편 군자금을 모금하고자 하였다. 그러나 동년 제1차 세계대전이 발발하여 이러한 시도는 실패하고 말았다.[10]

『권업신문』은 신한촌에서 발행된 권업회의 기관지이다.[11] 이 신문은 1912년 4월 22일(러)부터 1914년 8월 30일까지 약 2년 반 동안 총 126호가 간행되었는데, 특히 국권회복과 민족주의를 그 간행 목적으로 하고 있는 민족지로서 주목되고 있다.

『권업신문』은 순한글로 간행되었으며, 1주일에 1회 4면으로 일요일에 간행되었다. 그리고 그 체재는 논설, 각국통신, 전보, 본국통신, 잡보, 광고,

---

7 윤병석, 「1910년대 연해주지방에서의 한국독립운동」, 『국외한인사회와 민족운동』, 일조각, 1990, pp. 185-186.

8 윤병석, 앞의 논문, pp. 199-206.

9 윤병석, 위의 논문, pp. 206-211; 반병률, 『성재 이동휘 일대기』(범우사, 1998), pp. 110-113.

10 박환, 앞의 책, pp. 138-142.

11 「연해주의 군총독 각하께」, 『한국독립운동사』 자료 34 러시아편 1, 국사편찬위원회, 1997, p. 113.

기서 등으로 이루어졌다. 특히 이 가운데 주목되는 것은 논설과 잡보인데, 논설에서는 권업회의 주장을, 잡보에서는 재러한인의 동향을 게재하고 있다. 그리고 『권업신문』은 필사로 이루어져 있으며, 재정은 주로 이종호에 의지하였다. 그 밖에 기부금, 광고료, 구독료 등이 재원이 되었다. 『권업신문』에 참여한 주요 인물로는 신채호, 이상설, 윤해, 김하구, 장도빈 등을 들 수 있으며, 이들은 대부분 국내외에서 언론에 종사했던 인물들이었다.

신문의 내용은 크게 두 가지로 나누어 볼 수 있다. 재러한인의 권익옹호에 대한 것과 민족문제에 관한 것이다. 전자와 관련하여서는 농작지 개척활동, 입적청원활동 등을 들 수 있으며, 후자로는 재러한인의 계몽, 민족의식의 고취 등에 대한 기사들을 들 수 있다.[12]

『권업신문』에서는 무장투쟁을 강력히 주장하고 있지는 않다. 그것은 1910년 일제의 조선 강점 이후부터 1914년 제1차 세계대전이 발발하기 이전까지의 시대적 상황과 러일 관계, 연흑룡주 총독의 대조선인정책, 한국인들의 역량의 정도 등과 서로 관련이 있을 것이다.[13] 한편 권업회에서는 신한촌에 건립된 한민학교를 통하여 한인자제들의 민족교육에 박차를 가하였다. 이 학교는 개척리에 있던 계동학교를 개편한 것으로 1912년 3월에 신한촌에 신축되었으며, 러시아 지역 민족운동의 요람이었다.[14]

이처럼 신한촌을 중심으로 활발한 활동을 전개하던 권업회와 『권업신문』 등은 1914년 제1차 세계대전의 발발로 러일관계가 돈독해 지면서 그 활동이 중지되게 되었다.[15] 또한 러시아주재 블라디보스토크 일본영사관에서는 신한촌을 중심으로 활동하고 있던 이종호, 이동휘, 이병휘, 윤해, 조창호,

12 「권업신문에 관한 보고」, 『한국독립운동사』 자료 34 러시아편 1, pp. 116-119에는 권업신문 내용 중 항일적인 기사를 모아 놓았다.

13 박환, 「권업신문의 간행과 내용」, 앞의 책 참조.

14 정태수, 「국치 직후의 신한촌과 한민학교 연구(1910-1914)」, 『수촌박영석교수화갑기념논총』, 1992, pp. 1171-1184.

15 박환, 앞의 논문, p. 179.

김하구, 오주혁, 김도여 등을 추방해 줄 것을 요청하였다.[16] 이에 신한촌을 중심으로 한 활동은 크게 위축되었다.

한편 권업회 등 한인독립운동의 근거지였던 신한촌은 일본인들이 이곳을 출입하는 것을 허락되지 않았다. 블라디보스토크 총영사관 野村 영사의 다음과 같은 보고에서 이를 짐작할 수 있다.

(1) 재블라디보스토크 미쯔비시 상사 대표 鎌田祐吉씨에 대한 사건

1914년 5월 31일 鎌田祐吉 대표는 그의 보좌관 下田滋와 大隈興四郎과 함께 블라디보스토크 시 부근에서 산책하던 중 신한촌을 걷다가 조선인 청년들이 던진 돌에 불의의 습격을 받았다. 곧이어 수많은 조선 군중들이 이들 무고한 일본인들을 에워싸고는 난폭한 짓을 저지르기 시작하였고, 그들 중 어떤 사람들은 下田滋의 지팡이를 빼앗아 그를 구타해 버렸다.[17]

(2) 총영사관원 중의 한 사람에 대한 사건

1914년 6월 16일 총영사의 통역관 키토씨는 가족과 함께 바다에 갔다가 때마침 19 베르스따 크기의 별장지(別莊地) 오케얀스카야에서 개최된 조선인 한민학교 학생 등 150명의 운동회를 재미있게 보고 있었다. 그때 그들 무리에서 조선인 청년이 그 통역관에게 불손한 어투로 말을 걸어왔고, 마침내는 제멋대로 난폭한 행동을 하기까지 하여, 그 때문에 키토씨는 부득이하게 곧바로 오케얀스카야에서 피하였다.[18]

---

16 「1914년 8월 20일, 1914년 10월 28일 일본 블라디보스토크 총영사관에서 연해주 군총독각하께 보낸 편지」, 『한국독립운동사』 자료 34, 러시아편 1, pp. 113-115;122-125.

17 「반일적 성향의 한인들의 언동에 대한 정보」, 『한국독립운동사』 자료 34, 러시아편 1, pp. 103-105; 1914년 6월 30일 浦潮斯德 在留鮮人의 對邦人 태도에 관한 건.

18 「반일적 성향의 한인들의 언동에 대한 정보」, 『한국독립운동사』 자료 34, 러시아편 1, pp. 103-105;1914년 6월 30일 浦潮斯德 在留鮮人의 對邦人 태도에 관한 건.

(3) 47세의 일본인 시모다 우메에 대한 사건

1914년 4월 27일 일본인 시모다 우메(Симода Уме)는 남편 에이타로(Ейй тро)와 두 친구와 함께 꽃을 꺾으려고 신한촌 근처의 아무르 강가로 갔다. 돌연히 거기에 있던 20명이 넘는 조선인 청년들이 그들에게 돌을 던져, 한 시간 동안 무의식 상태로 있었고, 그 때문에 시모다는 10일 이상의 치료가 요구될 정도로 아주 심한 상처를 입었다.

(4) 17세의 일본인 미사오 마츠유키에 대한 사건

1914년 6월 10일 일본인 마사오 마츠유키(Мисао Мацуюки)는 제1강(江)에서 모(某) 러시아인을 만나 유모로 일하기로 약속하고 나서 신한촌 근처를 지나 시내로 돌아오려고 할 때 돌을 든 조선인 청년들 측으로부터 불의에 습격을 받았고, 그 때문에 그녀는 이후 그와 같은 사건을 피하기 위해 부득이하게 그 일을 포기하였다.[19]

즉 한인들은 일본인들이 신한촌에 들어올 경우 이에 대하여 강력히 대응하였던 것이다. 또한 한인들은 신한촌민회를 조직하여 1911년 7월 2일 신한촌민회 평의원회 결의사항으로 일본인과 청국인의 상점을 신한촌에 개점하는 것을 금지하였다. [20]

19 「반일적 성향의 한인들의 언동에 대한 정보」, 『한국독립운동사』 자료 34, 러시아편 1, pp. 103-105.

20 조선주차헌병대사령부편, 『노령연해주 이주선인의 상태』, pp. 105-106.

3. 러시아혁명 이후 신한촌 한인세력의 향배[21]

1) 신한촌 민회세력과 파리강화회의 대표파견

1917년 러시아혁명 발발 이후 신한촌 세력들은 민회를 재조직하는 한편[22] 파리강화회의에 러시아 지역 대표파견에 고심하는 등 활발한 민족운동을 전개하였다. 그리하여 1917년 10월혁명이 닥아올 무렵 신한촌에 거주하는 러시아에 귀화한 조선인 병사들은[23] 신한촌의 일부 나이 젊은 조선인들과 함께 '민정개혁과 노인배척'을 표어로 내걸고 신한촌 민회의 주도권을 장악하고자 하였다. 즉 9월 2일 그리고 9월 9일, 10일 양일간에 신한촌 한민학교에 모여 회장 이하 10명의 임원과 21명의 평의원을 선출하여 신한촌의 행정을 담당하게 하고, 새로운 민회 회칙을 제정하였다. 당시 그들이 선출한 신한촌 민회의 주요 간부는 회장 이형욱, 부회장 최 니콜라이(현재 726연대 소속), 재무 윤능효, 서기 조장원(726연대), 서기(러시아어) 박 이완(소성 출신의 병사), 경찰부장 박세미욘, 위생부장 채성하, 교육부장(겸) 최니콜라이, 심사부장 한 안드레이, 검사부장 이가순, 평의원 최 니콜라이, 강양오(군인), 한용현, 김진,

---

21 본장은 1999년 6월 18일 고려학술문화재단과 광복회가 공동주최한 「연해주 한인독립운동과 상해 대한민국임시정부」에서 필자가 발표한 「대한국민의회와 연해주 지역 3·1운동」 중 신한촌 부분을 주로 참고하였음.

22 신한촌 한인들은 1911년 6월 신한촌에서 민회를 조직하여 활동하였다(1911년 6월 28일보고, 6월 13일 이후 포조사덕 지방 조선인의 동정) 그러다 권업회가 조직되면서 갈등관계에 이르렀으며(1912년 3월 16일 보고, 2월 하순 포조사덕 지방 조선인의 동정), 결국 1913년 3월 15일 권업회에 부속되었다(권업신문 1914년 3월 22일, 잡보 권업회와 거류민회) 이 과정에서 李可順, 姜良五, 高明昊 등 민회세력들의 강한 반발이 있었다(1914년 3월 24일 浦潮發 정보, 권업회와 민회의 병합).

23 귀화조선인으로서 군인들의 명단은 1918년 4월 20일 신한촌 배일선인의 경비단 조직에 관한 건에서 살펴볼 수 있다. 신한촌에 있는 귀화조선인 군인들은 일본군대가 블라디보스토크에 상륙하자 신한촌을 지키기 위하여 경비단을 조직하였다. 이 경비단은 김하구가 조장원, 강양오 등 군인을 격려하여 만든 조직이었다. 당시 참여한 귀화조선인 군인들은 51명인데 주요 명단을 보면, 金燕源, 강양오, 조장원, 李興雲, 채 니콜라이 등이다.

윤능효, 조장원, 김철훈, 이가순, 박이완, 김병합, 김태봉, 이형욱, 양 야코프, 엄인섭, 채성하 등이었다.[24]

1918년 파리강회회의와 약소국동맹회의 개최사실들을 일본신문을 통하여 파악하게 된 신한촌 민회세력들은 니콜리스크에 있는 전로한족회 중앙총회와의 상호 협조하에 대표 파견 등을 논의하고자 하였다. 그리하여 대표로 김진을 선정하고 그를 니콜리스크로 파견하였다.[25]

또한 1919년 1월 10일 신한촌 민회의 중심인물인 한용헌, 김치보, 조장원, 지건, 이범석, 김하구 등 10여 명은 이형욱의 집에 모여 평화회의에 파견할 대표자 2명을 선출할 것을 계획하였다.[26] 아울러 신한촌 민회에서는 여하한 경로를 통하여 대표자를 파견할 것인가에 대하여도 고심하였다. 첫째로는 미국을 경유하여 파견하는 것이고, 두 번째 안은 시베리아 철도를 통하여 파견하는 것이었다. 전자는 일본을 경유해야 하므로 일본관헌에게 체포될 염려가 있었다. 후자의 경우는 러시아와 유럽을 연결하는 철도가 현재 막혀 있어 통과할 수 없을까 염려되었다.[27] 아울러 약소국회의에 참여하여 한국의 독립을 주장하였던 미국거주 박용만을 돕기로 하는 한편 열국평화회의에서 한국독립에 힘 쓸 것을 결의하였다. 또한 그 여비를 준비함에 있어서 블라디보스토크와 니콜리스크 측에서 분담하기로 하고, 블라디보스토크의 경우 조장원이 이를 담당하되 2만 5,000루블을 모금하기로 하였다.[28]

또한 1월 19일 신한촌 조장원의 집에서 김하구, 김진, 장기영, 전일, 강양오, 김철훈, 지건, 엄인섭, 조장원 등 9명이 모인 가운데 회의를 개최하였다. 이 회의에서는 파리강화회의 전권위원이 블라디보스토크를 출발함과 동

---

24 1917년 10월 8일 조선인 近狀에 관한 보고의 건-신한촌에 있는 선인 병졸의 발호.

25 1919년 1월 20일 강화회의에 대한 선인운동에 관한 건.

26 국가보훈처, 『러시아극동 및 북만주지역 배일선인유력자명부』(이하 『배일선인명부』로 약함), 1997, 윤능효조, 한용헌조 참조.

27 1919년 1월 7일 평화회의와 한국독립문제에 관한 건.

28 1919년 1월 27일 한국독립운동에 관한 건.

시에 일반 조선국민의 명의로 선언서를 발표하여 한국의 독립을 전 세계에 포고하며 일본의 조선으로부터의 철퇴를 요구하고자 하였다. 또한 만약 일정한 기간 내에 실행되지 않으면 일본에 대한 선전포고를 행하고 그것을 위해서 금일부터 특히 군부(軍部)를 설립해서 기회를 봐서 군대를 편성해서 개전을 준비하고자 하였다. 의병장으로서는 안중근 의사와 의형제이고, 일반 조선인 사이에 널리 알려진 엄인섭을 추대하기로 하였던 것이다.[29]

2) 『한인신보』와 신한촌

『한인신보』는 1917년 7월 8일 매주 1회 한글로 간행되었으며, 발행인 겸 편집인은 한 안드레이였고, 발행소는 블라디보스토크 신한촌 니콜리스크 거리 21호였다.[30] 『한인신보』 발행의 중심적인 역할을 한 한 안드레이는 1917년 당시 30세의 젊은이로 연추 출신이며 귀화한 한인이었다. 그는 러시아 중학 출신으로 일찍이 연추 촌민회 회장을 역임하였으며, 전로한족회대표자회 부의장이기도 하였다. 또한 한인신보사 발행인 겸 잡지 『애국혼』의 발행인이기도 한 그는 민족의식 또한 강하여 조선어를 공부하고자 하는 열성을 보인 인물로 알려져 있다.[31] 『한인신보』의 주필은 장기영, 김하구 등이 담당하였다.[32] 『한인신보』의 간부는 1917년 10월경에는 사장 김병흡, 총무 김구, 서기 김진 등이었다. 김병흡은 만주에서 조직된 간민회 설립 발기인이었으며, 신한촌민회의 회장으로서 덕망 있는 자산가였다. 그는 한인신보사 총무를 거쳐 사장에 취임하였으며, 1918년 10월에는 이를 사임하여[33] 정

29 1919년 1월 27일 한국독립운동에 관한 건.

30 『한인신보』, 창간호(1917.7.8, 국사편찬위원회 소장).

31 『배일선인명부』, 한용헌조.

32 「아령실기」, 『독립신문』 1920년 4월 8일자.

33 『배일선인명부』, 김병흡조.

재관이 대신 사장에 취임하였다.[34]

『한인신보』는 제1면에 논설, 전보, 제2면에 전보, 고국통신, 잡보, 본항시사, 중국시사, 제3면에 연재물, 광고, 제4면에 광고 등으로 구성되어 있다. 그 중 1면에 실려 있는 논설을 보면, 자녀의 교육, 양심, 생활, 위생 등 한인의 계몽과 관련된 내용과 단군과 관련하여 민족의식 고취에 대한 내용 등을 기술하고 있다. 또한 『한인신보』에서는 23호(1917년 12월 23일) 논설 「각곳에 연종총회」에서, 고려족중앙총회가 러시아 한인사회의 중심임을 강조하고 있다. 아울러 25호(1918년 1월 6일) 논설 「새해의 첫 아침을」에서는 고려족중앙총회의 주장인 민족의 자치를 강조하고 있다. 그러므로 『한인신보』에서는 18호(1917년 11월 17일) 「농민회 제2호에 투표하오」에서, 고려인에게 자치와 토지와 기타의 권한을 인정하는 연해주 농민대표회에 선거할 것을 강조하는 글을 게재하고 있는 것이다.[35]

『한인신보』는 일본 측이 러시아 당국에 대하여 "현하 구주전(歐洲戰) 개전 당시 제국정부의 요구에 따라 연해주 군무지사로부터 금지명령을 받은 신문으로 『권업신문』이란 것의 후신이며, 한일 합방 전부터 계통적으로 계속되어온 배일선인의 기관지이다"라고 지적하고 있는 것처럼[36] 민족의식 고취에 기여하였던 신문이었다.

1918년 이후 발전을 도모하고 있던 『한인신보』는 1918년 윌슨의 민족자결주의 소식과 약소국동맹회의 소식 등을 동포사회에 알리는 등 민족의식 고취에 크게 기여하였다. 즉, 『한인신보』 12월 29일자에서는 『대판조일신문』 12월 18일, 19일자에 실린 내용을 동포들에게 알림으로서 미주 동포들이 한국의 독립을 위하여 벌이고 있는 사업을 적극 홍보하고자 하였던 것이다. 또한 1919년 1월 12일 발간 『한인신보』에서는 「자유의 신년」이라는 제

---

34 『배일선인명부』, 정재관조.

35 박환, 「러시아 지역의 한인언론」, 『재소한인민족운동사』, 국학자료원, 1998, pp. 183-188.

36 국회도서관, 『한국민족운동사료』(3.1운동편 3), (이하 국회 3으로 약함), 1979, p. 55.

하의 김하구의 글을 실어 평화회의에서 한국은 반드시 독립한다고 주장하였다.[37] 아울러 3월 2일자 『한인신보』에서는 파리로 향한 윤해와 고창일이 기차로 파리로 향했는데 옴스크를 무사히 통과하였다는 전보가 있었음을 통보들에게 전하기도 하였다.[38]

3) 신한촌의 민족운동

신한촌에서는 1918년 8월 29일 국치일을 맞이하여 아침 일찍 민회의 명의로 인쇄문을 살포하고, 일반 조선인에 대해서 밥 짓는 것을 금지하고 각 구장에게 엄중히 감시하라고 하고, 만약 밥을 지을 경우 그 집에 가서 조서를 작성하고, 25루블의 벌금을 부과하기로 하였다. 그리고 동일 오전 9시 한민학교 생도 수 십 명은 학교기를 선두에 세우고, 애국가를 부르고, 신한촌을 행진하였다.[39] 또한 1918년 12월 22일에는 이강의 주도하에 오전 11시 야소교 예배당에서 민족의식 고취 강연이 개최되었으며,[40] 1919년 1월 27일에는 海星의원 곽모의 발기에 의하여 오후 7시부터 한민학교에서 이태왕 추도회가 약 300명이 참석한 가운데 개최되었다. 이 자리에서 장기영은 이태왕에 대한 역사를 강의하였으며, 김일은 연설을 통하여 재러동포들의 민족의식을 고취시키고자 하였다.[41]

한편 1919년 2월 1일 밤 신한촌 거주 독립운동가들은 민족의식 고취와 파리파견 대표의 비용을 마련하기 위해 한민학교에서 연극과 무도회를 개최하였다. 이 모임에는 오후 8시부터 시작되었는데, 약 300명의 관객이 참여한

---

37 1919년 2월 7일 강화회의와 조선독립에 관한 건.

38 1919년 3월 7일 윤해 고창일 출발의 건.

39 1918년 9월 20일 일한합병기념일에 관한 건.

40 1919년 1월 7일 李剛來浦에 관한 건.

41 1919년 2월 24일 이태왕 흉거에 대한 재러선인의 언동.

가운데 성대히 베풀어졌다. 애국가를 시작으로 연극이 시작되었으며, 연극 내용은 105인 사건에 대한 것이었다. 연극을 마친 후 파리강화회의 대표자 파견 여비 약 800루블을 걷어 제공하였다.[42]

한편 1919년 3 · 1운동 이전 신한촌 지역 한인들의 민족적인 기개는 대단하였던 것 같다. 1918년 가을 어느 날 일본 총영사 菊池義郎은 신한촌을 방문하여, 조선인학교에 200루블을 기증했으나 여교사는 그 돈을 찢어 불속에 던져버렸다고 한다.[43]

4. 3 · 1운동과 신한촌

노령지역의 독립운동가들 1919년 2월 25일 전로국내조선인대회를 개최하여 독립선언서 제작 및 선포에 관한 준비를 하는 가운데 3월 8일 육로로 러시아에 온 다수의 조선인들에 의하여 조선에서의 3 · 1운동 소식이 들려왔다. 이처럼 국내에서 3 · 1운동이 전개되었다는 소식이 전해지자 3월 8일 신한촌에서는 한국이 독립되었다는 장지(張紙)가 붙기도 하였다. 그러한 가운데 3월 10일을 전후하여 러시아과격파가 궐기한다는 항설(巷說)도 나돌아 신한촌은 어슬렁거렸으며, 일본과 러시아 당국의 경계가 삼엄한 분위기였다.[44]

신한촌에서의 3 · 1운동은 3월 17일 오후 4시경 시작되었다. 다수의 조선인이 모여서 大道에서 연설을 하고, 독립선언서를 배포하고 집집마다 국기를 게양하고 만세를 불렀다. 이에 일본 측이 러시아관헌에게 제제를 요구하자 학생들은 삼삼오오 신한촌에서 시내로 집회장소를 변경하였다. 학생들

42 1919년 2월 21일 강화회의와 조선독립운동에 관한 건.

43 하라 테루유키, 러시아 연해주에서의 한인운동, 『소비에트 한인백년사』, 서대숙편, 태암, 1989, p. 25.

44 국회 3, p. 37.

은 점차 어두워져 안면을 식별할 수 없는 틈을 타서 시중에서 자동차 3대, 마차 2대에 나누어 타고 가도를 달리며, 구한국기를 차위에서 흔들며, 만세를 불렀다.[45] 이어 1919년 4월 3일 신한촌에 거주하는 동포 수백 명은 대판조일신문 3월 29일자에 "미국비행기 총독부에 폭탄투하"라는 기사가 실린 것을 계기로 만세운동을 전개하기도 하였다.[46]

3 · 1운동 후 신한촌을 중심으로 다수의 독립운동단체들이 조직되어 활발한 활동을 전개하였다. 대한국민의회는 니콜리스크에서 성립되었지만, 1919년 3월 14일 옴스크정부의 해산명령에 의해 합법성을 부인 당한 후 본부를 블라디보스토크로 이전하였다.[47] 1919년 3월 26일에는 블라디보스토크 신한촌 김치보의 집에서 46세 이상 70세 이하의 노인들을 중심으로 노인동맹단이 조직되었다. [48] 이 단체는 조직이후 전단위원(傳團委員)을 두어 각 지방에서 회원을 모집하였다.[49] 아울러 5월 5일에는 이승교, 윤용옥 등 대표 7명을 선정하여 일본 천황 및 조선총독에게 보내는 상서 2통과 노인단 취지서 수백 매를 가지고 국내 경성으로 파견하였다.[50] 또한 동년 8월에는 강우규를 파견하여 신임 총독 齋藤實에게 폭탄을 투척하게 하는 등 활발한 활동을 전개하였다.[51] 또한 신한촌에서는 동년 5월 초 대한신민단이 본부를 신한촌으로 이전하여 활동하기 시작하였으며,[52] 7월에는 장도정, 김철훈, 조장원, 김필수 등이 일세당(一世黨)이라는 비밀당을 조직하고, 일세당 주의와 결

45 국회 3, p. 240; 1919년 3월 18일 한국독립운동에 관한 건.

46 국회 3, p. 162.

47 반병률, 「대한국민의회의 조직과 활동」, 한양대 석사논문, 1986, p. 40.

48 1921년 1월 노령에 있어서 불령선인의 상황 「노인단」.

49 국회 3, p. 280.

50 국회 3, p. 503.

51 이정은, 「3 · 1운동을 전후한 연해주 한인사회의 독립운동」, 『한국독립운동사연구』 11, 독립기념관 한국독립운동사연구소, 1997, pp. 136-138.

52 신용하, 「대한신민단 독립군의 연구」, 『동양학』 18, 단국대 도양학연구소, 1988, p. 224.

의사항을 발표하고 동지등을 모집하였다.[53]

그리고 1919년 11월에는 최재형, 허만수, 김좌두, 이용, 김하석, 김규면, 김만겸 등이 최재형을 단장으로 하여 신한촌에 본부를 두고 독립단을 조직하여 활동하였다. 그러나 이 단체는 1920년 4월 최재형이 니콜리스크 우수리스크에서 사살된 후 해산되었다.[54]

이처럼 3 · 1운동이후 민족의식이 고양된 동포들은 독립운동단체들을 조직하는 한편 친일파들을 처단하기도 하였다. 즉 1919년 5월 헌병보조원인 김용해가 신한촌에 거주하고 있는 자신의 의형과 같이 놀며 음주를 하였는데 신한촌의 한인들은 이 사실을 알고 이들을 살해하려고 하였다. 또한 1919년 4월 18일에는 애겔세리드에서 일본군의 용달로 일한 강준수가 신한촌에 숙소를 정하자 그를 민회로 끌고 와 구타하였으며, 4월 27일에는 조선인 일본 밀정을 김하석, 지건, 서일화, 이영 등이 구타하는 등[55] 강한 항일의식을 보여주고 있다.

한편 1920년 1월 31일 연해주에서는 혁명파의 정변이 일어나 백위파 정권이 타도된 후 중간파 및 혁명파의 연립정권인 연해주 젬스트보 참사회 임시정부가 수립되었다. 이 정부는 이직 일본군이 도처에 주둔하고 있음에도 불구하고 한인 독립운동에 대하여 우호적인 입장을 취하였고 이에 한인독립운동은 다시 활기를 띠게 되었다.[56] 이러한 분위기에서 1920년 2월 23일 오

53 1919년 7월 15일 일세당 창립에 관한 건. 그 후 1920년 2월 5일경 장도정, 김진, 전일 등이 강양오의 집에 모여서 조선인혁명당연합회 중앙위원회 일세당의 주요 간부를 임명하였는데, 회장 장도정, 부회장 김 미하일, 의사부장 김진 등을 임명하였다. 그리고 1920년 3월 14일 오전 11시부터 신한촌 정교사원에서 총회를 열고 새로이 임원을 선정하였다. 회장 張道定, 부회장 김 미하일, 의사부장 김진, 부회장 이홍삼, 선전부장 전일, 노동부장 조장원, 재정부장 李永浩 등이었다.(1920년 4월 3일 한인사회당에 관한 건) 선전부장이었던 전일은 3월 3일경 일세당을 한인사회당 중앙총회로 개칭하고 임원을 새로이 선정하였다고 밝히고 있다.(1920년 4월 17일 불령선인 전일 취조 상황의 건).

54 1921년 1월 노령에 있어서 불령선인의 상황.

55 국회 3, p. 502.

후 1시 신한촌의 유지인사들은 각 단체 대표자회를 민회에서 개최하고 임시 의장 조장원의 주도하에 협의할 결과 2월 27일부로 대한국민의회 의장 서리 한창해와 서기 대리 전일의 명의로써 통지서를[57] 각 지방에 발송하여 각 지방이 모두 같은 날 같은 시간에 3·1독립선언기념회를 갖기로 하였다.[58] 그리고 이 계획을 추진하기 위하여 신한촌에서는 회장 이승교, 부회장 김루가, 지휘부장 장도정, 경찰부장 김필수, 재무부장 김치보, 응접부장 김 미하일 등을 선출하였다. 아울러 다음과 같이 시행하기로 결의하고 즉시 기부금 약 6만 루블을 모금하여 준비에 착수하였다.[59]

① 각호마다 태극기를 게양한다.
② 신한촌 정교사원 옥상에 만국기를 휘날리게 한다.
③ 각 단체는 團旗를 선두로 하고 단원은 각자 태극기를 휴대하고 정오까지 정교사원 앞에 竝列한다.
④ 독립문을 건축한다.
⑤ 야간에는 한민학교 내에서 애국적 연극을 개최한다.
⑥ 시위운동 旗行列은 신한촌 내에서 행하고, 市中에는 나가지 않는다.
⑦ 당일 오전 列國 영사와 러시아임시정부 당사자, 각 신문사를 초대해서 茶菓를 饗應한다. 열국 영사와 러시아 관헌 및 각 신문사에 대한 안내장은 2월 25일 김만겸이 각각 배달한다.

1920년 3월 1일, 신한촌 식장에는 약 20개 단체가 참여하였는데 이를

56 임경석, 『고려공산당연구』, 1993년 성균관대 박사학위청구논문, p. 83; 권희영, 「한인사회당연구」, 『한인사회주의운동연구』, 국학자료원, 1999, p. 137.

57 통지서에 따르면 기념식 순서는 다음과 같다. ① 開式, 國歌 ② 式辭, ③ 독립운동약사 설명, ④ 연설 ⑤ 창가-소년건국가, ⑥ 崇呼 만세 민국 민족, ⑦ 폐회(1920년 3월 5일 한국독립선언기념회에 관한 건).

58 1920년 2월 28일 독립선언기념축하식 거행에 관한 건, 1920년 3월 5일 한국독립선언 기념회에 관한 건.

59 1920년 3월 5일 한국독립선언기념회에 관한 건.

보면 대한국민의회, 노인동맹단, 한인사회단, 소년독립단, 기독교청년회, 한인노동단, 유위회, 재조단, 동령일근회, 대한부인회(대한부인독립단), 한국소녀회, 삼일여학교, 청년회(중국촌), 청년회(石幕洞), 운동구락부, 三流涯震明學校, 한민학교, 한국적십자회, 기사단, 길성친목회, 대진학교 등을 들 수 있다. 이들 단체들은 모두 정오에 모여 국가를 부르고 회장인 이승교(李撥)의 식사에 이어 이홍삼, 정재관, 조영진, 이의순(이동휘의 딸, 오영선의 처),[60] 채계복(채성하의 장녀), 적십자 대표 김모녀 , 김득수(기독교청년회대표), 김경봉(운동구락부대표), 김한(한인노동회대표), 한창해(국민의회 대표), 김진(한인사회당 대표), 김광언(학생단 대표)등의 연설을 들었다. 그 후 이들은 러시아 군악대를 선두로 해서 각자 2열 또는 4열로 서서 신한촌을 행진하였다. 이후 러시아 관헌 및 열국 영사등과 신문사 주요 인물들이 참여한 가운데 블라디보스토크 시내 중심가에 있는 레스토랑에서 연회를 개최하였으며, 밤에는 한민학교에서 연극을 개최하였다.[61]

이처럼 신한촌을 중심으로 민족운동이 활발한 가운데 1920년 3월 11일에 신한촌에서 노인동맹단 회원 강문백이 일본탐정의 혐의를 받고 사살됨과[62] 아울러 『한인신보』 주필 김하구 등이 폭행당하기도 하였다. 또한 동월 14일 일본탐정의 협의로 신한촌에서 최모가 살해되었으며, 동월 14일에는 조합장 박병일이 습격을 당하였고, 동월 15일에는 니콜리스크 足立 대위의 통역인 김영철이 신한촌에 숙박 중 습격당하였다. 그리고 블라디보스토크 시내에서 김용식이 살해되기도 하였다.[63]

---

60 이의순은 1920년 3월 7일 개최된 노령부인독립회 일명 애국부인회 회의에서 회장에 선출되었다. 총무는 崔好濟, 재무는 함 안나, 서가는 채계복 등이다(1920년 3월 12일 노령부인독립회에 관한 건).

61 1920년 3월 5일 한국독립선언기념회에 관한 건.

62 강백부의 본명은 姜宅熙이다. 전 北靑鎭衛隊 副尉이다. 노인동맹단 대표로서 1919년 7월 독립청원서를 일본총영사관에 제출한 인물이다. 그후 영사관 직원과 2-3차 만난일이 있으므로 밀정이라고 독립운동가들 사이에 언급되었다(1920년 3월 20일 강백부 암살에 관한 건).

한편 1920년 4월참변 이전에 신한촌에 있는 한인 학생들 사이에 한인신보사 주필이었던 김하구와 전 대한국민의회 부회장이었던 김철훈이 만든 다음과 같은 노래들이 학생들의 민족의식 고취에 크게 기여하였다.[64]

- **제1호(김하구)**

1절
불행한 우리동포여, 이 고초를 어이하려는가
죄없이 받는 이 고초, 호소할 것 어디메뇨
天帝께 우리는 기도를, 라 · 라 받들자.

2절
불행한 아 동포여, 이 고초를 어이 하려는가
원수의 총과 검에, 我身을 殺傷할지라도
血淚를 뿌리자, 라 · 라 이를 받들 뿐이다.

3절
불행한 아 동포여, 이 고초를 어이 하려는가
흉악한 刑臺에, 이 몸을 싣고
皮膚가 모두 찢어질 지라도, 라 · 라 이 마음 변하지 않으리.

4절
불행한 아 동포여, 이 고초 어이하려는가
흐르는 혈루는 한강물로 변하고, 점푸로 이몸을 라 · 라 던져 보련다.

63 1920년 4월 5일 불령선인의 흉폭행동에 관한 건 중 밀정 형사 친일자 등으로서 불령선인으로부터 박해받은 자 조사표.

64 국회 3, p. 631.

• **第2號(김철훈)**

1절
오도다 오도다 자유의 春光이
화려한 금수강산에 이를 잊을 수 있겠는가.

2절
노예의 압박을 받는 민족이여
자유의 노래를 드높이 부르자.

3절
雪寒江山에 묻힌 초목도
踊躍 기뻐하며 봄을 맞으리.

4절
전진하세 전진하세 아 청년들이여
원수의 총검을 두려워하지 말고

5절
基督은 吾等의 大將이 되었도다.
겁낼 것은 전혀없고 승리뿐이다.

아울러 1920년 5월경 신한촌 아이들은 임시정부에서 보내온 원수가를 즐겨 부르며 민족의식을 고취하였다.[65]

동포여 동포여 잊지말라 너의 원수를
단군이 혈손이 우리의 愛民

65 국회 3, pp. 699-700.

천오백년의 원수 너의 원수
故國의 대원수를 너는 잊지 말라.

반만년이래의 조국과 자유
탈취한 원수 三生의 원수
산천리 금수강산의 良土를
왜노의 그 원수를 너는 잊지 말라.

부모형제 자손자매 등
일어너는 心情 솟는 치를 집결하여
차고 때리는 부릅 뜬 눈을 볼 때
천오백년 단군의 원수를 너는 잊지 말라.

5. 1920년 4월참변과 신한촌 독립운동의 쇠퇴

1) 신한촌 참변

1919년 말에서 1920년 초까지 시베리아 상황은 새로운 전환기를 맞이하였다. 널리 퍼진 빨치산운동과 볼셰비키의 동진, 콜차크군대 내의 반란의 결과로 백색 정권은 전복되어갔다. 이에 일본사령부는 1920년 3월 블라디보스토크와 하바롭스크 등 연해주의 다른 도시에 있는 혁명수비대에 대한 전면적인 공세를 행하도록 비밀리에 명령하였다.[66]

1920년 4월 4일 밤 블라디보스토크에서 러시아군과 일본군이 충돌이 있자 일본군 헌병대사령부에서는 이 기회를 이용하여 독립 운동가들을 억압하기 위하여 블라디보스토크 헌병분대장에게 신한촌에 있는 독립운동가들

66 하라 테루유키, 앞의 논문, pp. 30-31.

의 무기를 압수하고 아울러 독립운동가들을 검거하라고 지시하였다.[67] 이에 하사 이하 12명을 파견하여 5일 새벽 0시 20분부터 신한촌을 정찰하였다. 그 후 田澤중위는 大西 보병 소위이하 21명의 제1소대와 根岸 특무조장이하 21명의 제2소대를 출동대로 편성하는 한편 보병 1개 소대 15명의 지원을 받아 오전 4시 신한촌에 침입하였다. 그리고 오전 5시 30분 적위군 48명을 무장해제시키고 신한촌의 모든 집들에 대해 가택수색을 실시하였다.[68] 이때 무장해제당한 러시아군은 일본관헌의 침입을 미연에 방지하기 위하여 3월 7일부터 신한촌에 특무조장의 지휘 아래 한민학교 내에 주둔하고 있었던 군인들이었다. 이 중 5명은 하바롭스크 9번지에 위치한 張一의 집에 있는 대한국민의회 사무소에 파견되어 대한국민의회의 경비에 임하고 있었고, 2명은 니콜리스카야 14번지 이용준 집에 있는 한인사회당 사무소에 파견되어서 주야 경계를 하고 있었다. 그리고 나머지 30명은 때때로 신한촌을 경계하고 있었던 것이다.[69]

한편 일본군이 신한촌을 습격하였을 때 주요 독립운동가들은 이미 신한촌을 탈출한 뒤였다. 그러므로 그들은 체포를 면하였다.[70] 일본 측 기록에 따르면 신한촌 참변 시 한인 60여 명을 체포하였다고 한다.[71] 그리고 일본군은 한인들로부터 총 70정, 탄약 1만발을 압수하였으며, 한인들 또는 러시아군에 의하여 한민학교 1동이 불에 탔다고 밝히고 있다.[72] 그러나 김승화가 지

---

67 1920년 4월 27일 4월 4일 사변에 즈음하여 조선인에 대해서 행한 我軍의 조치에 관한 건.

68 1920년 4월 12일 노군 무장해제사건과 조선인과의 관계에 관한 건.

69 1920년 3월 20일 신한촌에 露兵주둔에 관한 건.

70 1920년 4월 12일 노군 무장해제사건과 조선인과의 관계에 관한 건.

71 신한촌 및 그 부근 마을에서 체포된 사람의 명단은 「1920년 4월 30일자 신한촌에서 체포된 사람에 관한 건」에 잘나타나 있다. 이 자료에는 현재 취조 중인 자와 방면된 자로 나누어 기록하고 있고 각 인물을 체포일시, 체포장소, 주소, 씨명, 연령, 적요 등으로 나누어 파악하고 있다. 전자로는 김 게오르기, 김 세리게이, 채스테판, 姜大鳳, 李成道, 劉永植, 劉漢初, 劉承烈, 李東蘇, 崔雄南, 卓千鶴, 채성하, 박 모이세이, 李奎豊, 咸世仁, 趙明和, 朱東涉, 吳聖女, 金在龍등 19명을 들 수 있다. 후자로는 申景澤, 李昌洙 등 42명이다.

은 『소련한족사』에는 300여 명 이상의 한인들이 체포되었으며, 일본군은 체포된 사람들을 학교에 가두고 그 건물을 불태워 죽였다고 하고 있다.[73] 또한 1920년 7월 이루쿠츠크에서 결성된 전로고려공산단체 중앙위원회의 기관지인 『동아공산』 창간호(1920년 8월 14일 간행)에서도 당시의 상황을 러시아어 신문 『끄라스노예 즈나야』를 인용하여 다음과 같이 서술하고 있다.

> 지나간 사월에 해삼항에 있는 일본군대에서 러시아 사관들을 청하야 조약을 체결하자고 빙자하고 다수히 모인 뒤에 일본군사로 하여금 병영을 둘러싸고 사격을 가해 다수 러시아 군인을 살해하고, 그 중에 도망하여 생명을 구한 자 외에는 사망을 면한 자 없으니 그뿐만 아니라 남녀노소를 불문하고 이와 같은 참상을 당하였다. 이러하기를 그날 밤이 세도록 얼마나 포악하게 행하였던지 그 이튿날 아침에 큰 마당과 큰 거리에 죽엄이 산과 같으며, 육축도 많이 쓰러졌고, 집도 온전한 집이 하나도 없으니 그 참혹한 광경을 눈으로 볼 수 없으며, 신한촌에는 한민학교를 벤진을 부어 불지르고 한인계에 유지자와 청년을 다수 붙들어 갔으며, 일인 앞으로 정탐하는 한인은 기회를 만나듯 이 부도덕한 야만행동을 하는 일본놈을 도와 부모와 동생이 다 붙들러 가고 고독이 있는 어린 여자를 불러다가 여러 가지 형벌 노문료를 받았으며 그 항내에 보물과 상선 수십 척까지 탈취하였다고.

즉, 동아공산에서는 적기를 인용하여 당시 일본군의 러시아군 무장해제 상황과 한인탄압 그리고 친일파의 발호 등에 대하여 묘사하고 있는 것이다.

또한 1920년 9월 26일 간행된 『자유보』 2호(대한국민의회발행)의 「나의 지낸 사졍」(2)(필자 鐵兒)에서도,

> 희랍교당을 지나 한민학교 운동장에 다다라 치어다보니 굉장하던 그 집은 간

---

72 1920년 4월 27일 4월 4일 사변에 즈음하여 조선인에 대해서 행한 我軍의 조치에 관한 건; 1920년 4월 12일 노군 무장해제사건과 조선인과의 관계에 관한 건.

73 김승화 저, 정태수역, 『소련한족사』(대한교과서주식회사, 1989), pp. 113-114.

곳이 없고 다만 검은 재와 거츨한 굴뚝 4-5개만 남았을 뿐이다. 10년간 나의 몸을 용납하고 나의 마음을 위로하든 사랑하고 정다운 집을 이렇게 보는 나의 눈에는 뜨거운 눈물이 비빨과 같이 쏘다지고 나의 가삼에는 분하여 불길처럼 니러난다. 그 익일 일본이 발행하는 포조일보의 호의가 나돈다. 대형사령관의 포고라는 문제 아래에 "지난 4일 열한시(저녁)경에 로군이 우리 제1병참사령부를 사격하므로 우리는 그리말라고 버텻으나 종래 듣지 아니하므로 부득이 정당방위책을 노라" 하였으며, 또 그 신문 잡보란에 "한민학교를 불질음은 하등병들의 한 행위요, 사령관의 명령이 안임으로 그 군인을 엄중하게 벌하리라" 하였다.

라고 하여 한인 300여 명이 체포되었으며, 당시 한민학교가 불탄모습을 본 한인독립운동가의 애타는 심정을 소개하고 있다.

한편 일본군의 4월 공격 시 세르게이 라조, 스비르체프, 스룰츠키 등 혁명군 지도자들은 백군에게 넘겨져서 기관차 화통에서 산채로 불태워졌는가 하면, 조선인들은 일본군에 의해 마음대로 처벌되었다.[74] 일본군들은 조선인 희생자들을 러시아 볼세베키 지도자들과 함께 묶어서 녹 쓴 철도에 매달아 블라디보스토크 근처의 우리 쓰만 바다에 던져 버렸다.[75]

독립운동의 근거지인 신한촌을 완전히 초토화시킨 일본총영관의 木藤 통역관은 이 기회를 이용하여 신한촌을 완전히 독립운동과 격리시키고자 하였다. 그리하여 그는 헌병분대장, 연해주 隊長, 사령관 등을 방문하여 이 기회를 이용하여 신한촌에 헌병 분견소를 설치하는 한편, 친일적인 민회를 조직하고자 하였다. 그는 민회의 중심적인 인물인 항일세력이 없는 틈을 타 친일적인 민회를 조직하고자 하였던 것이다. 특히 그는 이번에 체포된 인사들을 친일적인 민회의 신원보증과 청원에 의하여 석방시킴으로서 친일민회의 기반을 다지고자 하였던 것이다. 그리고 이러한 계획을 조선총독부에 건의

74 김승화 저, 정태수역, 위의 책, pp. 113-114.

75 하라 테류유키, 앞의 논문, pp. 31-32.

하였던 것이다.[76]

2) 신한촌 참변 이후의 한인독립운동세력의 향배

신한촌은 1910년대 이래 독립운동의 기지로서 중요한 역할을 하였다. 그러다가 1917년 러시아혁명 이후 볼셰비키와 연계되었으며, 『한인신보』 등 출판물 또는 연극 등의 영향으로 신한촌 주민들의 항일의식이 크게 고양되었다. 그러나 1920년 4월 신한촌 참변 이후 주요 독립운동가들이 신한촌을 탈출하였고, 무기 탄약 등과 출판용 도구 등을 압수당하는 한편, 독립운동 조직이었던 신한촌 민회가 해산당하고 일본제국 영사관 감독하의 친일적인 민회가 조직되고,[77] 헌병파출소가 설치되면서 신한촌은 독립운동기지로서의 역할은 점차 약화되기 시작하였다.[78]

신한촌 4월참변 이후 1920년 4월 13일 신한촌 유지들은 민회를 조직하였다. 주요 간부를 보면 회장 조영진, 의사원 박대성, 이설, 함서인, 이동환, 이형욱, 서기 겸 일어통역 안인종, 박장훈, 러시아어 통역 박대성, 재무 이설 등이었다.[79] 이중 함서인은 4월참변 시 체포되었다가 방면된 인물이며, 안인종은 간도지역의 순사출신이다. 그리고 다른 인물들은 항일적인 인물들이었다. 일본은 점차 임원을 개선할 생각으로 이들로서 민회를 구성하였다. 아울러 차후에 만주 봉천(奉天)의 예를 따라 약간의 일본인 상담역과 고문을 둘 구상을 갖고 있었다.[80] 이후 일본은 신한촌 뿐만 아니라 블라디보스토크 전체 한인을 대상으로 하는 민회 설립을 계획하고 1920년 5월 23일 블라디보스토

76 1920년 4월 12일 노군 무장해제사건과 조선인과의 관계에 관한 건.

77 『자유보』 3호, 1920년 10월 3일, 「나의 지낸 사정」(3) 필자 鐵兒.

78 1921년 1월 21일 신한촌 상황에 관한 건.

79 1920년 4월 30일 신한촌 선인민회의 집합에 관한 건.

80 1920년 4월 17일 조선인민회 창설의 건.

크 조선인 민회를 조직하였다. 사무소는 신한촌에 두었으며, 회장은 이상운, 부회장은 전병희, 의사원은 윤능효, 최만학, 학무원은 채성하 등이 담당하였다. 이 조직은 블라디보스통 총영사관과 러시아 관할 관원의 지휘를 받게 되어 있었다. [81] 아울러 일본영사관에서는 한인들을 강제로 민회에 가입하게 하였으며 가입하지 않는 한인들은 '난당'으로 몰아 탄압하였다.[82]

아울러 일본육군은 신한촌에 시료소(施療所)를 설치하여 민심을 회유하고자 하였다. 그리하여 4월 15일이래 이일에 열중하였으며, 해성병원 의사인 조선인 이민창, 김인국 등을 고용하여 진료에 임하게 하고자 하였다.[83] 그 후 계속 노력하여 1920년 5월 20일부터 하바로브스카야 거리에 있는 이형욱의 집을 빌려 개원하였다. 그리고 일요일과 祭日을 제외하고 매일 오전 8시부터 오후 4시까지 진료를 하였다.[84] 한편 1920년 4월 10일 신한촌에 신한촌 헌병분견소를 개설하고 동일부터 신한촌에는 하바로브스카야 거리 민회사무소 앞에 헌병 준사관 1명, 헌병 9명이 파견 사무를 개시하였다.[85]

또한 일본군은 한인들의 경제적 문제를 해결해 줌으로써 환심을 사고자 하였다. 즉, 1920년 4월 신한촌 하바로브스카야 거리 제1호에 거주하는 김자경은 신한촌에 살고 있는 동포들이 식료문제로 어려움을 겪고 있음을 파악하고, 니콜리스크에서 粟 940 푸드를 구입하였다. 이 과정에서 일본군의 협조로 니콜리스크에서 블라디보스토크까지 운임비를 면제받았다. 그 결과 4월 28일 오후부터 약 2할 정도 저렴한 가격으로 동포들에게 곡식을 판매하였던 것이다.[86]

---

81 국회 3, p. 670.

82 『자유보』 4호, 1920년 10월 17일 발행, 「연해주에 근일현상」.

83 1920년 4월 17일 신한촌에 군의 시료소 설지에 관한 건.

84 1920년 5월 10일 신한촌 시료소 설치의 건;1920년 5월 26일 신한촌에 施療所 개설의 건.

85 1920년 4월 17일 신한촌헌병분견소 개설의 건.

86 국회 3, p. 622

한편 4월참변 이후 일본의 직접적인 감시와 회유에도 불구하고 일부 신한촌 한인들은 계속해서 항일투쟁을 전개하였다. 1920년 5월 신한촌 거주 양주순, 윤병한, 김태준, 김봉식, 심원회, 이동화, 장주섭, 김병익 등 15명은 암살단을 조직하여 일본의 고관, 친일조선인, 군자금 출자에 응하지 않는 조선인을 암살하고자 하였다. 이들은 러시아인 이바노프로부터 총 100정, 폭탄 200개를 구입하여 蘇城으로 운반하기도 하였던 것이다.[87] 또한 추풍, 연추, 이만 각지에서 항일투쟁을 전개하기도 하였다.[88] 그러나 전체적으로 볼 때 1920년 4월참변 이후 신한촌에서의 항일운동은 쇠퇴하였다고 할 수 있겠다.

6. 결 어

지금까지 신한촌과 한인독립운동에 대하여 살펴보았다. 이를 토대로 신한촌이 한인독립운동에서 갖는 위상을 언급함으로써 결어에 대신하고자 한다.

첫째, 신한촌은 블라디보스토크 지역, 러시아 지역의 가장 대표적인 한인집단거주지로서 그 일차적인 의미를 갖는다고 할 수 있다. 1920년 말의 경우 신한촌 거주 호수 및 인구는 총 1,289호 5,414명이었다. 그중 한인의 호수는 944호, 3775명으로서 다수를 차지하고 있다. 이처럼 신한촌은 다수의 한인들이 집단적으로 거주하는 지역으로서 이곳에 거주하는 한인들을 바탕으로 독립운동이 가능하였다고 생각된다. 바로 이곳에 거주하는 동포들이 3 · 1운동 등 한인시위운동의 중추세력이었고, 또한 파리강화회의 대표 파견 및 군자금 제공의 원천이었으며, 이곳으로 망명 온 동포들의 경제적 문제를

87 1920년 10월 21일 신한촌 한인 암살단에 관한 건.

88 「연해주에 근일현상」, 『자유보』 4호, 1920년 10월 17일.

해결해주고, 신한촌으로 피신해 오는 독립운동가들에게 은신처를 제공해주었던 것이다.

둘째, 신한촌은 1910년대 초부터 1920년 4월 신한촌 참변이 있기 전까지 러시아 지역 한인독립운동의 가장 대표적인 근거지였다. 그러므로 바로 이곳 신한촌에서 권업회, 권업신문사, 한인신보사, 노인동맹단, 일세당, 대한국민의회, 신민단 등 대표적인 항일조직들이 결성되었던 것이다. 아울러 수많은 항일운동가들이 국내외에서 이곳으로 몰려들어 독립운동을 계획하고 추진하였던 것이다.

셋째, 신한촌은 독립운동기지였을 뿐만 아니라 독립운동의 현장이기도 하였다. 3·1운동의 중심지가 이곳이며, 한일합방 반대시위 등이 이곳 한민학교 등에서 전개되기도 하였던 것이다.

넷째, 신한촌은 민족교육의 요람이기도 하였다. 한민학교는 그 대표적인 학교였으며, 이곳에서는 창가 등 다양한 교육을 통하여 학생들에게 민족교육을 실시하였다.

이처럼 러시아 지역 한인민족운동의 요람이었던 신한촌은 1920년 4월 신한촌 참변 이후 친일적인 민회와 일본 헌병 초소 등이 설치됨으로서 독립운동의 중심지로서의 면모는 점차 쇠퇴하였다. 결국 블라디보스토크 신한촌은 1910년대부터 20년대 초기까지 러시아 지역의 대표적인 항일운동기지라고 할 수 있으며, 만주지역의 명동촌, 유하현 삼원보 등과 같이 해외지역의 대표적인 독립운동기지라고 할 수 있겠다.

4 연해주 고려인들의 현황

이광규(전 재외동포재단 이사장)

1. 들어가는 말

연해주는 한반도와 접해있는 러시아의 영토로 한인들에게 특별한 지역이다. 1937년 스탈린에 의하여 중앙아시아로 강제이주를 당한 연해주 한인들이 약 16만 명이나 되었다. 당시 한반도에 거주하는 한국인이 2,000만 명에 지나지 않았다는 사실에 비추어 볼 때 강제이주를 당한 사람의 수가 16만 명이나 됐다는 것은 놀라운 일이다. 또한 과거 연해주는 한국의 독립을 위한 의병활동이 가장 활발했던 곳이다. 이와 같이 한인들에게 특별한 연해주 주도인 블라디보스토크(Vlidivostok)에 현재 대한항공과 러시아 항공기가 교대로 매번 만석이 되어 매일 가고 온다. 연해주는 관광객과 사사로이 놀러오는 사람이 적음에도 불구하고 이렇게 매일 항공기가 이착륙한다는 것은 특이하다. 연해주가 어떠한 곳이기에 많은 한국인이 방문 하느냐 도 흥미로운 주제이지만 연해주에 과연 어떤 한국인이 얼마나 살고 있으며 어떻게 살고 있느냐 하는 것도 흥미로운 연구 주제 중 하나이다. 이런 의미에서 본 글에서 연해주에 현재 어떤 고려인이 어떻게 살고 있는 가를 살펴볼 것이다.

2. 연해주의 고려인

연해주에 거주하는 고려인들을 좀 더 명확하게 파악하기 위해 연해주의 북쪽에 위치한 하바롭스크의 주도 하바롭스크와 연해주의 주도 블라디보스토크를 비교하여 살펴보기로 한다.

이곳 연해주와 하바롭스크에 거주하는 고려인은 첫째, 원토백이, 둘째, 중앙아시아에서 이주하여 온 이른바 '큰땅치', 셋째, 사할린에서 이주하여 온 '화태치', 넷째, 북한에서 온 '북선치', 다섯째, 중국에서 최근에 이주하거나 왕래하는 '중국 조선족' 그리고 여섯째, 한국에서 간 '남한치'가 있다.

원토백에 대해 먼저 살펴보자. 구 소련시대 대학을 졸업하면 전공에 따라 그리고 희망에 따라 근무지를 배정하였다. 이때 블라디보스토크에 근무하겠다고 하여 정부에서 직장을 배정받아 와서 정착한 사람이 원토백이다. 이들은 대학 졸업을 한 사람들이고 정공기술자이며 한국어를 거의 못하는 것이 특성이다. 이들의 수는 블라디보스토크보다 하바롭스크에 많다. 이는 블라디보스토크가 소련의 극동함대가 있는 곳이기에 외부사람의 전입을 꺼렸기 때문이다. 이러한 원토백이가 하바롭스크보다 적으나 블라디보스토크에도 수 십 명이 거주하고 있다. 이들은 모여 살지 않고 도시의 여러 지역으로 분산되어 거주하는 것이 특색이다. 이들이 원토백이라 하여도 몇 세대가 한 곳에 거주하여 온 것이 아니고 구소련시대에 배정되었기 때문에 거주연도가 대부분 1930년대 이후의 일이다.

중앙아시아에 거주하는 고려인들을 큰땅치라고 한다. 이들은 말할 것도 없이 1937년 연해주에서 강제이주를 당한 사람들의 후손들이다. 중앙아시아 5개 공화국에서도 특히 우즈베키스탄이 카자흐스탄에 많이 거주하며 페로스트로치카 이후 이곳 극동지역에 이주하여 온 사람들이다. 이들은 뒤에 다시 한 번 자세히 보기로 한다. 이들 큰땅치는 하바롭스크보다 블라디보스토크나 우수리스크가 있는 연해주에 많이 이주하고 있다.

연해주에 특색은 사할린에서 이주하여 온 고려인들이다. 사할린을 한자로 화태(樺太)라 하는데 이 때문에 이곳에서 온 사람들을 화태치라 한다. 사할린 남부는 일본인들이 지배하고 있다가 해방 후 러시아 영토가 되었다. 이곳에 일제 말엽에 일본인에 의하여 강제 동원된 한국인 약 5만 명이 있었다. 해방이 되고 얼마 후 미소협정에 따라 일본인들만 사할린에서 철수하고 한국인들은 일본인이 아니라 하여 사할린에 방치하였다. 사할린에 남은 한국인들 중 일본인 처를 둔 사람들은 일본인 처의 덕분으로 일본으로 철수하여 갔다. 그리고 남은 한국인들이 화태치가 된 것이다. 사할린은 러시아에서도 생활하기 힘든 오지라 다른 지역에서보다 빨리 은퇴를 한다. 이를테면 보통 러시아인은 65세에 정년퇴임을 하지만 북극지방과 사할린에서는 60세에 정년을 한다. 이곳 고려인들도 자녀의 교육을 중요시하여 자녀들은 하바롭스크 블라디보스토크 그리고 멀리 이르크츠크까지 좋은 대학에 보내어 졸업을 하고 현지 배정을 받아 하바롭스크나 블라디보스토크에 정착한 후에 사할린의 부모를 초청하여 자녀를 따라 연해주나 하바롭스크에 온 사람을 화태치라 한다. 화태치는 블라디보스토크보다 하바롭스크에 더 많이 거주하고 있다. 이들 때문에 사할린 동포가 한국으로 모국방문 계획을 수행할 때 하바롭스크나 블라디보스토크에서 한국까지 온 사람들이 있었다. 화태치가 큰땅치와 다른 것은 현재 거주하다 온 곳만 다른 것이 아니라 근본적으로 차이가 있다. 중앙아시아에서 온 큰땅치는 대부분 한국의 원고향이 함경도가 많다. 이와는 달리 화태치의 원고향은 경상도가 많다. 따라서 큰땅치와 화태치의 차이는 함경도와 경상도 기질과 관계가 있다. 하바롭스크에서 보는 것과 같이 화태치는 한 곳에 모여살고 있다.

연해주 지역의 특색의 하나가 북한에서 온 북선치들이다. 이들의 진술에 의하면 해방되고 북한이 살기 어려울 때 소련은 식량 원조를 한 것이 아니라 북한 사람들을 극동지역으로 노무송출을 하게 하여 연해주, 하바롭스크 사할린 일대에서 북한 사람들이 노동자로 일을 하였다고 한다. 이때 농사,

어장, 광산, 벌목, 공장 등 모든 분야에서 일을 하고 돈을 벌어 갔다. 대부분은 계약 기간이 3년을 채우고 귀국하였으나 그때 이곳에 와서 아직도 남아 있는 사람이 있다. 이들은 하바롭스크에 더 많다. 그것은 하바롭스크에 북한 벌목출장소가 있기 때문이다. 오늘날에도 이 출장소가 영사관 역할을 한다고 한다. 동시베리아에 오지에서 벌목 작업을 하는 사람을 관리하는 것은 물론 하바롭스크 일대의 북선치들은 매달 개최되는 정신무장훈련에 임하여 독서회를 갖는다고 한다. 이들 북선치는 열심히 일을 하고 저축한 돈을 가지고 일 년에 한번 북한 고향에 가서 일가친척들을 도와주고 오는 것이 평생의 낙이라고 한다.

최근에도 블라디보스토크 시내에서 북한에서 온 노동자를 만날 수 있다. 오늘날에도 북한에서는 연해주 정부와 계약을 맺고 건설 노동자를 단체로 받거나 농사짓는 단체를 북한에서 수용하여 농사를 짓는 사람들을 볼 수 있다. 최근 블라디보스토크 부두에 있는 전승기념탑을 청소하느라 북한 노동자를 고용하여 이곳에서 노동하는 북한 노동자를 볼 수 있다. 이들 북한 노동자는 작업이 끝나면 귀국한다.

최근에 두드러진 것이 중국 조선족의 유입이다. 우수리스크나 블라디보스토크에는 러시아 시장과 중국 시장이 있다. 중국 시장은 중국인이 많은 것이 아니라 중국 조선족이 많다. 중국이 개혁 개방 후 한국에 와서 돈을 번 조선족이 러시아로 진출하는 것이 최근에 두드러진 현상이다. 이들은 가족의 인력을 이용하여 러시아로 진출하여 중국 제품을 러시아에 파는 장사를 한다. 가족 중 한 사람은 중국에서 물건을 조달하고 한 사람은 러시아 시장에 와서 장사를 하며 한 사람은 중국과 러시아를 왕래하면서 물건을 나르는 역할을 담당한다. 이러한 연관은 형제가 같이 하는 경우가 많고 아버지 어머니 아들이 하는 경우도 있다. 말하자면 가족의 인적자원을 최대로 활용하여 장사를 하는 것이 중국 조선족들이다. 최근에 수가 증가하는 것이 이들 조선족이다.

시장의 장사 이외에도 농사에 진출한 조선족도 있다. 우수리스크에 아리랑 농장에 근무하는 조선족이 그 사례이다. 아리랑 농장은 중앙아시아에서 이주하여 온 김 미카엘이 설립하여 현재 그의 동생인 김 니콜라이가 운영하는 큰 농장이다. 이곳에 농사를 짓는 사람은 조선족이다. 농장장이 조선족 대표와 봄에 계약을 맥고 농사를 지은 다음 가을에 계약대로 수확물을 나누고 조선족은 중국으로 돌아간다. 조선족은 20명 내지 30명 필요한 수만치 와서 일을 한다. 계약 시 중국 조선족이 자기들이 먹을 것을 가져오면 수확물을 50대 50으로 나누고 조선족이 음식물을 가져오지 않으면 60대 40으로 나눈다고 한다. 이들 조선족은 계약대로 일을 잘하기에 농장장이 믿을 수 있다고 한다. 아리랑 농장에서 북한 노동자 몇 사람을 만났다. 농장 주인에게 북한 사람들이 불쌍하니 더 많이 고용하라고 하였더니 북한 사람은 노동의 질이 낮고 무엇보다 믿을 수 없어 고용을 하지 않는다는 것이다. 러시아에 진출하는 조선족은 그간 한국에서 자본주의 노동시장을 보았기 때문에 계약을 맺으면 그 것을 철저히 지켜 신임을 얻고 있으며 열심하고 성실하여 좋은 노동자로 취급받고 있다.

한국에서 연해주로 진출하기 시작한 것은 페레스트로이카 이후인 1990년대 중방의 일이다. 한국에서는 첫째 기업인들이 블라디보스토크나 하바롭스크 등 대도시에 진출하였다. 이들의 기업이 한창 많았을 때 연해주만도 약 60~70개소나 되었다. 이와 동시에 한국인이 진출한 곳이 농업이다. 광활한 농지에 농사를 짓기 위하여 18여 개의 농업기업체가 연해주에 진출하여 농사를 시작하였다. 물론 이들 도시에 진출한 한국 기업체는 한국 기업의 지상사이고 농사를 짓는 단체들은 최소한 수만 평 수십만 평을 갖는 대농장이 대부분이었다. 따라서 한국인들이 시장에서 장사하는 사람은 없었다.

본토백이를 위시하여 5곳에 흩어진 고려인들이 극동지역에서 다시 모인다. 특히 연해주에서도 우수리스크 중국시장은 사방으로 흩어졌던 고려인들이 다시 모이는 장터이다. 따라서 이곳에서는 한국어가 국제어로 통용되는 곳이기도 하다. 우수리스크는 중국의 수분 하에서 러시아로 넘어오면 처음 도착하는 곳이라 중국 상인들이 오고 중국의 농산물이 러시아로 넘어오면 이곳에서 전 러시아 극동지역으로 분산되는 것이기에 국제 무역의 중심지이기도 하다. 한때 사할린 동포들이 옷 장사를 하던 전성기 사할린에서 블라디보스토크로 비행기로 나라와 블라디보스토크에서 기차로 우수리스크에 가서 장에서 옷을 사가지고 사할린으로 가는 보따리 장사가 한참일 때도 있었다. 이와 같이 연해주는 최소한 한국 러시아 중국 등으로 분산된 고려인들이 다시 모이는 의미 있는 곳이기도 하다.

3. 연해주의 중앙아시아 고려인

1937년 연해주 고려인들은 중앙아시아로 강제이주를 당했다. 그러나 페레스트로이카 이후 중앙아시아 나라들이 독립을 하면서 살기 어려워지자 고려인들은 옛 고향인 연해주로 다시 이주하여 왔다. 연해주 정부에서도 백인들이 유럽으로 이주하여 가기에 인구가 감소하는 것을 우려하였고 특히 연해주의 모든 경제가 중국에 예속되는 것을 보고 이것을 해결하는 방법의 하나로 중앙아시아의 고려인들이 연해주로 재이주하여 오는 것을 고려하였다. 그리하여 10만 명의 고려인을 중앙아시아에서 이주시킬 예정을 하고 1998년 연해주 정부가 정착촌 사업을 추진하기 시작하였다. 이것은 5개의 마을을 중앙아시아에서 오는 고려인들에게 분양하여 주라고 연해주의 고려인 협의회인 '고려인재생기금회'에 주었다. 5개의 마을이란 보즈드미젠카(Vozdvizhenka), 라즈돌노예(Razdolnoye) 포포프카(Popovka) 플라토노브카(Platonoka) 그리고 오래호보(Orekhovo) 등이다. 이들 마을이란 러시아 군인이 거주하던 아파트나 병영으로 러시아 군이 철수하면서 이곳을 중앙아시아에서 오는 고려인들에게 주라고 한 것이다.

이들 아파트나 병영은 워낙 낙후하여 생활하기가 어려웠고, 군인이 떠나고 고려인들에게 그것들을 주기까지 사이에 시간이 있었고 그 사이에 러시아 사람들이 와서 손에 잡히는 것은 모두 뜯어가 버렸다. 창문이나 문은 물론 전기줄 등 모든 것을 뜯어갔기 때문에 입주하는 사람이 담요로 문을 막고 살 수 밖에 없었다. 특히 4~5층 건물에 200세대 300세대가 살던 건물에 고려인 10여 세대 가 입주하여 살게 되니 몇 세대를 위하여 수도나 보일러를 전부 고칠 수가 없었고 물은 가까운 곳의 우물에서 물을 길어다 먹는 형편이었다.

보즈드미젠카는 몇 채의 건물이 있었으나 사람이 살 곳이 못되어 처음부터 살기를 포기한 곳이고 이에 두 곳을 더 주었다. 새로이 정착촌으로 준 곳이 크레모보와 노보네즈네이다. 1999년 정착촌에 고려인 입주가 최고조에 달하였을 때 라즈돌노예에 30세대, 포포프카에 33세대, 프라토노브카에 17세대, 크레모보에 60세대, 노보네즈네에 12세대 도합 152 세대가 입주하였다. 그리고 연해주 정부는 입주한 세대에게 농사를 지라고 한 세대 약 3ha의 농경지를 대여하여 주었다. 병사에 입주한 사람이나 아파트에 입주한 사람이나 시설이 워낙 낙후하여 살기가 어려웠다.

이러한 딱한 사정을 알고 한국에서 많은 도움이 있었다. 연해주를 들리는 한인들은 자기 주머닛돈에서 1천불 2천불을 주거나 5천불 만 불을 주거나 담요, 물통 등 물건을 보내주기도 하였으며 많은 도움을 주었으나 이런 돈이 시설을 고치기에는 역부족이였고 이에 더하여 체계적으로 필요한 곳에 사용되는 것이 아니라 어디로 세어버렸다.

주정부에서 분양받은 농경지가 거주지에서 먼 곳에 있어 입주자들은 농지 근처에 농막을 짓고 고생을 하였으나 첫 겨울이 빨리 와 농작물이 얼아 죽어 못쓰게 되었고 다음 해에는 들쥐가 극성을 부려 또 흉년을 맞아 정착민들이 농사를 포기하고 도시로 진출하거나 심지어 중앙아시아로 돌아가는 사람도 있었다. 그리하여 결국 3년만에 고려인재생기금은 모든 정착촌을 연해주 정부에게 반납하고 만다.

1) 우정마을

정착촌의 딱한 사정을 보고 아무리 도와주어도 효과가 없다고 판단한 대한주택공사 서울지부장인 박길훈 회장은 단독 주택을 지을 예정으로 미하엘노부카 군에 40만 평의 대지를 50년 임대 받고 이곳에 31동의 단독주택을 지어 고려인들에게 주었고 로시아인도 두어 세대 살고 있다. 이 마을을 "우정마을"이라 명명하여 고려인들에게 대여하였으나 이곳에는 공동 작업장이 있으며 시베리아 철도가 지나는 대로변에 위치하여 경관이 좋고 농작물을 판매하는 곳도 있다.

한편 우정마을을 건설한 박길훈 회장은 미하일노부카 군에서 두부키 마을 일대 200ha 약 600만 평의 농지를 임대받아 농장을 개설하고 카자흐스탄에서 이주하여 온 9세대를 정착시키고 이곳에서 콩, 매밀, 밀, 옥수수 재배하게 하니 이곳을 "우정농장"이라 한다.

우정마을을 건립한 박길훈 회장은 우정마을과 우정농장 건립 목적을 완성하였다고 생각하여 운영권을 연해주를 위하여 활동하는 NGO인 동북아평화연대(동평)에 넘겨주었다. 동평에서는 우정마을에 건물 하나를 문화센터로 개조하여 '솔빈문화센터'라 명명하고 한글만이 아니라 각종 한국의 문화교육을 실시하고 사물놀이 교육도 실시하여 이곳을 수료한 고려인 젊은이들이 한국어도 제법 말하고 사물놀이는 이웃 마을 행사에 초대받아 가기도 한다. 고려인뿐만이 아니라 러시아인을 포함한 다른 소수민족의 다문화축제도 주관하여 이제 우정마을의 솔빈문화센터는 연해주의 없어서는 안 되는 중요한 축제의 중심지가 되었다.

우정마을에 있는 개인주택은 한국식으로 말하면 상당히 떨어진 독채이지만 각 집이 소유한 텃밭이 충분하지 않아 동평은 각 집에 비닐하우스를 짓게 하고 겨울에는 콩으로 청국장을 만드는 법을 가르쳐 청국장을 판매하여 수익을 올리게 하였다.

2) 고향마을

미하엘노부카군의 손야센농장 잎에 위치한 마을이 "로지라"라 하는 마을이다. 이곳은 대한주택공사가 우정마을을 건설할 때 90ha 27만 평에 내에 사무실로 사용하던 2층 건물과 노동자가 기숙사로 사용하던 건물이 있고 밭 9만 평과 연해주 최대의 계사(鷄舍)가 있는 농장이다. 계사 이외에도 대한주택공사가 벽돌공장으로 사용하던 건물과 기와공장으로 사용하던 건물이 있다.

이 농장을 대한주택공사에서 물려받은 동평은 이곳을 "고향마을농장"이라 명명하고 이웃한 손야센농장에서 고려인 25세대를 이주시키고 새로 중앙아시아에서 온 4세대를 입주시켜 고려인 마을로 조성하였다. 이곳 고향마을에는 비닐하우스에 의한 농법으로 농사를 짓는 것 이외에 계사, 돈사(豚舍), 우사(牛舍)를 지어 자연농법으로 가축을 사육하고 있다. 이곳 농장에서는 감자와 옥수수를 재배하여 사료로도 사용하고 콩을 재배하여 청국장, 한국식 된장 등의 장류 가공공장을 운영하여 주민들의 생활을 안전하게 하고 있다.

동평은 2008년 농업센터를 우정마을에서 이곳 고향마을로 옮기고 기숙사를 개수하여 외부에서 자원봉사로 오는 젊은이들의 합숙소로 개편하였다.

3) 평화농장

서울의 고려합성(고합)이 연해주의 크레모바에 프림코농장을 소유하였다가 러시아 농민과의 합작이 잘 이루어지지 않아 고합은 막대한 손해를 보고 남은 720ha의 농지를 동평으로 넘겼다. 동평은 이곳에 50가구 가량의 고려인을 이주시켜 농장에서 콩, 보리, 밀, 귀리 등을 재배하게 하였다. 이곳에서도 동평은 청국장을 장려하여 한국에 판매하였다.

이 농장은 원래 사료농장으로 유명하였으나 현재 이것이 완전히 파괴되어 버렸다. 이곳에 착안한 동평은 이곳에 거주하는 고려인들에게 사료농장으로서 다시 재건할 것을 권유하고 고려인들도 이에 정성을 쏟고 있다.

4) 6개 마을 정착사업

우정마을, 고향마을 그리고 평화마을에 수십 가구씩 정착하는데 동평이 도움을 주었으나 이것으로 중앙아시아에서 오는 큰땅치 정착사업이 모두 끝난 것이 아니다. 개별적으로 1년에도 2~3세대가 오기도 하고 동평이 모르는 이주자들도 있다. 형제나 일가 친구의 알선으로 오기도 한다. 연해주 고려인 인구를 정확하게 파악할 수 없는 것이 이러한 사정 때문이다. 그러나 개별적으로 이주하여 온 후 동평 이야기를 듣고 이곳을 찾아와 구원을 청하는 사람들도 있다. 이런 사람들을 위하여 동평은 한국에서 아름다운재단, 사회연대은행 자연농업협회 등의 후원으로 정착사업을 추진하였다. 이것은 연해주를 떠나는 러시아 사람을 수소문하여 그들이 두고 가는 집을 한 체에 1500불로 구입하여 40체를 장만하여 이것을 새로 오는 고려인들에게 거의 무상으로 대여하여 주고 영농자금으로 호당 3,000불을 마련하여 주었다. 농사를 위하여 비닐하우스를 마련하여 주기도 하고 돼지를 기르고 싶은 사람은 중국에서 배워 온 자연돈사를 지어주고 새끼 돼지를 사서 주었으며 닭을 기르기 시작하기를 원하는 사람들은 계사에 병아리를 사서 주었다. 중국 연변에서 배워온 자연돈사는 돼지우리를 깊이 파고 1미터 가량의 톳밥을 넣은 후, 그 위에 돼지를 기른다. 이런 돈사에서는 돼지 돈분이 아래로 내려가 돈사는 항상 포송포송하며 아래로 내려간 돈분은 발효하여 열이 난다. 상당한 기간이 지난 후 아래를 갈아주면 이것이 좋은 비료가 되는 것이다.

6개 마을 정착 사업은 우정마을 25세대, 크레모바 20세대, 손얏센농장 29세대, 치카로푸카 100세대, 노보루사노프카 25세대, 아시노프카 10세대 도합 6개 마을에 209세대가 된다. 우정마을 25세대는 새로 온 사람들이 아니라 전에 정착한 사람들이다. 다른 마을의 경우 이사업을 시작하기 전에 거주

한 사람도 있고 새로운 계획이 시작되면서 집을 얻어 입주한 사람도 있다. 6개 마을에서 실시하는 것이 마을마다 센터를 만들어 특히 영농법을 지도하는 것이었다. 따라서 새로이 이사 온 사람이 아니라도 영농기술을 배우려는 사람을 모두 참가시킨 것이다.

5) 70대 70 이주사업

2007년이 연해주 고려인들이 중앙아시아로 강제이주 당한지 70주년이 되는 해이다. 강제이주를 기념하여 70명의 이산가족을 연해주로 이주시키는 계획을 세운 것이 "70대 70 이주사업"이다. 그 간 연해주로 이주하여 온 사람들은 가족이 완전히 이주한 것이 아니라 가장인 아버지 또는 형이 먼저 와서 거주문제와 직장문제 또는 영농문제를 파악하고 안전이 되고 장래성이 있다고 판단되면 중앙아시아에 남을 가족원을 데리고 올 생각을 가진 사람이 많다. 이러한 이산가족을 연해주에 초청하여 가족이 재회하도록 하자는 것이 70대 70 이주사업이다. 이 계획에 따라 중앙아시아에 있는 사람들은 연해주에 초청을 하였으나 60명은 상봉만 하고 다시 중앙아시아로 가버리고 40명만이 연해주로 이주하기를 희망하여 이들에게 여비의 일부와 정착금을 지불하여 주었다.

수십 명이 동시에 이주하기는 이것이 마지막이 될 것이다. 이 사업 이전에도 그리고 이후에도 개별적으로 이주하여 오는 사람들이 있고 와서 바로 장사를 시작하는 사람 그리고 동평의 도움 없이 농사를 짓는 사람도 있다.

연해주로 왔다가 중앙아시아로 다시 돌아가는 사람을 기후조건 때문이다. 농사를 짓기에 연해주는 중앙아시아보다 추위가 길어 농사에 불리하다. 그러나 연해주에 와서 재미를 보는 사람은 중앙아시아에 돌아가지 않는다. 연해주가 비록 기후조건은 좋지 않으나 중앙아시아보다 기회가 많다. 장에 나가 장사를 하는 사람은 연해주가 좋다. 연해주에 와서 3년만 고생하면 장사로 이익을 내고 자리를 잡는다.

또 하나의 무리가 한국에 와서 노동을 하는 사람들이다. 연해주에서 현재 한국에 나와 노동을 하는 사람이 약 200명이라 한다. 이들은 연해주에 와서 국적을 받고 정착을 하면 3ha의 토지를 받는다. 이것을 부인이나 어머니가 경작을 하고 남자는 한국에 와서 노동을 한다. 이들은 3개월 비자를 받고 한국에 오면 반드시 기한을 넘기지 않고 귀국을 한다. 집에 가서 한 두어 주일 쉬고 다시 한국에 와서 노동을 한다. 러시아 연해주에서 온 사람들은 경기도 안산에 집중적으로 분포되어 있다고 한다. 이렇게 1~2년 돈벌이를 하면 트럭을 하나 장만할 수 있고 이것으로 자기네 식구들이 잘 살 수 있다는 것이다. 말하자면 한국에서 돈벌이를 찾아 이곳으로 연해주로 이주하여 온 보람을 느끼는 사람들이다.

이러한 사람들을 포함하여 현재 연해주에 고려인이 몇 명인지 파악하기 어렵다. 혹자는 3만 명이라 하고 혹자는 5만 명이라 한다.

6) 기타 사항

중앙아시아의 고려인들이 소수가 계속하여 연해주로 이주하여 오지만 대대적인 이주는 없을 것으로 전망된다. 그러나 연해주 블라디보스토크는 신한촌(新韓村)이 있다. 현재 이곳에는 고려인들이 살고 있지 않으나 해외한민족연구소 이윤기 소장이 이곳에 기념탑을 세워 연해주를 들리는 사람을 반드시 이곳을 들린다. 블라디보스토크 시내 중심지에는 현대 한국을 상징하는 현대호텔이 있다. 블라디보스토크 시내에 있는 극동대학에는 고합의 장치혁 회장이 건립한 한국학대학 건물이 있다. 우수리스크에는 한인강제이주 140주년 기념관이 있다.

무엇보다 한인들에게 깊은 감명을 주는 것은 연해주의 광활한 농토이다. 원래 한국인은 농경민이었기 때문에 농토를 보면 흥분하는 경향이 있다.

몇 시간을 자동차로 달려도 끝이 보이지 않는 광활한 대지가 펼쳐져 있고 이곳에서 과거 한인들이 농사를 지였던 토지라는 것을 생각하면 더욱 흥분이 된다. 이곳에 현재 18개의 기업이 농사를 짓고 있다.

4. 결 론

연해주는 한인들에게 특별한 지역이다. 1937년 스탈린에 의하여 강제이주를 당하기 전 해외에 한인들이 가장 많이 거주하던 지역이고 구한말 일제초기 한국 의병활동이 가장 활발하였던 곳이며 이곳에 이주한 한인들이 학교를 세우고 신한촌에서 독립운동을 전개한 중심지이기도 하다.

이런 곳이 러시아의 페레스트로이카 이후 중국의 개혁 개방 이후 사방으로 흩어졌던 한인들이 다시 모여 드는 특이한 곳이 되었다. 하나는 중앙아시아에서, 하나는 사할린에서, 하나는 북한에서, 하나는 중국에서 그리고 하나는 한국에서 모여드는 곳이 연해주이다. 특히 중앙아시아에서 오는 것은 그들의 제2의 고향으로 오는 것이다. 그러나 이것도 그렇게 만만한 것이 아니다. 우선 거리가 있고 새로운 연해주에 와도 직장이나 거처가 마련되는 것이 아니다. 따라서 1998년 대거 이주하던 고려인들의 중앙아시아로부터의 이주도 현재는 소강상태에 있다. 이들을 원조하던 한인의 경우도 예전과 다르다. 그러나 연해주는 광활한 농지가 있고 무엇보다 콩 농사가 잘되고 앞으로 무한한 발전을 기할 수 있는 곳이기에 주목을 하여야 한다. 특히 한국인에게는 이곳 연해주가 한국, 중국, 일본 3개국이 이권을 다투는 마지막 장소가 될 것이다. 한국이 연해주를 장악하면 한민족은 북방으로 무한이 발전할 수 있고 이곳을 중국이나 일본에 주도권을 빼앗기면 한국은 영원히 북방으로 진출하지 못하는 반도국이 될 것이다.

5 러시아 연해주 고려인과 우리의 진출전략

고상두(연세대학교 대학원 지역학협동과정 교수)

1. 고려인의 정체성

집단정체성이란 개인적 자아의 객관적 측면을 가리키는 것으로서 개인 심리의 사회적 자아를 의미한다. 민족정체성은 집단정체성 중의 하나로서 "조상 대대로 관계를 가져온 민족 집단 내부의 심리적 연대감"이라고 정의된다.[1] 구소련 시절 러시아의 고려인들은 자신들을 '고려사람', '소련 조선사람', '재소 한국인', '소련동포', '소련교포', '소련한인' 등으로 불렀다. 이들은 생존을 위하여 소련의 정체성을 자발적으로 받아들여 '소련국적을 가진 시민'으로서의 정체성을 획득하여 오랫동안 다중적 복합 정체성을 유지하고 있었다. 소련의 붕괴와 러시아연방의 정치적 불안정 등은 130여 년 동안 소련인이라는 정체성에 적응해온 고려인들에게 정체성의 혼란을 가져왔고, 새로운 정체성의 모색과 재확립을 필요로 하였다.

소련 시대 고려인의 정체성이란 혈통으로는 한민족, 사용언어는 러시아어, 국적은 소련이었다. 1991년 소련의 붕괴이후 고려인은 자신들의 정체성을 새로이 모색하고 있다. 국적은 러시아를 비롯한 15개로 나누어졌고, 언어도 러시아어를 계속 사용하거나 아니면 독립된 국가들이 지정한 공식어를

1 John Edward, *Language, Society and Identity*(NY: Basil Blackwell, 1985).

새로이 익히고 있다. 다만 변치 않고 있는 것은 한민족이라는 혈통이다. 최근 러시아를 포함한 독립국가연합 국가들과 한국의 인적, 경제적 교류가 증대됨에 따라 고려인들은 한국의 경제발전상과 역사 및 문화에 대하여 새로이 인식하게 되고, 한국어에 대한 학습열의를 다지고 있다. 한국 정부와 민간단체들은 다양한 지원활동으로 도움을 주고 있다. 90년대부터 고려인들은 자발적으로 고려인 조직을 결성하고 모국방문, 한국어와 한국문화의 부활 등에 관심과 노력을 기울이고 있다. 특히 연해주 지역의 고려인 활동은 가장 활발한 것으로 인정되고 있다.

2. 고려인의 거주현황

현재 재외한인은 2005년 기준으로 약 664만 명에 이르고 있다. 이는 남북한 총인구의 약 8%에 해당하는데, 이들의 90%가 한반도 주변 4강인 미국, 일본, 중국, 러시아에 거주하고 있다. 구소련 영토에 거주하고 있는 고려인은 현재 약 53만 명으로서 우즈베키스탄에 20만 명, 카자흐스탄에 10만 명, 러시아에 19만 명이 거주하고 있으며, 나머지 국가에는 상대적으로 적은 수의 고려인이 살고 있다. 따라서 현재 구소련권 고려인의 거주 지역은 두 개의 큰 지역권으로 나눠진다. 약 30여 만 명의 중앙아시아권과 약 19만 명의 러시아권이다. 러시아권의 경우 극동지역에 6만 5,000명, 모스크바를 비롯한 기타 전지역에 12만 5,000명이 거주하고 있다.[2]

비록 고려인들이 구소련지역에서 3개 국가에 집중적으로 살고 있지만, 해당 국가에서 고려인이 총인구에서 차지하는 비율은 매우 미미한 실정이다. 고려인이 가장 많이 살고 있는 우즈베키스탄의 경우만 보더라도 고려인

2 외교통상부 재외국민이주과, 『재외동포현황』(http://www.okf.or.kr).

이 차지하는 인구비는 0.9%에 불과하다.[3]

고려인의 러시아 이주는 1860년대에 시작하였으며, 주로 연해주로 이주하였다. 연해주에 집중적으로 거주하고 있던 고려인들은 1937년에 소련당국에 의해 아무런 사전 예고 없이 대대적인 강제이주를 당하게 되었다. 소련정부는 고려인 거주 지역에 계엄령을 선포하고, 일본과의 내통을 막는다는 명목 하에 연해주 일대에 거주하던 조선사람 17만여 명을 중앙아시아 지역으로 강제 이주시킨 것이다. 스탈린 사후 소련의 민족정책이 변화하면서 중앙아시아의 고려인들은 러시아나 우크라이나 등지로 이동하는 등 고려인의 생활터전이 어느 정도 확대되었다. 소련의 붕괴이후 다수의 중앙아시아 고려인들은 현지에서 부활하는 민족주의와 이슬람주의 그리고 경제적 불안정을 피하여 연해주로 돌아오거나 아니면 기타 러시아 등지로 이주하였다.

러시아 거주 고려인의 전국조직은 두 개가 있다. '전러고려인연합회'는 1993년에 고려인연합회로 창설되었다가, 1999년에 현재의 이름으로 재출발하였다. 이 단체는 러시아연방의 48개 주요도시에 지부를 두고 있다. 그리고 각 지부에서 올라온 소식을 취합하여 매월 '재 · 러한인'을 발간하고 있으며, 이 신문은 주로 고려인사회와 한국의 소식을 보도하고 있다.[4]

전국적 규모의 또 다른 고려인 조직으로서 "민족문화자치회"가 있다. 전러고려인연합회가 고려인의 자발적인 결성단체라고 한다면, 민족문화자치회는 민족문화자치에 관한 연방법에 의거해 설립된 단체이다. 이 단체는 소수민족으로서 한민족의 전통문화를 보존하는 데에 주력하고 있다. 민족문화자치회는 『아리랑』이라는 월간지를 발행하였다. 이 신문은 '재 · 러한인'과 함께 고려인의 양대 신문이었으나, 2003년부터는 독립지로 출발하고 이름도 『아리랑 프레스』로 바뀌었다.

---

3 이광규 · 전경수, 『재소한인: 인류학적 접근』(서울: 집문당), 1993.

4 임영상 외, 「CIS 및 발트지역 고려인사회 민간네트워크의 실태와 정책대안」, 임영상 · 황영삼 외, 『고려인사회의 변화와 한민족』(서울: 한국외국어대학교 출판부, 2005), pp. 6-7.

3. 연해주 고려인사회

연해주는 여러 관점에서 우리에게 중요한 의미를 가지고 있다. 첫째, 이 지역은 140년 전 우리조상의 러시아 이주 첫 정착지이다. 둘째, 동북아 시대에 지정학적인 중요성을 가지고 있다. 이곳은 중국, 러시아, 한반도가 만나는 지점이며, 분단시대에는 대북경제교류의 배후지로서 북한을 연결하는 채널의 역할을 하고 있으며, 통일시대에는 러시아 진출의 물류전진기지로서 시베리아 대륙을 연결하는 통로의 역할을 할 것이다. 셋째, 이곳은 발해 문명권에 속하는 지역으로서 한민족의 역사와 맞물려 있다. 블라디보스토크를 중심으로 한 우수리스크 지역, 파르티잔스크 및 크라스키노 지역 등에는 아직도 발해의 유적지가 남아 있다. 넷째, 연해주는 한인 독립운동의 기지로서 민족정기를 지키는 역할을 했다. 한일합방 직후 블라디보스토크의 신한촌에서는 조약무효 선언이 있었다. 다섯째, 민족의 강제이주의 비극을 안고 있는 지역이다. 해외 한민족의 가장 큰 비극을 안고 있는 지역이다.[5]

1) 고려인의 경제적 활동

러시아 극동지역에는 현재 약 6만여 명의 고려인이 거주하고 있다. 사할린지역에 약 3만 6,000명이 살고 있고, 연해주에 3만 명 정도가 살고 있다. 연해주는 러시아내에서 고려인의 활동이 가장 활발한 지역이다. 연해주 고려인협회의 자료에 의하면 기존 거주자는 1만여 명이며, 1990년대에 2만여 명이 재이주해 온 것으로 되어 있다.[6]

연해주 극동지역 3만여 명의 고려인 가운데 절반이 우수리스크에 살고

---

5 이정식, 「한민족의 저력, 재러 고려인」, 『동포정책자료』 제64집, 2002, 173-4쪽.

6 이종훈, 「중앙아시아 고려인의 연해주 재이주가 갖는 정치경제적 의미」, 『재외한인연구』 제7호, 1998.

있는데, 이곳에서 가장 규모가 큰 재래시장의 상권을 고려인들이 쥐고 있다. 등록된 점포 1,400개 중에서 절반을 고려인이 소유하고 있는 것이다. 중국 땅의 조선족들도 건너와 자리를 잡고 있다. 우수리스크 중국시장에서 영업하는 상인중에서 약 30%가 조선족인 것으로 추정하고 있다. 이들은 유효기간 1년인 비자를 소지하고 러 · 중 국경을 드나들며 장사를 하고 있는데, 약 70%가 연변출신이고 30%가 흑룡강 출신인 이들은 고려인 상인과 동업자이며 동시에 경쟁자이다.[7]

우수리스크의 점포나 식당에서는 한국방송을 쉽게 볼 수 있으며, 그들은 주로 SBS 드라마를 보고 있다. 한국기업의 진출도 활발하여 휴대전화의 경우 한국기업의 점유율이 55%로 1위를 차지하고 있다. 이러한 여건 속에서 한국을 알려는 고려인과 러시아인들이 늘어나 블라디보스토크 극동대학에는 한국학과가 설치되었고, 연해주 전체에 한국학을 공부하는 학생들은 2천 명이 넘는 것으로 추산되고 있다. 특히 연해주는 시베리아 횡단철도와 남북한 종단철도가 연결될 것이라는 기대감이 한국에 대한 관심을 크게 하고 있다.

연해주 지역에서 경제적으로 가장 성공한 고려인 기업가는 정 알렉산드르이다. 그는 육군대령출신으로 러시아 극동지역 최대의 중고차 시장을 가지고 있으며, 호텔, 병원, 건설회사, 무역회사 등을 운영하고 있다. 그가 1991년 사업을 시작했을 당시 우수리스크에는 유력한 고려인 기업인이 4명 정도 있었는데, 지금 그가 유일하게 살아 남아있다. 그는 1998년에 러시아 마피아의 폭탄 때문에 큰 수술을 받은 바 있다. 그는 고려인의 권익신장과 현지정착을 위하여 돕고 있으며, 극동지역 고려인의 대부로 일컬어지고 있다. 고려인 협회에 15만 달러를 투입하여 재단건물도 리모델링하였다. 또한 연해주로 재이주해오는 고려인의 정착을 돕고, 연해주 고려인의 정체성을

7 황영삼 · 이병조, 「연해주의 고려인, 조선족 및 한국인: 협력과 갈등」, 『역사문화연구』 2호, 2005, 858쪽.

다시 회복하자는 취지에서 고려인재생기금을 만들어 회장직을 맡고 있다.[8]

중앙아시아에서 연해주로 이주해오는 고려인들은 정착에 어려움을 겪었다. 1991년 말 소련이 붕괴하기 전에 이주해 온 고려인은 적어도 국적문제로 어려움이 없었다. 그러나 그 이후에 온 고려인은 법적으로 많은 어려움을 겪고 있다. 그나마 러시아와 이중국적제도를 맺고 있는 벨로루시, 카자흐스탄, 키르기즈스탄에서 이주해오는 고려인의 경우에는 거주상 법적인 문제가 없다. 하지만 우즈베키스탄에서 온 고려인은 외국인 취급을 받고 있으며, 러시아 국적을 취득하려면 요건을 갖추고, 6~7년을 기다려야 한다.[9] 새롭게 이주해 온 고려인들은 주로 농업과 상업에 종사한다. 중앙아시아에서 가졌던 직업을 가지고 새로운 정착지에서 직장을 구하기가 쉽지 않다. 게다가 타지크 내전에서 피난 온 수천 명의 고려인들은 거의 빈손으로 왔다. 중앙아시아 고려인이 연해주로 복귀할 수 있는 법적 기반은 이미 1956년에 마련되었다. 고려인의 자유 이주가 허용된 것이다. 하지만 고려인의 재이주가 본격화된 것은 1991년에 '정치탄압 희생자의 명예회복에 관한 법'이 통과되고, 세부조치로서 1993년에 "고려인의 명예회복에 관한 연방법"이 채택된 이후이다. 명예회복법에 의해 재이주자들은 정부로부터 군대가 철수한 병영지 등의 토지와 건물을 임대형식으로 제공받았으나, 지리적으로 일반주민들의 생활공간과 동떨어져 있고, 생활기반시설이 갖추어지지 않았다. 이주 초기 고려인들은 군대용 막사를 수리해서 만든 6개의 정착촌에 수용되었다. 그리하여 우정마을이라고 불리는 고려인 집성촌을 우수리스크 북쪽 외곽에 있는 미하일로프카의 벌판에 건설하였다. 한때 한국의 지원으로 대규모 주택건설을 계획하였으나, 학교, 우체국 등 생활기반시설이 부재한 벌판에 대규모로 고려인들이 거주하는 것은 불편할 뿐만 아니라 러시아인의 시선도 곱지 않아,

8 『세계일보』, 2005년 7월 15일자.

9 황영삼 · 이병조, 앞의 글, 2005, 870쪽.

현재 지지부진한 실정이다. 현재는 미하일로프카 군이 소유권을 가지고 있고, 군은 주택을 건설하여 임대방식으로 배분할 예정이다.

연해주 주정부와 의회는 러시아연방 정부가 고려인 명예회복 법안을 통과시키려는 시도에 반대하였다. 이 지역에서 민족갈등을 심화시키고, 재이주자 정착지원을 위한 재원이 없다는 것이었다. 이러한 주장에는 현지 언론도 동조하였다.[10] 이처럼 고려인의 재정착이 현지인의 반발 때문에 그리 순탄하게 진행되지 않고 있다. 현재 우정마을은 러시아 지역공동체와 동떨어진 게토로서의 이미지를 가지고 있다. 고려인들이 러시아 거주민들과 더불어 살면서 정착할 수 있는 거주방안이 보다 바람직하다고 하겠다.

한소수교이후 한국자본이 연해주에 가장 활발하게 진출한 분야는 봉제산업이다. 2004년만 하더라도 이 지역에 26개의 봉제업체가 있었고, 고용 인력만 1만여 명에 이르렀다. 한국에서 원자재를 가져다 미국시장을 겨냥하여 가공하는 방식의 한국 봉제기업은 한때 이 지역 경공업 산출의 80%를 차지하였다. 그러나 새로운 관세법으로 한국에서 가져오는 원자재에 높은 세금이 부과되고, 인근 중국보다 2배가량 높은 임금 등으로 문을 닫는 기업이 늘어나고 있다.[11]

따라서 대안으로서 농업이 적합한 투자부문이라고 하겠다. 고려인은 근면하고 성실하여 연해주 이주 후 농지를 개간하여, 빵과 감자가 주식이던 러시아인에게 쌀과 채소를 공급 하였다. 중앙아시아 이주 후에도 그곳에서 농업혁명을 선도하였다. 따라서 이들의 인력과 농업기술을 적극 활용하는 것이 바람직하다. 연해주에는 고려인이나 한국인이 건설한 농장들이 이미 여러 곳에 있다. 우수리스크 북쪽지역의 순야센 농장은 고려인이 농사를 짓고 있는 대표적인 곳이다. 그리고 카멘-리발로프 지역에는 한국인이 세운

10 이종훈, 앞의 글, 124쪽, 1998.

11 황영삼 · 이병조, 앞의 글, 863쪽, 2005.

아그로-한카라는 농업회사가 고려인을 고용하여 콩, 쌀 등을 재배하고 있다. 연해주 지역에는 저렴한 농지가 광대하게 널려있다. 드넓은 농지를 교대로 휴경하며 경작할 수 있기 때문에, 친환경적 대규모 경작이 가능하다. 한국의 자본이 영농기업 형태로 진출한다면, 농토가 부족하고 식량을 자급자족하지 못하고 있는 우리의 농업경제에 보완적 역할을 할 수 있을 것이다.

물론 장애요인도 있다. 연해주 지역에서 농사의 어려움은 추운 기후와 농업용수의 공급난 등이다. 따라서 비닐하우스와 농업기계 등을 활용하여 이러한 장애요인을 극복한다면 연해주 농업의 전망은 밝다고 하겠다.[12] 가능하면 한국인이 자본을 제공하고 고려인들이 농장을 경영하고 사업 파트너가 될 수 있는 방안을 마련하는 것이 좋겠다.

2) 고려인의 문화적 활동

연해주에서는 민족문화자치회 소속의 고려인 협회가 제일 활발하다. 연해주에서 고려인이 가장 많은 우수리스크에는 '고려인의 집'이라는 독자적인 회관도 가지고 있다. 이 회관에는 다수의 고려인 단체가 활동의 터전으로 삼고 있다. 그중에서 우수리스크 노인단은 1963년 12명의 회원으로 출발하여 2004년 현재 192명이 활동하고 있으며, 고려인 단체 중에서 가장 활발하다. 이들은 주로 연로한 노인들에게 자선활동을 하고 생계지원을 하고 있다.

1937년 고려인 강제이주 이후 64년 만인 2001년 9월 30일 제1회 '고려인 문화의 날' 축제가 개최되었고, 이듬해인 2002년에는 러시아 정부가 10월 3일을 '고려인 문화의 날'로 정식 지정하면서 이를 축하하는 행사가 정례적으로 개최되고 있다. 2003년에 개최된 제3회 축제에는 동북아 5개국 한민족이 모두 참여하는 성과를 거두었다. 그동안 참여하지 않았던 북한과 일본의

12 황영삼 · 이병조, 앞의 글, 865쪽, 2005.

대표단이 참여하여 동북아 한민족 한마당이 된 것이다. 제2회 축제가 개최된 나홋카에는 북한 총영사관이 위치하고 있어서 북한을 제외하고 축제를 진행하기 어색한 상황이었다. 그런데 북쪽이 참가를 통보함으로써 성공적인 축제를 성사시킬 수 있었다. 그동안 북한 예술단은 자주 연해주를 방문하여 공연을 해왔다. 특히 북한 총영사관이 있는 나홋카에는 거의 매년 찾아와 공연을 펼쳐왔던 것이다. 그리하여 제3회 축제에는 약 40명의 북한 예술단과 100여 명의 북한 노동자들이 참가하였다.

고려인 문화의 날 축제는 그동안 흩어져 있던 연해주의 고려인들이 한자리에 모일 수 있는 기회가 되고, 연해주 고려인사회에 새로운 활력을 불러일으킨다는 점에서 커다란 성과를 가져왔지만, 몇 가지 문제점을 드러내었다. 행사내용이 현지 고려인의 정서와 무관하게 진행되었고, 한국의 정부기관이 주도하여 고려인과 주변국 동포들의 적극적인 참여를 얻기 힘들었다. 또한 행사진행을 둘러싸고 남북한 간에 약간의 신경전이 있었다. 남과 북은 총영사의 인사말을 누가 먼저 하느냐를 놓고 신경전을 벌였다. 그리고 북한의 한반도기 사용제안에 대하여 한국의 총영사관이 거절하여 갈등을 빚기도 하였다.[13]

KBS 사회교육방송은 매년 재외동포들이 살고 있는 곳을 찾아가 노래자랑을 개최하는데, 2005년에는 7월1일에 연해주 우수리스크 군인극장에서 광복 60주년 특별기획으로 '연해주 한민족 노래자랑'을 개최하였다. 현지 예선을 거친 25명의 참가자들이 열띤 경연을 벌인 이 행사는 작곡가 이호섭 씨와 고려인 4세 가수 김옥사나 양이 진행을 맡았으며, 국내 인기가수들이 함께 하였다. 또한 노래자랑 중간에 연해주 고려인들로 구성된 아리랑 가무단의 특별공연도 있었다.[14]

---

13 연해주물결운동 물결통신, "유랑의 고려인, 한반도 중재에 나서다," http://www.kowave.or.kr

14 『연합뉴스』, 2005년 6월 28일자.

연해주 고려인을 대표하는 고려신문이 2004년 3 · 1절에 창간되었다. 연해주에 고려인 공식 언론이 탄생한 것은 1937년 중앙아시아로의 강제이후 처음이다. 강제이주 전에는 고려인이 만드는 6개의 신문과 7개의 잡지가 있었는데, 사라진 고려인 언론이 부활한 것이다. 하지만 고려인이 연해주에 다시 정착한지 10여 년밖에 되지 않아서 고려인의 경제기반도 약해 광고유치에 애를 먹고 있다고 한다.

현재 타블로이드판 12면으로 격주 발행되고 있으며, 이 중 2면이 한글판이며, 그중 1면은 한글 배우기 란을 연재하고 있다. 김 발레리아 편집장에 의하면 그동안 '원동신문'이 있었으나 발행이 제대로 되지 않았고, 고려인사회를 대표하지 못하는 등 문제가 있어, 연해주 지역의 고려인 단체장들이 모여서 고려인의 권익신장과 단합을 증진할 수 있는 "민족 언론"을 만들기로 결의하여 창간되었다는 것이다. 창간당시에는 격주로 16면과 24면을 발행하고 여건이 좋아지면 주간으로 전환할 계획이었으나, 현재 격주로 12면 발행하고 있는 실정이다. 주요 내용으로는 연해주에 살고 있는 고려인 동포사회 소식과 남북한 소식 그리고 러시아 소식을 싣고 있다.

고려신문 사무실은 우수리스크에 있는 고려인의 집 2층에 있으며, 제작진은 편집장을 포함하여 3명이다. 원고료 부담 때문에 프리랜서 기자를 쓰지 못하고, 연해주의 주요도시에 있는 고려인 자치회 회장들이 자기 지역의 기사를 써 보내오고 있다. 그리고 인쇄비를 줄이기 위해 본사가 있는 우수리스크로부터 차로 3시간 걸리는 아르세니예프로 가서 인쇄를 하고 있다. 창간호에는 최재근 블라디보스토크 총영사, 러시아연방의원 류보미르 장의 축사와 한국순회공연을 마치고 돌아온 아리랑예술단 소식 등이 실렸으며, 정기적으로 비빔밥과 불고기 등 한국음식 만드는 법을 연재하고 있다.[15]

15 『고려신문』, 2005년 3월 1일자; 『고려신문』, 2005년 4월 14일자.

3) 고려인의 민족의식

고려인의 민족의식에 관하여 잘 알 수 있는 연구가 임채완 교수에 의해 연해주 고려인을 대상으로 한 설문조사를 토대로 이루어졌다.[16] 설문조사에 의하면, 첫째, 고려인이라는 사실에 얼마나 긍지를 가지고 있는지에 대한 질문에 대하여 긍정적인 응답비율이 91.2%를 차지하였다. 이것은 고려인의 높은 자긍심을 엿볼 수 있는 결과이다.

둘째, 가치관이나 생활양식에 있어서 어느 문화에 속하는지에 관한 질문에 대한 답변은 고려인(55.8%), 러시아(22.5%), 중앙아시아(15.8%), 남한(2.5%), 북한(2.1%), 기타(1.1%)의 순서로 나타났다. 이러한 사실은 고려인의 다수가 고려인 고유의 문화양식으로 살아가고 있다고 생각하는 것을 알 수 있다. 그리고 중앙아시아에서 이주해온 고려인의 경우에는 여전히 중앙아시아의 정체성을 유지하고 있다는 것도 알 수 있다. 즉 연해주 고려인들은 동일한 지역에 살면서도 다양한 출신지역 때문에 혼합적 정체성을 가지고 있다는 것이다. 남한이나 북한의 문화에 대한 친밀감은 매우 낮다는 것을 알 수 있다. 여기서 특기할 만한 사항은 연해주 고려인의 다수가 북한출신이고 오랫동안 북한과 문화적 교류가 있었음에도 불구하고 북한에 대한 문화적 유대감이 남한보다도 낮다는 것이다. 이것은 고려인들이 한민족 정체성을 재확립하면서 남한을 새로운 문화조국으로 인식하기 시작하였음 의미한다.

셋째, 고려인을 하나로 묶는 가장 큰 특징이 무엇인지를 묻는 질문에 대하여 민족의식(42.8%)이 압도적인 답변이었고, 그 외에 관습(21.1%), 지역(15.1%), 혈통(14.0%), 언어(5.6%), 문화(1.4%)로 나타났다. 이러한 결과는 고려인들이 민족의식과 같은 정신적 요인이나 혈통과 같은 태생적 요인이 민족적 유대감을 증대시키는 데에 중요한 작용을 한다고 보고 있고, 상대적으로

16 임채완, 「러시아 연해주 고려인의 민족정체성 조사연구」, 『정책과학연구』, 제12집.

후천적 요인인 언어와 문화는 이주 후 오랜 세월이 흐르면서 쇠퇴하여 큰 역할을 하지 못한다는 것을 알 수 있다. 따라서 한민족 공동체를 부활하기 위해서는 한국어 교육과 문화의 보급에 역점을 두어야 할 것이다.

러시아 고려인들을 묶어왔던 언어는 한국어가 아니라 러시아어였다. 한국어가 새로운 관심을 끌고 있지만, 아직까지는 세 번째로 중요한 언어에 불과하다. 그들에게 있어서 국적어가 제일 중요하고, 두 번째는 영어이며, 세 번째로 조상의 모국어인 한국어에 관심을 가지고 있는 것이다. 청소년들에게는 언어의 유용성이 중요한 기준이 되는데, 학교 졸업 후에 한국어 보다 영어가 취업에 더 유리하다는 것이 일반적인 인식이다.

혈통요인도 많이 희석되어 가고 있다. 러시아 알파벳에는 어, 여, 외 등 모음발음을 표기할 수 있는 글자가 없다. 그리고 'ㅇ' 받침도 없어서 고려인의 성을 정확하게 적지 못하는 경우가 많다. 그러다보니 신분등록을 할 때에 동일한 성이 다르게 기재되기도 하고, 한글 성이 번거로워서 러시아식 성으로 바뀌는 경우가 허다하다. 이씨는 주로 '리', '니', '니가이' 등으로 표기되는 데에 고려인들은 이것들이 모든 서로 다른 성으로 생각하고 있다. 러시아 고려인의 성에는 허가이, 니가이, 노가이 등 가이라는 접미사가 붙은 성들이 많은데, 그 유래가 재미있다. 러시아 땅에 처음 이주하여, 신분등록을 하였을 때, 러시아인에게 성을 말하면서 예를 들어 '허가이'라고 대답했을 것이다. 허가, 이가, 노가 등에서 '가'의 발음이 함경도 방언으로 '가이'로 되기 때문에 그러한 성이 생겨난다는 것이다.[17]

17 양원식, "고려인 무너지는 성씨 혈통", 『재외동포신문』, 2005년 6월 15일자.

4. 발해 문명권 부활전략과 연해주 진출방안

헌팅턴은 21세기를 문명이 가장 중요한 시대로 보았다. 19세기에는 민족, 20세기에는 이념이 중요하였다면, 21세기에는 문명이 인간의 삶을 결정짓는 중요한 요인이라는 것이다. 따라서 세계화 시대에 한국의 미래는 한민족 문명권의 확장에 있다. 연해주에 한국이 진출하는 것은 우리의 문명권이 북쪽으로 확대되는 것이다. 역사적으로 가까이는 고려인사회를 복원하는 것이고, 멀리는 통일신라와 발해가 이루지 못한 민족 통합을 21세기에 이룩하는 것이다. 오늘날 영토 확장은 시대착오적이고 비용도 너무 많이 든다. 경제와 문화통일은 세계화의 흐름에 합당하고 윈-윈 게임이 될 수 있다. 연해주 지방정부는 외국인의 투자를 환영한다. 특히 중국인의 인해 전술적 유입을 우려하기 때문에, 한국의 진출을 반가워한다. 남한은 사람이 들어가는 것이 아니라 자본과 문화가 들어가야 한다.

연해주는 지정학적으로 매우 중요한 연결지점이다. 지리적으로 한국과 가장 인접한 러시아 영토이다. 모스크바와 같은 유럽 러시아 지역과 비교하면 시공간적으로 매우 유리한 위치를 점하고 있다. 이러한 이점 때문에 고려인은 적은 비용으로 모국을 방문할 수 있고, 한국인의 진출이 용이하다. 또한 연해주는 중국과 인접하기 때문에 조선족들이 많이 진출하고 있다. 따라서 고려인, 조선족, 한국인이 서로 융합하여 한민족 공동체를 형성할 수 있는 곳이다. 이런 점에서 연해주는 해외 한민족이 공동의 문명권을 창조해 낼 수 있는 가능성을 가지고 있는지를 확인할 수 있는 실험실이다.

1) 한류문화의 확산

한국 드라마가 인기 있는 이유는 동양문화를 바탕으로 서양문화를 버무린 역동성이 있다. 동양의 전통적 생각을 가지고 있는 주인공들이 현대적 생활공간에서 살아가고 있는 것이 재미있는 것이다. 또한 심리묘사가 섬세해서 사랑과 가족관계 등에서 인간의 감정을 실감나게 표현하기 때문에 한번 보면 그만두질 못한다. 따라서 한류 문화는 한국의 혼합문화적 특성이 장점으로 작용하여 성공을 거두고 있는 것이다.

하지만 드라마와 달리 대중음악은 거의 인기를 얻지 못하고 있다. 겨울연가 주제곡이 묶인 음반은 나와 있지만 인기가수가 초청되고 공연하는 이벤트는 미약한 편이다. 이처럼 한류가 지나치게 드라마 중심으로 소개되고 있어, 미술, 음악 등 다양한 장르에서 한류를 이어갈 수 있도록 정부차원에서 지원을 할 필요가 있다. 고려인들이 예술적으로 뛰어나고 인정을 받고 있으므로, 이들을 국가적으로 지원하는 것이 필요하다.

또한 러시아는 고급문화가 발달한 나라로서 문화적 자부심이 강한 나라이다. 하지만 천 년이 채 되지 않은 역사를 가지고 있기 때문에 수천 년의 역사를 가진 한국의 현대문화 보다는 고전문화에 대한 경의를 가지고 있다. 그리고 한국의 고전문화를 대할 때에 고급문화라고 생각하게 된다. 그러므로 한류가 장기적으로 지속되기 위해서는 대중문화의 보급에서 시작하여 고전문화로 질적인 전환을 하는 노력이 필요할 것이다. 이를 위해서는 고전예술에 관심이 많은 고려인들의 문화 활동과 행사를 지원할 필요가 있다.

드라마를 중심으로 한류가 확산되면서 한국어를 배우려는 사람들이 늘어나고 있다. 당장 수익은 안 맞더라도 독일, 프랑스, 미국처럼 문화원에 우수한 한국어 교사를 파견해 한글을 가르치고 투자를 해야 할 것이다. 언어보급이 문화산업 진출의 인프라가 될 것이기 때문이다. 연해주의 고려인 동포사회는 현지에서 오랫동안 고립되어 왔다. 따라서 한류를 고리 삼아 그들의 외로움을 달래고 민족정서와 정체성을 북돋우도록 해야 할 것이다. 그리고 고려인을 한류문화 확산의 전사로 간주하고 적극 지원하는 자세를 가져야 할 것이다.

2) 우리말 교육

고려인들의 한글에 대한 이해도는 재외동포 중에서 가장 낮은 것으로 나타나고 있다. 고려인들은 교육열이 높아 강제이주 전에는 연해주에 많은 교육 및 문화기관을 설립하였다. 약 400여 개의 보통학교가 있었고, 블라디보스토크에는 한인 직업기술학교 및 사범학교, 한인극장이 있었고, 한국어 신문과 잡지가 있었다. 그러나 중앙아시아로 강제이주 되면서 교육 및 언론 기관이 모두 문을 닫는 운명을 겪었다. 따라서 강제이주는 고려인들로 하여금 한국의 언어와 문화를 지키기 어렵게 만들었다. 소련당국의 조사결과에 의하면 1959년에는 고려인의 79.3%가 한국어를 사용하였는데, 20년 후인 1979년에는 55.4%로 하락하였다. 2000년 재외동포재단의 조사에 의하면 10~20대의 젊은 고려인의 경우 95% 이상이 러시아어를 사용하는 것으로 나타났다.[18]

한국인과 조선족들이 연해주에 와서 경제활동을 하던 초기에는 고려인의 도움을 받았다. 하지만 언어능력의 차이에 따른 의사소통 장애 때문에 함께 협력하는 데에 근본적인 어려움이 있다. 현재 연해주에는 한국에서 파견한 개신교회가 약 30개 정도 있는데, 이들 교회에서 고려인은 언어 때문에 따로 예배를 보고 있다.[19]

러시아 당국은 종교단체가 언어를 교육하는 것을 금지하고 있다. 따라서 주일학교는 한국어 교육 프로그램을 운영하고 있지 않다. 한국의 교회가 언어교육으로 신자를 확대한다고 여기는 러시아 정교가 당국에 압력을 가한 것으로 보인다. 블라디보스토크의 경우 한국교육원이 개설되어 한국어 교육

---

18 최영표, 「러시아 연해주 고려인 민족교육의 실태와 지원과제」, 『한국동북아논총』 31집, 2004, 138-42쪽.

19 황영삼 · 이병조, 「연해주의 고려인, 조선족 및 한국인: 협력과 갈등」, 『역사문화연구』 2호, 2005, 859쪽.

을 하고 있는데, 2001년에 학생 수가 약 300명이며, 교재는 국제교육진흥원에서 출간한 책을 사용하고 있다. 한국교육원은 러시아 극동대학교 안에 설치되어 있는데, 이 대학은 한국학과를 운영하고 있을 정도로 한국어 교육에 적극적인 기관이다. 학생 수도 200명이 넘는다. 기타 10개 대학에서 한국어 관련 프로그램을 운영하고 있다.

한국어 교육은 몇 가지 문제점을 안고 있다. 첫째, 전문적인 교사가 부족하다. 종교단체에서 파견한 선교사나 유학생들이 한국어 교육을 담당하고 있는데, 전문성이 부족한 실정이다. 한국국제협력단에서 파견하는 교사들도 전문적인 한국인 교수라고 보기 어렵다. 둘째, 러시아 실제 상황에 적합한 교재의 개발이 필요하다. 그리고 교재의 내용이 한국의 역사와 문화 그리고 생활상을 소개하는 내용을 담고 있어야 한다. 셋째, 고려인 교사를 양성하는 노력이 필요하다. 이들에게 모국방문 교육을 통하여 한국어 교육 연수를 받도록 하면, 이중 언어 능력을 갖춘 전문교사를 양성할 수 있을 것이다. 넷째, 러시아에서 한글교육을 위해 사용되는 교재들은 김동인의 "감자" 등과 같이 거의 대부분 수십 년이 지난 문학작품이 주를 이루고 있다. 그 이유는 무엇보다도 저작권 문제 때문이다. 저자 사망 50년 이후의 문학작품은 자유로이 활용할 수 있기 때문이다. 그러므로 뛰어난 현대작가들이 개별적으로 저작권 무료사용에 동의하도록 정부가 나서는 것도 매우 의미 있는 일이라고 하겠다.

2005년에는 임태희 한나라당 의원이 연해주를 방문하여 블라디보스토크 한글학교에 재학 중인 고려인들에게 8,000여 권의 책을 전달하였다. 그는 그동안 중앙아시아와 러시아의 한인학교나 한인회 사무실에 북한 서적이 주로 비치되어 있는 것을 보고 우리책 보내기 운동을 구상하게 되었다는 것이다.[20] 이처럼 한국의 서적을 민간차원에서 제공하는 사업은 큰 비용을 들이

20 『브레이크 뉴스』, 2005년 7월 18일자.

지 않고 시민운동의 일환으로 손쉽게 할 수 있을 것이다. 최근 중국은 세계 각지에 공자학원을 설립하여 중국어와 문화를 보급하는 데에 열을 올리고 있다. 한국이 자국 동포에게 한글교육을 시키는 것에도 소홀히 한다면 큰 문제가 아닐 수 없다. 고려인뿐 아니라 한발 더 나아가 러시아인에게도 언어교육을 하여 한국어 사용 문화권을 형성 확대하려는 노력이 절실히 요구된다. 이를 위해 민간인은 언어 교육에 자발적으로 참여하고, 정부는 교재개발, 연수지원 등 재정적 지원을 담당하는 역할분담이 필요하다. 정부가 문화 확산의 전면에 나서는 것은 바람직하지 않고 역효과를 불러일으킬 수 있기 때문이다.

3) 고려인 자치권 확보

고려인은 소련과 러시아에서 자치권을 가져본 적이 없다. 고려인보다 인구수가 작은 많은 소수민족이 자치권을 향유하고 있다는 점에서 고려인은 부당한 대우를 받아 왔다고 하겠다. 적성민족으로 간주되어 강제이주를 당하는 등 오히려 수난을 받았다. 하지만 이제 정당하게 자치권을 회복하는 노력이 필요하다. 고려인이 중국의 조선족에 비해 언어와 문화를 지키지 못했다는 사실은 소수민족에게 자치권이 얼마나 중요한 것인지를 잘 말해준다.

러시아에는 소수민족의 인구규모에 따라 다양한 자치구역이 있다. 자치공화국이 21개 있고, 자치주(오블라스츠)가 2개, 자치구(오크룩)가 9개 있다. 극동러시아의 경우 사하 공화국은 원래 자치주로 출발하여 승격되었고, 유태인 자치주와 추코트카 자치주도 자치구에서 승격되었다. 코략 자치구는 인구가 줄어 자치권을 박탈당할 위험에 처해 있다. 인구 3만 명 이하이면 법령에 따라 자치구역이 취소된다.[21]

21 박의근, 「연해주 고려인 자치구역 건설에 관한 제언」, 『상업농경영』 198호, 2004.

중앙아시아에서 돌아오는 고려인의 수가 늘어나면서, 고려인 자치주를 설립하여야 한다는 주장이 생겨났다. 하지만 러시아연방 정부와 주 정부의 우려에 부닥쳐 그러한 요구는 사라졌다. 이제 고려인의 자치권 확보를 위해 체계적으로 노력해야 할 시점이 되었다. 자치권의 확보는 여러 가지 측면에서 시기적으로 성숙하고 있다. 명분상으로, 고려인에 대한 강제이주를 보상하고 진정한 명예회복을 하는 차원에서 당당히 요구해야 하는 사안이다. 역사적으로는 강제이주 이전에 전성기를 누렸던 고려인사회를 복원하는 것이다. 법적으로는 고려인 소수민족이 연해주 지역에 법령이 요구하는 최소인구인 3만 명에 육박하고 있다. 따라서 이 지역에 고려인들의 생활여건을 개선하고, 고려인사회가 더욱 번성할 수 있도록 한국의 정부와 민간차원에서 많은 지원이 필요하다.

소련붕괴 직후에 중앙아시아에서 연해주로 이주한 고려인들은 자기 집과 토지를 매각하여 연해주에서 더 큰 집과 토지를 살 수 있었다. 그러나 1995년 이후 중앙아시아 국가들은 외국 이주자에 대하여 재산의 처분을 금지시켰다. 따라서 불가피하게 이주해야 하는 고려인들은 거의 피난민과 같이 빈손으로 연해주로 와야 하는 경우가 많았다. 따라서 우리 정부는 연해주로 재이주하는 고려인의 성공적인 정착을 위하여 지원할 필요가 있다. 정착단계에서의 지원은 가장 큰 효과를 발휘할 수 있다. 그동안의 한국 정부의 지원에 대한 만족도를 조사해보면 대도시에서 높게 나타난다. 그것은 이곳에 한국의 정부기관이 집중되어 있기 때문이다. 따라서 고려인 단체를 통한 정착지원은 지원의 효과를 농촌지역으로 확산할 수 있을 것이다.

그동안 중앙아시아에서 연해주로 재이주한 고려인들을 정착시키는 과정에서 한국이 지나치게 거대한 프로젝트를 구상함으로써 러시아 측의 우려를 자아내었다. 한국이 연해주 지역에 영향력을 확보하고 심지어 이 지역의 영토를 회복해야 한다는 주장들이 러시아로 하여금 경계심을 가지게 한 것이다. 러시아 극동지방은 이미 중국 북방3성에서 밀려오는 중국인들로 인하여 영토분쟁의 우려를 해왔고, 중국인의 출입을 통제하는 정책을 자주 취해왔다. 따라서 우리정부는 직접적인 지원은 자제하고, 민간단체가 주도적으로 사업을 진행할 수 있도록 측면에서 적극 지원하는 것이 바람직하다.

우리정부가 지나치게 적극적으로 지원을 하게 되면 고려인 문화축제와 같은 행사들이 대규모화 하게 되고 그리하면 현지 고려인의 참여를 유도하기 보다는 한국 정부가 재정의 대부분을 떠안게 되면서 한국주도의 행사로 흐르기 쉽다. 따라서 현지 고려인 단체의 행사에는 소규모 다수지원의 원칙에 따르는 방식이 가장 바람직할 것이다. 이러한 사업은 고려인의 민족의식에도 부합한다. 고려인들은 자신들이 러시아인 혹은 러시아국민이라고 생각한다. 마찬가지로 러시아 정부도 고려인을 러시아인으로 생각한다. 따라서 우리 정부가 고려인을 한국인이라고 간주하고 접근하는 정책은 현실과의 충돌 내지는 외면을 가져올 수 있다. 그러므로 고려인을 한민족의 혈통을 가진 러시아 소수민족으로 접근하는 원칙을 잊어서는 안 될 것이다.

고려인들이 가장 우선적으로 지원해주길 원하는 사안들은 한국 영주권 허용, 한 · 러 경제협력 확대, 고려인 교육문화센터 지원, 한국방문 기회확대, 한국에서의 취업확대, 고려인이 차별받지 않도록 하는 외교적 노력, 자매결연 등이다.[22] 이중에서 우리가 현재 가장 손쉽게 도울 수 있는 사안은 교육과 문화적인 지원이라고 본다. 러시아는 소수민족의 문화자치를 지원하고 있고, 그 결과 400가지의 신문잡지가 59개의 민족 언어로 간행되고 있으며, 텔레비전과 라디오 방송도 56개의 언어로 진행되고 있다. 따라서 러시아 당국의 지원, 고려인의 자발적인 노력, 그리고 한국의 지원이 결합된다면 최대한의 효과를 거둘 수 있을 것이다. 고려인들이 한국의 소식을 접할 수 있도록 해외동포 초청행사, 한국의 라디오나 텔레비전의 전파, 한국의 인쇄매체 배포, 인터넷 연결 등을 위한 사업에 상기적인 관심과 투자를 아끼지 않아야

22 임채완, 「러시아 연해주 고려인의 민족정체성 조사연구」, 『정책과학연구』 제12집, p. 61.

할 것이다.

4) IT 기반 한민족 가상공동체 형성

한국인과 고려인을 문명적으로 연결하는 가장 효과적인 수단은 IT를 기반으로 하는 네트워크이다. 러시아 당국과 직접적인 마찰을 피하면서 한국의 언어와 문화를 보급하는 길은 사이버 민족공동체를 구성하는 것이다. 인터넷을 통한 교육 및 보급은 오프라인에 비해 초기 비용은 많이 들지만 장기적으로는 올바른 방향이라고 하겠다. 따라서 개인PC의 보급 및 교육에 향후 역점을 두는 것이 좋겠다. 우리나라에서는 매년 수십만 대의 개인PC가 버려지다시피 하고 있다. 정부에서는 보상수매의 차원에서 수거하여 이중에서 일부만 연해주에 제공하여도, 전 고려인 가정에 개인 PC를 제공할 수 있을 것이다. 그리고 현재는 러시아내 인터넷 네트워크의 비용이 비싸지만, 조만간 비용이 하락하게 되면 한국과 연해주가 인터넷으로 연결된 사이버 공동체가 되는 것은 시간문제일 것이다.

문명권의 형성에는 정부보다 민간사회가 앞장서야 할 것이다. 우수리스크에는 고려인을 돕는 일을 하는 한국의 NGO 단체인 '동북아평화연대'가 자리를 잡고 있다. 고려인의 집에 사무소를 두고 있는 동북아평화연대는 이 지역에서 가장 활발하게 활동하는 단체이다. 고려인 정착촌 지원 사업을 추진하여 이주 정착촌의 고려인을 한국의 후원가정과 연결시켰고, 이후 비닐하우스 사업으로 고려인의 농업활동을 돕고 있다. 문화적으로는 한글과 컴퓨터 교육 등으로 연해주 고려인을 돕고 있다. 하지만 최근 러시아 대통령 푸틴은 러시아 시민사회단체의 서구 배후론을 주장하면서 해외의 재정지원을 받는 시민사회단체에 대하여 부정적인 시각을 드러내고 있다. 특히 연해주는 한반도와 지리적으로 인접하고 있고, 러시아 거주자가 수적으로 줄어들고 있는 추세여서, 러시아 중앙정부로서는 민감한 지역이다. 그러므로 러

시아 정부와 마찰을 일으키지 않는 범위에서 조심스럽게 고려인 지원 사업을 펼쳐야 한다.[23]

또한 한민족 공동체를 형성하면서, 지나치게 민족주의적 접근을 하는 것은 피해야 할 것이다. 즉 고려인들이 러시아인들과 조화롭게 살 수 있도록 지원하고, 한국의 언어나 문화의 보급이 현지 당국의 우려를 자아내지 않도록 충분히 고려하여 추진해야 할 것이다. 예를 들어 한국어의 보급대상이 고려인에 국한해서는 안 되고, 러시아인들에게 한국어 교육을 혜택을 준다는 사업목표를 설정하는 자세가 필요하다. 한민족 문명권에는 고려인만이 포용되는 것이 아니라, 이 문명권에 관심과 호감을 가지고 있는 모든 민족이 함께 할 수 있는 것이다.

---

23 임영상 외, 「CIS 및 발트지역 고려인사회 민간네트워크의 실태와 정책대안」, 임영상 · 황영삼 외, 『고려인사회의 변화와 한민족』(서울: 한국외국어대학교 출판부, 2005), pp. 217-220.

제2부

연해주 진출과 개발

6 러시아의 극동정책과 연해주 지역개발 | **우평균**

7 한국기업의 연해주 진출과 한 · 러 경제협력 | **성원용**

8 극동지역 발전정책과 연해주에서의 한 · 러 경제협력 연구 | **강명구**

9 한민족 농업인 네트워크 구축의 필요성과 지원 방안 | **김완배**

6 러시아의 극동정책과 연해주 지역개발

우평균(한양대학교 아태지역연구센터 HK연구교수)

1. 머리말

러시아 극동지역(Russian Far East)은 러시아에서 가장 광대한 영역을 차지하고 있는 주변부의 영토이다. 러시아 전체 육지면적의 1/3에 달하는 지표면에 약 660만 명에 달하는 소수의 주민들이 살고 있으며, 동시에 인구 밀도 또한 낮아서(1평방 km당 1명) 러시아뿐 아니라, 전 세계에서 가장 적은 수의 사람들이 거주하는 지역으로 존립해왔다.[1] 러시아 극동지역은 10개의 행정지역으로 구성되어 있으며,[2] 러시아의 심장부인 모스크바와 지리적으로 멀리 떨어져 있어 전통적으로 중앙정부의 통제가 미치는 영향이 다른 지역보다 철저하지 못한 곳으로 인식되어 왔다.

1991년 소연방 붕괴 이후에 극동지역에서는 국유재산의 재분배가 러시

---

1 중국과 국경을 맞대고 있는 부랴티야 공화국의 경우 1 평방 km 당 인구비율이 3명이며, 일부 시베리아 지역은 인구비율이 1평방 km당 1명에도 못 미치는 곳이 있다. 러시아의 88개 지자체 중 71개 지자체에서 2006년 8월 현재 사망률이 출산율보다 약 50%가 높은 실정이며, 특히 인구밀도가 높은 니즈니 노브고로드(Nizhny Novgorod), 사라토프(Sarotov), 사마라(Samara) 등의 경우 사망률이 약 2~2.5배가량 더 높다. Alexander Zhelenin, *Counting the Missing People*, Moscow Times, August 11, 2006, p. 8.

2 사하 공화국, 프리모리스키(연해주), 하바롭스크 크라이(변강주), 아무르 주, 캄차카 주, 사할린 주, 마가단 주, 유대인자치주, 추코트카자치관구, 코랴크자치관구로 구성되어 있다.

아 중앙에서와 마찬가지로 진행되었다. 러시아의 과두재벌, 즉 올리가르히(Oligarch)와 러시아 정부는 외국의 자본가 및 정부, 그리고 지방의 산업체 경영자들과 치열한 경쟁을 벌여서 승리를 차지하고 이권을 향유해왔다. 그동안 극동지역에 진출했던 외국 기업들은 자신의 자산과 투자 상황을 재평가하고, 때로는 개별 기업들의 활동을 중단하기도 했다. 그럼에도 불구하고 천연자원이 풍부하여 세계 시장의 수요가 많기에 성장을 위한 잠재력은 충분하다.

러시아 정부 당국자들은 극동지역에서의 사회·경제적 발전의 수준에 관심을 기울이고 있다. 이 문제는 특히 푸틴(Vladimir Putin) 러시아 대통령의 극동 연방 지구(Far Eastern Federal District) 전권대사인 카밀 이스하코프(Kamil Iskhakov)와 해당 지역 내 주지사들 간의 2006년 8월의 회담에서 제기된 바 있다. 이 회담에서의 주요 의제는 2006년 상반기 극동 연방 지구의 10개의 지역 중에서 6개의 지역에서 기록한 생산량 감소에 관한 내용이었다. 마가단 오블라스트(Magadan oblast: 마가단 주, 이하 주)에서는 전년 동기간에 비교하여 2006년 상반기 동안에 20.4% 감소하였다. 하바롭스크 크라이(Khabarovsk krai: 하바롭스크 변강주, 이하 변강주)는 15.4%, 츄코트카 자치 오크루그(Chukotka autonomous okrug: 추코트카 자치관구, 이하 자치관구)에서는 11.2%가 감소하였다.[3]

러시아 극동 지구 내에는 경제가 성장하고 있는 지역도 있다. 2006년 상반기에 기름과 천연가스가 충분한 사할린 오블라스트(Sakhalin oblast)에서는 56.2%가 증대하였으며, 프리모르스키 크라이(Prinorsky krai: 연해주, 이하 연해주)는 23.5%가 성장하였다. 이와 같은 지역 내 각각의 상황은 현재 전반적으로 감소하고 있을지라도, 미래에 경제성장이 가능하다는 점을 보여준다. 러시아 극동지역은 러시아 당국의 관심사일 뿐 아니라, 중국, 일본, 북한, 한국 등 인접 국가들이 경제적으로 진출하고자 하는 대상이기에 향후에도 동북아 주요

3 Сергей Склуаров, "Задворки империй," Независимая газета(August 28, 2006).

국가들의 전략적 관심대상으로 남아 있을 가능성이 크다.

러시아 극동지역 및 극동지역의 중요 거점 지역으로서의 연해주의 중요성에 주목하고자 하는 이유는 해당 지역이 한반도와 인접해 있을 뿐 아니라, 미래 한인들의 경제적 생활권으로의 확장이 가능하며, 이에 기초하여 러시아 및 한국의 경제협력 구조를 구축하고 극동지역을 비롯한 동북아 지역의 안정성을 확보하는 데도 중요한 역할을 창출할 수 있으리라는 기대와 이에 부합하는 현실적인 상황이 존재하기 때문이다.

따라서 본 논문에서는 이와 같은 점에 주목하여 러시아 극동 및 연해주 지역의 지역개발과 관련하여 2000년대 이후에 추진된 정책들을 제시 · 평가하고 한국의 극동 및 연해주 진출과 관련하여 갖는 의미를 찾으려 한다. 이를 위해 극동의 경제 · 사회적 상황 및 연해주 동향, 러시아 정부의 극동개발 계획과 연해주 개발프로젝트, 러시아 지방 정부의 평가 및 러시아 시민사회의 움직임, 연해주 개발과 한국의 참여에 관한 내용을 중심으로 살펴보려 한다. 이를 통해 결국 한국의 연해주 개발 참여는 충분한 의의와 전도 있는 미래전망을 가지고 있지만 낙관할 수 없는 요소들이 존재하며, 한국의 참여는 일본이나 중국에 비하면 늦었지만, 지금이라도 적극성을 띠게 되면 뒤늦은 참여를 극복할 수 있는 상황이라는 점을 강조하고자 한다.

2. 극동지역의 사회 · 경제적 상황 및 연해주 경제 동향

1) 극동지역의 사회 · 경제적 상황

1990년대 이후에 러시아 극동지역의 경제 현황을 거론하기 위해서는 전반적인 인구통계학적인 문제를 거론하는 것이 필수적인 요소가 되었다. 러시아 전체의 문제이기도 한 인구감소와 연관된 사회적 상황은 러시아 극동지역에서 심각한 상태로 진행된 지 오래되었으며, 이와 관련한 대책마련에 있어 중앙정부와 지방정부가 인식을 공유하면서 부심해왔다. 러시아 극동지역은 출생률 저하와 인구의 노령화 비율이 러시아 평균보다 높으며 러시아에서 가장 빠른 속도로 진행되고 있다.[4]

러시아 정부는 과거 이주정책을 통해 적어도 경제적으로는 광대한 극동의 풍부한 지하자원 개발과 영토 보호라는 과제를 동시에 해결할 수 있었으나 극동 인구 대부분이 탈출을 지향하는 '일시 거주자'인 점을 간과하였다. 결국 최근 들어 과거 정책의 역효과가 나타나기 시작하였으며, 일부 전문가들은 러 극동사회가 현재 퇴화과정에 있고 그 퇴화의 직접적 징후로 ① 부의 빠른 축적을 위한 최소 비용 지출을 통한 지하자원 개발 및 자원의 불법적 해외 반출, ② 높은 범죄율(통계상 극동지역 범죄건수는 인구 10만 명 당 2161건으로 러시아에서 1위이고, 연해주 마약중독자 등록수는 러시아 평균의 2.5배임)이라고 주장하고 있다.[5]

러시아 국경수비대의 보고에 따르면, 1989~2005년 사이 극동에서의 이민 역조로 인한 인구감소 규모가 83만 명에 이르렀으며, 특히 중국의 극동 진출에 대해 깊은 관심을 기울일 필요가 있음을 강조하고 있다. 극동 입국 전체 외국인 중에서 중국인의 비중은 60% 이상으로 알려지고 있으며, 중국

4 러시아 극동지역 인구는 지난 15년 사이 150만 명이 감소하였으며, 이 중에서 120만 명은 극동을 떠난 이주자들이다. 전문가들은 2020년에는 극동지역 상주인구가 470만 명으로 감소하다가 2050년이 되면 400만 명 이하로 줄어들 것으로 예측하고 있다. 현재 극동인구가 660만 명인데 반해 접경국(중국) 헤이룽장성의 인구는 이미 1억 명에 달하고 있다. 인구감소는 곧바로 경제에 부정적 영향을 미치고 있다. 통계상 인구 1,000명당 1명이 감소할 경우, 극동지역총생산량이 1% 감소하는 것으로 나타난다. "블라디보스토크 총영사관 소식," http://www.kaprussia.com/news, 2007. 5. 10(검색일: 2007. 6. 1).

5 러 연방 대검찰청 자료에 따르면, 러시아에서 범죄발생 증가율이 가장 높은 지역은 연해주, 하바롭스크 주, 사하 공화국(야쿠티야), 마가단 주, 캄차카 주 등이며, 인구 10만 명 당 평균 약 3,500건의 범죄가 발생하여 러시아에서 극동지역은 범죄 발생률이 가장 높은 지역이다. "블라디보스토크 총영사관 소식," http://www.kaprussia.com/news, 2006. 11. 30(검색일: 2007. 5. 30).

인들의 대다수가 러-중간의 무사증 출입국제도를 자신들의 극동 내 경제활동의 수단으로 이용하고 있다고 한다. 러시아 측은 이들의 입국목적이 관광뿐 아니라, 관세 등 일체의 세금을 회피하여 물품을 러시아로 반입하여 고가의 이익을 얻고자 하는데 있다고 보고 있다.

러시아와 국경을 접하고 있는 중국 동북부 지역에는 1억 700만 명이 거주하고 있으며, 중국 농촌 지역의 빠른 잉여 노동인구 증가는 러 극동지역과 무관하지 않다고 여기는 경향이 있다. 중국 농업인들이 우수리스크 근교에 약 200곳의 채소농장을 운영하고 있으며, 이들이 생산하는 채소가 연해주 시장에 납품되면서부터 중국산 채소 수입량이 30% 감소하였다고 한다. 현재까지는 통계적으로 '황색바람(Yellow Peril)'을 우려할 만한 수준은 아니지만, 현지에는 중국의 진출에 대한 사회적 우려를 지적하면서 중국인들에게 일자리 제공, 국적취득 및 토지불하를 일체 허용하지 말아야 한다는 입장을 표명하는 사람들도 많은 편이다.[6] 하지만 일각에서는 극동에 거주하는 대다수 중국인 노동자들은 현지 러시아인들과 취업경쟁을 촉발시키지 않는 단순 노동자들로서, 소위 저임금 3D 업종에 종사하고 있는 중국인들의 러 극동 진출이 심각한 사회적 우려를 일으킨다는 것은 과장된 논리라고 주장하고 있기도 하다.[7] 이러한 양자의 입장을 떠나서 국경지역을 발전시키기 위해서 접경

---

6 Э.Э.Любаковский , О.Д.Захарова, и В.В.Миндагулов, *Незаконное Перемещение в Пограничных рай онах Дальнего Востока: История, Существующие Дни, и Последствия* (Москва: ISPR, RAS, 1994).

7 А.Г.Ларин, *Китай ы в России вчера и сегодня: Исторический вчерк* (Москва: Институт Дальнего Востока РАН, 2003), pp. 182-192 В.Н.Архангельский и др., *Стратегия демографического развития России* (Москва: Институт социально-политических исследаваний РАН, 2005) В.Г.Гелбрас, *Россия в условиях глобалиной китай ской миграции* (Москва, 2004), pp. 146-150 Дальний Восток и Забай калье в России и АТР, Дальневосточный международный экономический конгресс (25-28 сентября2005г) (Хабаровск: Ин-т экономических исследований ДВО РАН), p. 78; Жанна Зай ончковская, "Перед лицом иммиграции," *Pro et Contra*, No. 3 (2005), pp. 72-87.

국과 협력해야만 하는 극동지역의 지방정부의 입장은 계속 유지될 것이고, 이와 같은 관점에서 극동으로의 중국인 유입은 앞으로도 계속 증대할 것이며, 이와 더불어 극동지역 경제에 미치는 중국의 직 · 간접적인 영향력도 함께 증대할 것으로 보인다.

중국인의 극동지역 유입에 관한 논쟁과 더불어 러시아 정부 차원에서 이에 대한 해결책으로 제시되고 있는 중요한 문제는 해외동포들의 러시아 이민을 촉진하는 프로그램을 둘러싼 논의이다. 푸틴 대통령은 2006년 6월 '해외거주 동포의 자발적 러시아 이주 협조 방안' 계획(대통령령)에 서명하였고, 그 결과 극동지역에서는 연해주, 하바롭스크 주, 아무르 주가 우선대상지로 선정된 바 있다. 이 프로그램은 CIS 국가에 살고 있는 러시아인들이 러시아로 돌아와서 정착할 수 있도록 하는 계획으로서 이를 위해 우선적으로 CIS 국가들에 해외사무소를 설치하여 러시아인의 귀환을 추구하고 있다. 2007년부터 3년간 30만 명의 귀환을 지원하기 위해 170억 루블(약 6.5억 불)의 예산을 배정하였다. 이 계획은 2012년까지 3단계(2년 단위)로 나누어 실시될 예정이며, 1단계 기간 중 1,500명, 2~3단계 기간에는 매년 2만 5,000명 유치를 목표로 하고 있다.

일단 2006년 9월 1일을 시한으로 러시아내 12개 해당지방으로부터 이민 수용자 수 신청을 접수한 결과, 지역별로 무관심하거나 주택부족 등의 이유를 들어 프로그램 시행에 부정적인 반응을 보이는 등 극동시베리아 지역의 경제성장에 있어 최대의 장애인 인구감소 문제를 해결하려는 프로그램의 당초의 목표달성을 어렵게 만들고 있다.[8] 일단 지방정부가 이 프로그램에 의하여 이민자들을 취업, 임금 및 주택 등의 혜택을 주어 수용할 수 있는 예산이 부족하며, 칼리닌그라드 주 등 일부 지역에서는 이민자 급증을 예상한 주

8 모스크바와 상트 페테르부르그 양 지역으로의 고급노동력 유출현상으로 곤경을 겪고 있는 트베르(Tber) 주 만이 7,300명의 이민자를 신청하여 프로그램이 시행될 수 있는 여건을 확보하였다.

택가격 상승 등의 부작용으로 주택정책 등 여타 정책시행에 부정적 영향을 미치는 것으로 드러났다.[9]

러시아인 노동력 유입이 절실한 극동지역의 경우, CIS, 그 중에서도 중앙아시아 지역으로부터 노동이민을 유치하는데 있어 극동은 사실상 때를 놓쳤다고 볼 수 있다는 견해가 있는가 하면,[10] 유입대상지역을 확대하여 실시해야 한다고 보는 견해도 있다. 후자의 견해에 따르면, 러시아 극동지역 개발은 사실상 해외로부터 대량 이주민을 수용할 수 있는 역내 여건을 조성하는 데에서 시작되는 것으로서, CIS 지역에서의 단순 노동자 유치 차원이 아닌, 러시아 중서부 및 중국, 한국, 심지어 일본으로부터도 자발적 취업이민을 유치할 수 있을 정도의 해외동포 이주 장려 프로그램이 마련되어야만 향후에 극동을 보존할 수 있는 대안이 될 것이라고 평가한다.[11] 이와 함께 지적할 수 있는 점은 정부의 이주정책을 통한 대안 마련도 중요하지만 현재로서는 이주한 지역에서의 일자리 창출이 더욱 시급하다고 하겠다. 일자리가 있는 곳으로 자연히 이동하게 되어있는 이주자의 속성상 극동지역에 대형 프로젝트가 실현된다면 각국외 이민자들이 대거 유입될 가능성도 있다. 결국 극동지역의 중요한 과제 중 하나인 인구감소 억제 및 이민 유치는 동 지역에

9 이 점은 동 프로그램이 형식적으로 진행되고 있는 측면을 드러낸다. 규모 면에서도 가까운 장래에 인구문제의 근본적 해결을 가져올 수 있는 가능성이 낮은 것으로 평가되고 있다. 연방 정부는 이민자 1인당 이주경비(약 25만 루블, 약 9,600불)만 지불하고 나머지 주택 마련, 취업알선 등 대부분의 정착금은 지방정부가 부담해야 하는 등 지방정부가 대규모적으로 추진하기에는 어려운 측면이 많다. 연해주 정부는 약 3,000명의 이민자 수용 계획을 발표한 바 있다.

10 미하일 쉰코브스키 블라디보스토크경제대 국제관계학장은 현재 러시아에서 노동인력이 충분한 지역은 모스크바를 제외하고 크라스노다르 주, 스타브로폴예, 로스토프 주 등 3곳 밖에 없으며, 극동지역이 중앙아시아로부터 인력을 받기에는 이미 늦었으며, 현 중앙아시아 거주(약 2,200백만 명 추정) 러시아인들은 이미 현지에 동화된 사람들이거나 극동 경제에 반드시 필요한 인력이 아니라고 보고 있다. "블라디보스토크 총영사관 소식," http://www.kaprussia.com/news, 2006. 11. 30(검색일: 2007. 5. 29).

11 "블라디보스토크 총영사관 소식," http://www.kaprussia.com/news, 2006. 11. 30(검색일: 2007. 5. 29).

유망한 경제 프로젝트가 실현되고 윤택한 생활환경과 근로자에 대한 다양한 혜택이 보장될 경우에만 가능할 것이다.

2) 연해주 경제 동향

연해주는 광업, 어업, 제조업 및 운수업 등이 발달한 러시아의 주요 경제지역 중의 한 곳으로서 시베리아 횡단철도의 종착지이며, 인구, 지역 총생산, 공산물과 농산물 등 극동의 사회적 · 경제적 잠재력의 30%가 집중되어

표 1 ▸ 2006년 상반기 연해주 경제동향

구분	2006년 상반기[12]
전년 동기 대비 분야별 극동지역 산업 생산증감지수	- 제조업: 96% - 유용광물 채굴업: 111% - 전기 · 가스 · 물 생산 및 공급: 101%
산업생산지수	△ 증가한 주 - 사할린 주 56% - 연해주 24% - 캄차트카 주 1% △ 감소한 주 - 마가단 주 20% - 하바롭스크 주 15% - 코랴크자치구: 15% - 추코트카자치구: 11% - 유대인자치주: 3% - 사하 공화국: 1% ※ 전년동기 대비 실제가처분소득이 증가한 주는 8개 주
임업, 수산업 평가	불법적 밀수출이 자행되고 있는 산업으로 남아 있음
연해주 인구동향	2,012,100명
연해주내 이민역조 현상	1,743명(6.3% 증가)
연해주 대외교역량	14억 불(2001)=> 38억 불(2005), 총 교역대상국은 73개국이며 이중 중국, 한국, 일본 등 주요 교역국이 차지하는 비중이 85%
연해주 수출 · 수입 품목	- 수출: 수산물, 목재, 흑색 · 유색 금속, 광물제품 - 수입: 자동차 · 자동기기, 식료품, 섬유 · 신발제품

출처: "블라디보스토크 총영사관 소식," http://www.kaprussia.com/news, 2006년 종합(검색일: 2007.5.29).

12 www.Deita.Ru (2006. 8. 25).

있다. 연해주가 극동지역에서 차지하는 분야별 연간 총 생산량 비중은 제조업 44.6%, 건설업 23.7%, 운송업 12.1%, 농업 6.2% 및 기타산업 13.4% 등을 차지하고 있다.[13] 〈표 1〉은 2005년 상반기 연해주의 경제 지표를 나타내고 있다. 이 중 제조업 생산이 2005년에 비해 141.3%로 큰 폭으로 상승한 점이 두드러진다.

러시아 전체와 연해주의 경제 현황 비교는 〈표 2〉를 통해 제시하고 있다. 연해주는 극동지역의 중심지인 하바롭스크보다 전반적으로 높은 수치를 보여주고 있으며, 특히 연해주의 공업생산 증가율은 122.3%를 기록하여 러시아 전체 평균인 104.1훨씬 높은 증가율을 기록하고 있다. 연해주는 제조업을 중심으로 지역 경제가 빠르게 성장하고 있다는 점을 알 수 있다. 연해주는 시베리아 횡단철도의 종착지로 향후 물류 산업의 발전도 예상된다.

표 2 ▸ 러시아연방 정부와 연해주의 2005년 주요 사회-경제 지표

(단위: 2004년과 비교한 증가율, %)

	러시아	연해주
소비자물가	111	112.4
공업생산	104.1	122.3
농업생산	101.7	100.4
고정자본투자	110.3	100.0
건설	110.2	97.9
실질가처분소득	109.1	114.0
실질임금	110.8	113.0
소매유통	111.8	117.8
유료서비스	107.2	101.3

출처: 조영관, "극동 러시아 지역의 경제 현황: 연해주와 하바롭스크 주를 중심으로," 『시베리아 극동연구』, 제2호(2006 겨울), p. 113.

13 강명구 · 윤제희, 『중앙아시아 및 극동러시아의 경제』(서울: 선학사, 2005), pp. 158-161.

표 3 ▸ 연해주의 수출입 규모(2006년 상반기) (단위: 백만 달러, 2005년 상반기 대비 %)

	수출		수입		교역액	
중국	336.5	118.7	377.2	128.0	713.7	123.4
한국	135.6	92.8	200.4	109.3	336.0	101.9
일본	71.8	91.7	520.5	123.7	592.3	118.3
미국	27.4	83.8	36.5	200.7	63.9	125.6
기타국가	135.9	116.3	173.0	223.7	308.9	159.0
합계	707.1	107.5	1307.6	131.7	2014.7	122.0

출처: Приморский край, январь-июнь 2006.

대외교역의 측면에서 연해주와 최대의 교역 국가는 중국이며, 일본, 한국 등이 그 뒤를 잇고 있다. 최근 교역은 중국과의 교역액이 23.4% 증가(2004년⇒ 2005년)했으며, 한국은 1.9% 증가했을 뿐이다. 한국과의 교역은 상대적으로 정체되어 있으며, 한국, 중국, 일본, 미국을 제외한 다른 나라와 대외 교역이 크게 증가했다. 한국의 대 연해주 수출 품목은 현지 봉제투자업체용 의류 원자재가 제일 큰 품목이며, 소스류, 벙커유, 스프류도 수출하고 있다. 반면 한국은 고철, 목재 등 원자재를 주로 연해주로부터 수입하고 있으며, 전체적으로는 무역 적자 현상을 보이고 있다.

3. 러시아 정부의 극동개발계획과 연해주 개발프로젝트

1) 러시아 정부의 극동개발계획

소연방 붕괴 이후 본격적인 자본주의 제도 도입을 추구했던 옐친 정부는 러시아연방 내 극동 · 시베리아 발전을 위한 구체적인 경제정책과 경제개발 프로그램을 갖고 있지 못했다. 연방 정부는 급격한 시장경제로의 이행으로 인해 중앙 수준에서 곤경을 겪으면서 이 지역까지 본격적으로 관리할 여

표 4 ▸ '극동지방과 바이칼 지역의 경제·사회 발전을 위한 러시아연방계획, 1996-2005'의 주요 목표치 (1995년 기준=100)

연 도	1995년	1996년	1997년	2000년	2005년
인구(연말기준)	100.0	98.9	98.1	95.7	93.1
GDP	100.0	103.8	110.5	126.9	145.9
1인당 GDP	100.0	105.1	113.3	132.6	157.1
국민소득	100.0	102.5	108.4	130.0	163.9
1인당 국민소득	100.0	103.5	110.4	135.6	176.0
공업생산	100.0	97.0	99.3	115.0	146.4
1인당 공업생산	100.0	98.1	101.8	120.4	157.4

출처: 이형근, 「러시아 극동지역 장기발전프로그램 개요」, 『지역경제』 9월호, 1996, p. 122, 대외경제정책연구원.

력이 사실상 없었기 때문이다.[14]

옐친 정부는 제2대 대통령 선거를 앞두고 1996년 봄에 지방정부, 특히 경제적 어려움이 심각한 시베리아 · 극동지역의 불만을 무마하기 위해 '극동지방과 바이칼 지역의 경제 · 사회 발전을 위한 러시아연방계획, 1996-2005'(일명 「극동 · 자바이칼 경제 · 사회개발 연방특별프로그램」)을 발표하였다. 원대한 목표달성을 추구했던 이 계획은 연방 정부의 재원 부족으로 흐지부지한 상태가 되어버리고 말았는데, 2000년 이전까지 총투자액 계획치의 6.8%에 불과한 실적 미만을 보였던 점에서 여실히 이점이 드러났다.[15]

푸틴 집권 이후 개별 부서 차원의 지역별 발전 계획이 수립되고 기존의 「극동 · 자바이칼 프로그램」을 거듭 수정하여 왔다. 2004년 3월초 푸틴 대통령은 시베이아와 극동지역 인프라 구축을 위한 계획을 마련하도록 정부에 지시했다. 푸틴 자신도 이 지역을 발전시키는 것이 러시아의 미래에 관건이 된다는 점을 인식하고 있다. 그럼에도 불구하고 러시아 정부의 극동지방 개

14 우평균, 「러시아 극동지역과 러 · 일관계의 경제적 측면」, 『국제지역연구』 제7권 4호, 2003, pp. 33-34.

15 "Перспективы социально-экономического развития Дальнего Востока", *Вопросы экономики*, No. 10, 2000, с. 93.

발과 관련하여 말하자면, 새로운 계획은 이전의 계획과 큰 차이가 없다. 극동지역 개발 및 발전을 추구하는 것이 목표이기 때문에 주로 이 지역의 연료 및 에너지 산업과 수송 부문의 집중적 육성 및 석탄산업의 현대화 및 연해안 개발에 역점을 두고 있다.[16] 러시아 정부의 극동지역 개발의 요체는 에너지 개발전략과 극동지역 내 경제특구 설치로 구체화되었으며, 극동경제 발전정책의 구성 요소로 연료대책, 교통 인프라의 근대화, 가공산업의 육성 강화, 테크노폴리스형성 프로젝트 등으로 구체화되었다. 그럼에도 불구하고 극동 개발에 대한 중장기 전략 수립은 여전히 어려운 과제로 남아 있다. 정부의 극동정책 추진의 난점은 프로그램 중에서 과거처럼 투자 관련 부문이 거의 대부분 이행되고 있지 않기 때문이다. 해당 지역에서는 중앙정부의 극동정책 목표가 부재하기 때문에 그 실행이 어렵다는 점을 지적하고 있다. 즉 옐친 정부의 극동정책이 극동지역의 경제 · 사회 상황 안정 및 성장기반 조성에 중점을 두었다면, 향후에는 경제 외에 영토 및 주민 보호와 같은 물리적 측면에 초점을 맞추어야 한다고 강조한다.

러시아 정부는 2006년 12월 극동문제 관련 안보회의에서 극동 사회 · 경제 발전 전략을 수립하고, 현행 연방특별프로그램의 조속한 수정을 단행하며, '극동 경제 · 사회 개발 국가위원회'(위원장: 프라드코프 총리) 창설을 결정하였다. 러시아 정부의 극동개발전략 구상안은 2007년 현재 전문가 그룹의 초안 마련에 이어 최종안이 검토되고 있다. 그동안 밝혀진 바 있는 구상의 면모는 다음과 같다.[17]

블라디미르 야코블레프(V. Yakoblev) 지역개발부 장관이 밝힌 개발전략 구상은 극동 · 바이칼 지역에 경제적으로 경쟁력을 갖춘 '광역지역'(macro region)내지는 '광역도시'를 조성한다는 대전제하에 작성되고 있으며, 특히 이

16 최태강, 「러시아 극동지역 개발전략」, 『시베리아 극동연구』 창간호, 2005, p. 45.

17 구상에 대해서는 "블라디보스토크 총영사관 소식," http://www.kaprussia.com/news, 2007. 4. 1(검색일: 2007. 6. 5) 참조.

르크츠크와 블라디보스토크, 두 곳을 극동 · 자바이칼 지역의 산업센터로 육성한다는 구체적인 계획이 포함되어 있다. 산업단지 육성을 위해서는 양 도시의 인구를 각 100만 명 이상으로 끌어올릴 필요가 있으며, 이를 위해서 이르크츠크는 안가르스크시와 쉐렐호프시를, 블라디보스토크는 나홋카 시와 우수리스크 시를 각각 통합해야 할 것이다. 광역도시 건설과 고도 산업단지 조성으로 지역 주민들에게 보다 수준 높은 삶의 환경을 제공할 수 있을 것이며 나아가 인구감소 문제도 해결할 수 있을 것으로 기대하고 있다.

동 구상에는 극동이 물류 흐름을 주도하는 교통회랑(交通回廊, traffic corridor)의 역할을 보다 폭넓게 수행할 수 있도록 하는 방안도 포함되어 있으며, 이는 동 지역이 시베리아 횡단철도(TSR)와 국제 항공노선 등 경쟁력을 확보할 수 있는 교통인프라 환경을 보유하고 있음에도 불구하고 높은 원가로 인해 중국보다 크게 뒤처져 있는 현실을 감안한 것으로 여겨진다.

러시아 지역개발부는 극동 · 바이칼지역 개발전략 구상과는 별도로 러시아 지방 대도시 14개를 중심으로 광역도시를 건설하는 사업을 향후 20년 계획으로 수립한 바 있다. 이 중에서 극동지역에 해당되는 지구는 극동 · 동시베리아지구 3개시로서, 블라디보스토크, 하바롭스크, 이르크츠크가 해당된다.[18]

결국 러시아 지역개발부의 개발전략 구상에는 두 개의 극동 발전 시나리오가 포함되어 있는데, 첫 번째는 '완만한 타성적 성장'으로서, 동 지역이 러시아와 아태지역 모두의 변두리 지역으로 남게 되는 경우이며, 두 번째는 '새로운 질적 성장'으로 극동지역이 고도화된 기술 도입, 각종 사회기반시설

18 지역개발부는 지방광역도시 건설비용과 관련하여, 구체적인 액수를 밝히지는 않았으나, 유사 프로젝트로 소치와 블라디보스토크 개발 사업을 거론하며 러시아 정부가 2014년 소치 동계올림픽 개최 준비로 3,000억 루블(115억 불), 2012년 블라디보스토크 APEC 정상회의 개최 준비로 1천억 루블(38억 불)을 배정한 바 있으며, 광역도시 건설 사업에 수천 억 루블이 소요될 것으로 시사하였다. "블라디보스토크 총영사관 소식," http://www.kaprussia.com/news, 2007. 4. 1(검색일: 2007. 6. 5)

개선, 현대화된 시장경제 · 상거래 체제 확립, 도시화 촉진, 새로운 산업분야로의 투자 유입, 가공산업 발전 등으로 인해 미국과 일본 시장으로 진출하는 거점지역으로 발전하는 경우이다. 전문가들은 두 번째 시나리오 실현을 위해서는 ① 블라디보스토크에서 APEC 정상회의가 개최되고 ② 블라디보스토크에 '상품 · 원료거래소'가 개설되어야 한다고 주장하고 있으며, '상품 · 원료거래소'는 러시아 국영기업들의 아 · 태 시장에 대한 신규 에너지상품 공급을 촉진시킬 것이라고 전망하고 있다. 현재의 극동개발 전략으로는 극동경제가 2006~2010년 사이에 5% 이상의 성장률을 달성하는 것은 불가능하며, 2011~2015년 사이에는 2.5~3% 수준의 성장에 그칠 것으로 분석하고 있다. 따라서 극동에서의 새로운 대형투자사업 실현만이 높고 안정된 성장을 보장할 것이라는 점을 역설하는 경향이 대세이다.[19] 2006~2020년 사이에 극동지역의 전략적 부문에 요구되는 투자 총액은 10조 8,000억 루블(2003년 기준으로 3,767억 달러)로 평가되고 있다. 결국 예상되는 투자의 유입은 기술혁신, 노동생산성 향상, 원가절감 등을 가져와 결과적으로 극동의 경제를 보다 구조적으로 변경시킬 것으로 기대한다는 것이다.

향후 극동지역의 개발과 관련하여 연방 정부의 정책은 재정상의 여력이 있는 한 국가차원의 경제발전이란 측면에서 소프트 중심의 지역집약형보다는 제조업 등 하드 중심의 전략적 투자와 광역지역화 추구 등을 확대할 것으로 보인다. 지역 개발정책은 국가 지원하의 자원기지로 발전함과 동시에 동북아국가들에 대한 자원 수출지로 병행 발전시키려는 의지는 변함이 없을 듯하다.[20] 물론 이와 같은 당국의 의지와 발전 전략의 방향성이 충족되려면 현실적으로 재정 확보가 관건이지만, 에너지 수출로 과거보다 한 층 부유해진 러시아 정부의 재정 능력이 단기적으로 부각될 수 있지만, 프로젝트들이

19 "블라디보스토크 총영사관 소식," http://www.kaprussia.com/news, 2007. 3. 24(검색일: 2007. 5. 29).

20 최태강, 2005, p. 60.

거대하고 너무나 많은 재원을 소요로 하는 사업들이기에 그 가능성을 과거의 사례처럼 낙관할 수만은 없는 현실이다.

2) 연해주 정부의 개발계획

연해주는 에너지와 수산업 등의 분야 이외에, 극동에서 농 · 축산업이 가장 발달한 지역으로 나타나고 있다.[21] 연해주에서는 1991년에 '외국인 투자법'이 제정되어 무역자유화 이후 외국 기업의 설립이 본격화되었다. 연해주는 중국의 진출의 두드러지는 지역이지만, 연해주 당국 차원에서 새로운 개발계획들을 다수 계획함으로써 외국자본의 진출과 경제협력의 가능성이 커지고 있다. 그동안 수많은 계획들이 제시되어 왔지만, 그 중에서 연해주 당국의 최근까지의 발표 사례 중 대표적이라 여겨지는 개발프로젝트의 내용은 다음과 같다.

(1) 하산지역 국제생태관광지 조성[22]

연해주 하산지역에 국제생태관광지 조성과 동 지역을 국가간 공동프로젝트 하에서 종합적으로 개발하는 구상을 제안하였다. 이 제안에 대해 특히 중국측의 왕민 길림성장이 지지를 표명한 것으로 보도되었다.

(2) 블라디보스토크-루스키 섬 연결교량 건설사업[23]

루스키섬[24] 개발 사업 차원에서 추진되고 있는 블라디보스토크-루스키

21 영농기업 469개, 농장 2,006개가 있다.

22 www.ptr.Ru/Internetnews(2006. 9. 5)

23 Востокмедия, September 6, 2006.

24 루스키 섬은 블라디보스토크 남부 8km 지점인 피터대제 내해(內海)에 위치한 섬(면적 96.7km², 길이 18km, 폭 13km, 상주인구 5,500명)으로 오랜 기간 동안 일반인들에게는 출입이 제한된 폐쇄지역이었으나(함정사령부등 대규모 군부대 소재), 현재는 블라디보스토

섬 연결 교량 사업 설계사 경쟁입찰 결과, 러–독 콘소시엄이 최종 선정되었다. 동 콘소시엄에는 러시아에서 페테르부르그 소재 2개 사, 블라디보스토크 건설회사 및 Leonhardt, Andre und Parter사가 참여할 계획이다. 블라디보스토크–루스키섬 연결 교량은 총 길이 3km(6차선)로 졸로토이 로그만을 통과하게 되며, 선박 항해가 원활하도록 일부구간은 약 70m 높이로 건설될 예정이다. 연해주 당국자들은 루스키섬 종합개발 차원에서 추진되고 있는 교량건설 사업은 러시아 국가두마 의장, 연방 정부 장관들의 지지를 받고 있으며, 외형 면에서 러시아 최초가 될 것이라고 언급하고 있다.

(3) 블라디보스토크 항만특구 조성 사업[25]

즈다노프(S. Zdanov) 러시아 경제특구청장의 언급에 따르면, 항만특구 조성과 관련하여 정부 관련부처 간 협의에 걸림돌이 되었던 세제 · 관세 특혜 부여문제가 타결됨에 따라 특구 법안을 제출하여 2006년 말까지 특구 지정이 가능할 것이라고 하였다. 특구 관련 법안에는 항만특구 참여회사에 5년간 지방세를 포함, 토지세, 교통세 및 재산세 납부 면제혜택을 부여하기로 되어 있으며, 노보로씨스크, 상트 페테르부르그, 블라디보스토크 항만 등이 항만특구 주요후보지로 거론되고 있다고 밝혔다.

(4) 연해주 컨테이너물류기지 조성 사업[26]

연해주 정부는 보스토치니항 지역 일대(면적 약 50ha)를 철도 · 해상 운송과 연계하는 종합컨테이너물류기지로 조성하는 계획을 추진할 예정이며, 이것은 연방프로그램(「2002~2010 러교통시스템 현대화」)하에 추진되는 유일한 지

크 시민들의 대표적인 휴식처로 이용되고 있다.

25 *Золотой Лев*, No. 80 (2006.9), www.zlev.ru (검색일: 2006. 11. 30).

26 Примамедиа, September 26, 2006.

역차원의 사업이라고 언급한 바 있다. 이 계획에 따르면, 약 50ha 부지에 조성될 물류기지에는 컨테이너보관시설(냉동창고 포함), 화물 통관 및 발송체제, 컨테이너 · 차량 수리시설 등이 들어서게 되며, 연간 컨테이너 120만 대를 처리할 수 있는 능력을 보유하게 된다. 물류센터가 가동되면, TSR(시베리아횡단철도) 적재량이 현재 50%에서 80%로 증가하게 되며, 2010년에는 연해주 화물 물동량이 8천만 톤으로 늘어날 것으로 예상된다.

(5) 우수리스크 중국 경제 · 통상 구역(Chinese trade-economic zone) 조성 예정[27]

연해주 우수리스크 시에 약 1,000평방미터 규모의 제조단지, 무역 및 서비스 회사가 들어서는 중국 통상 · 경제 구역을 조성하는 방안이 중국 측과 논의되었으며, 중국 투자가들이 이 프로젝트를 위해서 대규모 투자를 할 용의가 있다는 점이 표명되었다. 투자 규모는 2.5억 불로, 향후 4년 이내에 완공될 것이라 한다. 총 면적 2,280평방미터 규모의 경제 · 통상 구역에 목재가공, 의류 · 신발 및 가전기기 제조공장 등을 건설할 계획이며, 2006년 말 현재 특수철도구간 신설 및 제반 시설 인프라 구축을 위한 준비 작업을 마친 상태라고 한다.

(6) 블라디보스토크 종합개발계획[28]

블라디보스토크 시가 2012년 APEC 정상회의 개최 도시로 선정되기 위한 러시아 정부 차원에서의 논의가 진행되어 왔으며, 이를 뒷받침하는 블라디보스토크 발전 총계획(general plan) 및 향후 추진 계획에 관한 보고서가 발표된 바 있다. 2012년 회의 결정은 2007년 가을 호주에서 개최되는 회의에서

27 "블라디보스토크 총영사관 소식," http://www.kaprussia.com/news, 2006. 11. 1(검색일: 2007. 5. 29).

28 http://www.mofat.go.kr/ek/ek_1214338_9767.html(검색일: 2007. 5. 29).

이루어질 것으로 보인다. 블라디보스토크 내에서도 개최지로 루스키섬이 유력하다. 니콜라예프(Nicolaev) 시장은 러 연방 및 해외투자재원을 유치하여 추진하고자 하는, 혹은 기추진중인 주요 투자프로젝트를 다음과 같이 거명하였다.

- 유럽형 5성급 호텔(1,200명 이상 수용) 건설
- 일본식 4성급 호텔(800명 이상 수용) 건설
- 의료센터 구비 숙박단지(2,000명 수용) 조성
- 아무르만 연안 소재 요양시설 개보수
- 국제 박람센터 건립
- 경마장, 요트클럽, 골프장, 해양수족관, 얼음궁전 건설
- 블라디보스토크-루스키섬 · 포포브섬 다리 건설
- 풍력발전소 전설(포포브섬), 우수리스크 타이가 서식 동물원 조성
- 신규 대규모 주택단지 조성

이 밖에 연해주 당국은 연해주 가스화 계획, 연해주 남부 지역에 거대 메가폴리스(Big Vladivostok) 건설 계획 등 많은 개발 프로그램을 계획하고 있다. 아울러 다르킨 주지사는 상기 전략과제 외에 APEC 정상회의 행사를 위해 향후 조성될 인프라의 사후 효율적 활용을 위해 루스키 섬 일대를 '관광레저특구'로 지정해야 하며 또한, 루스키 섬에 기존에 계획된 사업의 원만한 실현을 위한 인적자원 확보 차원에서 아시아태평양연방대학교(대학생 1만 명 규모, 대학교 시설을 정상회의 행사장소로 활용 가능) 창설할 필요성이 있다고 강조하였다. 이러한 투자사업계획들이 모두 실현되면 동 지역에 120~150만 명 정도의 추가적인 노동력을 유치시키는 계기가 될 것으로 기대되며, 유입 노동이민자들은 블라디보스토크, 나호드카, 우수리스크 등 주로 신규 조성될 제조업 육성도시에 정착하게 될 것이라고 언급한 바 있다.[29]

상기한 일련의 연해주 개발 프로젝트는 결국 연해주를 러시아 극동 태평양 연안 지역에 경쟁력 있는 교통 · 물류 인프라를 조성하는 중심지로 삼고, 이를 기반으로 하여 아 · 태 지역 시장을 겨냥한 다양한 제조업 단지 조성지로 삼겠다는 발전전략임을 상징적으로 보여준다. 결국 이와 같은 조치들을 통해 연해주를 아 · 태지역 국가들과의 협력의 교두보로 개발하겠다는 의지를 표명하고 있다. 일련의 개발 프로젝트들은 아 · 태 지역에서의 연해주(및 블라디보스토크)의 지정학적 위치를 최대한 활용해야 한다는 명제에서 출발했으며, 이와 관련해서 블라디보스토크에서의 APEC 개최 결정은 전략적으로 매우 중요한 사항임을 알 수 있다.[30]

4. 러시아 정부와 시민사회의 평가

1) 중앙정부의 상황 평가 및 제시 해결책

2002년 푸틴 대통령은 극동 문제를 국가 안보회의 차원에서 다루도록 지시하였으나 극동의 상황은 오히려 심각해져서 정부 고위 당국자들은 러시아 전체 국가안보를 위협할 만한 수준이 되었음을 인식하게 되었다. 극동지역총생산량(GRP)은 러시아 전체의 1/7 수준(중국의 1/47)에 지나지 않으며, 1990년대 말 이래 주요부문 산업생산 증가율은 2%에 머물고 있다. 극동의 전통적 기간산업인 조선, 선박수리회사 159곳이 폐쇄되었고 디젤선박공장

29 "블라디보스토크 총영사관 소식," http://www.kaprussia.com/new/index_view 2007. 2. 3(검색일: 2007. 5. 31).

30 푸틴 대통령은 2007년 1월 27일 인도방문을 마친 뒤, 2002년 8월 러·북 정상 회담 이후 처음으로 블라디보스토크를 방문하였다. 다르킨 연해주 주지사를 만나 2012년 APEC 회의 개최에 대비해 1000억 루블(약 3조 5000억 원)을 연방 정부에서 지원하기로 약속했다. 이 금액은 연해주 1년 예산의 3배가 넘는 규모다. 『동아일보』, (2007. 2. 1).

(연간 780척 생산) 및 농기계제조회사(연간 3,200대 생산)가 가동을 멈추었다. 극동지역 주민의 공공요금 지출 부담은 러시아 평균에 비해 전력요금 및 난방비는 2배, 주택 공영비는 3배, 교통비는 2배 정도 높은 실정이다. 뿐만 아니라, 러 연방 주체 중 극동지역의 정부예산 확보율은 여타 지역의 50% 수준이며 극동 주민 연금수령액은 러시아 평균의 86% 선에 머물고 있다. 그 결과, 극동 주민 5명 중 1명은 극빈자(최저 생계비 이하 생활자)에 속한다. 이와 같은 상황은 긴급히 다루어야 할 과제로서, 해결책으로서 두 가지 방안이 모색되어야 한다. 첫째로, 러시아 평균 이상을 지불하고 있는 공공요금 차액을 매월 국가가 보조금 형식으로 주민들에게 지원해야 하며, 둘째로, 극동지역 주민 평균 연금액을 최저생활비 이상으로 책정하는 것이다.[31] 이 밖에 경제적 대외관계 및 경제적 측면(극동개발전략 포함)과 관련한 정부 측의 평가는 다음과 같다.

(1) 경제적 대외관계

과거에는 러시아가 극동지역의 인접 국가들과 비교할 때 경제적으로 대등하거나 일부 우세한 위치에 있었으나, 2007년의 시점에서 평가할 때 극동 접경지역에는 매우 빠른 속도로 발전하고 있는 국가군이 형성되어 있다. 2006년 극동지역 주들의 수입 의존도가 1.5배 증가하였는데, 특히 아무르주, 하바롭스크 주, 연해주 등의 접경국가들에 대한 의존도가 매년 늘어나는 추세이다. 반면에 극동지역과 러시아의 다른 지역 간의 교류는 점차 축소되고 있는 경향이 나타나고 있다. 뿐만 아니라, 극동 전력체제의 러 통합전력시스템과의 단절, 과도한 항공 · 철도 요금으로 인한 인적교류 감소, 극동 소비시장의 탈러시아화 및 중국화 가속 등으로 인해 향후 러시아 지방-지역 간 교류 및 협력은 더욱 감소될 것으로 전망된다.[32]

31 극동관구 러 대통령전권대표 카밀 이스하코프(Khamil Iskakov)의 인테르팍스와 인터뷰, *Интерфах*, January 5, 2007.

32 *Интерфах*, January 5, 2007.

(2) 경제적 잠재력 및 극동개발전략 관련(극동 · 자바이칼 경제사회개발 연방특별프로그램)

극동지역의 천연자원 매장량은 새삼 강조할 필요가 없으며, 극동지역 내 천연자원 개발을 통해 러시아 국가 경제력을 증대시키고 국민의 삶의 질을 향상시킬 수 있다는 점을 러시아 정부는 줄곧 강조해왔으며, 이 점은 2000년대에 들어와서도 변함이 없다. 러시아 주요 광물자원 매장량에서 극동지역의 비중은 주석 94%, 금강석 81%, 금 48%, 텅스텐 30%, 은 23%, 석탄 16% 등이 차지하고 있다. 에너지자원 추정매장량은 원유 85억 톤, 천연가스 약 30조 ㎥이며, 사할린 원유 매장량은 약 13억 톤으로 추정하고 있으나 전문가들은 캄차트카와 마가단 지역 원유매장량이 사할린 지역보다 각각 2.5배, 3배 정도 더 많다고 보고하고 있다. 또한 극동 인근지역에는 대규모 자원 소비시장이 형성되어 있으며, 향후 15년 사이에 중국의 원유 소비량은 3억 톤, 천연가스는 900조 ㎥로, 북미 지역도 원유 1.5억 톤 및 천연가스 700조 ㎥ 수준으로 증가할 것으로 전망하고 있다.

러시아 정부는 2006년 12월 극동문제 관련 안보회의에서 극동 사회 · 경제 발전 전략을 수립하고, 현행 연방특별프로그램의 조속한 수정을 단행하며, '극동 경제 · 사회 개발 국가위원회'(위원장: 프라드코프 총리) 창설을 결정하였다. 러시아 정부 차원에서 '극동전략'을 수립하여 이를 개혁 추진의 강한 지렛대로 활용할 필요가 있으며, 극동전략의 실현을 위해서 구체적으로 인프라 사업에 대한 국가 차원의 재정적 지원, 표준계획 수립, 특정 지역 및 특정사업에 대한 우선권을 부여하는 시스템 조성 등 특수방안이 포함되어야 하며, 이는 기본적으로 '국가 대(對) 개인 파트너십 원칙'으로 이해될 수 있다. 또한 극동전략을 마련할 경우, 극동지역의 특수성, 국가 안보적 관점에서의 가치 등을 충분히 고려할 필요가 있다는 점이 강조되었다.[33]

33 *Ibid.*

2) 지방정부 및 학자들의 견해

극동지역의 현지 지방정부 관계자들은 대체로 러시아 중앙 정부가 추진 중인 국가주도 프로젝트는 극동지역의 낙후된 현실을 타개하는데 어느 정도의 도움은 되지만, 극동의 현 상황을 개선할 수는 없다는 데에 의견이 일치하고 있다. 오랫동안 극동지역의 관료들은 자원이 있기 때문에 가만히 있어도 외국인들이 자원을 가지러 스스로 몰려올 것이고, 자신들은 부유해질 것이라고 생각했지만, 이제는 지역 인프라 건설 종합 개발을 통한 환경 조성이 선행되어야만 투자가들이 들어오는 시대가 되었음을 인식하고 있기 때문이다.[34] 극동지역 개발과 관련한 입장표명은 극동지역 대표들 중에서도 빅토르 이샤예프(Victor Ishaev) 하바롭스크 주지사가 가장 활발하게 의견표명을 해오고 있다. 2007년 3월 13일 모스크바에서 개최된 러시아 과학아카데미 정기 간부회의에서 '러시아 극동과 동부 지역의 발전'에 관한 주제 발표를 한 바 있으며, 동년 10월 5~6일 하바롭스크에서 열린 제2회 극동국제경제포럼에서도 중앙정부의 인사들과 더불어 의견개진이 있었다.

이샤에프 주지사는 현재 동북아에는 '빅3 국가'(일본, 중국, 한국)와 주변국(몽골, 북한, 러 동부)으로 분리 되어진 형세를 취하고 있는데, G3 국가가 역내 기술, 제조, 서비스 산업을 독점하고 러시아 동부지역은 천연자원 개발 · 공급처 역할만 치중하고 있는 것은 러시아 극동의 미래를 위해 결코 바람직하지 않다고 보고 있다. 러 극동 경제 · 사회 발전 프로그램의 성공적 실현을 위해서는 기존의 개발모델에서 과감히 탈피하여 극동을 남-북으로 나누어 인구가 밀집되어 있는 남부지역에 이노베이션 형태의 특구를 지정하여 경쟁력 있는 제조 산업을 배치하는 방안을 적극 고려할 필요가 있음을 역설하고 있다.[35]

---

34 이샤에프 주지사와 인터뷰, *Россий ская Газета*, August 29, 2006.

35 블라디보스토크 총영사관 소식, http://www.kaprussia.com/new/index_view 2006. 10.

이와 같은 관점은 러시아 정부가 소연방 붕괴 이후 지난 15년간 분명한 목적을 추구하는 극동정책이 부재한 상태를 방치했기 때문에 현재 상황이 어려워졌다고 보는 시각을 반영하고 있다. 그렇기에 만일 정부가 극동지역에 대한 기존의 입장과 정책을 바꾸지 않을 경우에 일각에서 우려하는 영토적 상실까지도 현실화될 것이라고 비관적 전망을 하기도 한다. 이샤에프 주지사도 확대되고 있는 러시아의 지역 간 격차가 사회적 긴장과 지방정부의 국고보조금 의존도를 심화시키고 있으며, 러시아 지역 간 질적 성장의 차이를 감안할 때, 중앙정부의 천편일률적인 지역개발정책은 그 실효성을 기대하기 힘들다는 점을 강조해왔다. 당연한 이야기이지만 지역 특성에 맞는 발전 방향을 수립하고 필요한 예비자금을 확보하여 보다 어려운 상황에 처해 있는 지역부터 성장의 발판을 마련할 수 있도록 해야 한다는 것이다.

통계상 지역총생산량에서 극동지역 주민 1인당 생산성이 러시아 평균치보다 약 10~11% 가량 높게 나타나고 있는 점을 고려할 때, 극동경제도 결코 지역에 국한시켜서는 안 된다는 점을 공통적으로 지적하고 있다. 결국 러시아 지역간 불균형 해소와 극동의 역동적인 경제·사회 분야 발전을 위해서 필수적인 전제조건은 지속적이면서 적극적인 국가의 지원을 꼽으면서, 이와 같은 조건 실현을 위해 구체적으로 몇 가지 사업들이 추진되어야 한다고 한다. 그 구체적인 내용들은 다음과 같다.

첫째, 2007~2010년 사이에 러 극동빛 자바이칼 연방특별프로그램 연간 예산을 최소 300억 루블(11.5억 달러)로 확대하고 매년 이 예산을 늘려가야 한다. 또한 약 1,800~2,000억 루블(약 66~77억 달러) 수준의 현재 극동 연간 투자총액을 7,000억 루블(약 270억 달러) 수준으로 끌어올려야 한다.

둘째, 극동 자바이칼 연방특별프로그램 하의 프로젝트와 '국가-사기업 간 파트너쉽' 사업 개발 및 동 사업에 대한 다방면의 지원이 필요하다.

10(검색일: 2007. 5. 31).

셋째, 극동북부(북방위도帶) 및 극동남부(남방위도帶)내 산업단지와 통합산업구역 배치에 관한 러시아 과학아카데미의 연구를 정부의 러시아 동부지역 개발 정책에 활용해야 한다. 이 때 산업단지는 반드시 국내 및 해외 기업의 관심을 유발할 수 있는 가공 산업 중심지여야 한다.

상기한 과제 중에서 북방위도대의 개발은 러시아 동부지역 개발 뿐 아니라 러시아 전체의 개발 차원에서도 중요하다는 것이 제기되고 있다. 남야쿠티야 통합 산업구역, 콤소몰스크 통합 산업구역, 바니노-가반 통합 산업구역 등은 성장 잠재력이 매우 높은 지역이다. 또한 동북아시아 지역에서 러시아의 경제적 입지를 강화하고 러시아 동부지역의 잠재력을 실현하는 차원에서 극동 남부지역(하바롭스크 주, 연해주, 아무르 주, 유대인자치주)을 연계시키는 축을 형성할 필요가 있다는 것이다. 현재 러시아 극동지역 수출 중, 원자재 및 에너지 자원이 차지하는 비중은 원유 · 석유제품 45%, 목재 26%, 수산물 6%로 막대한 수준인데, 중국 지도부는 극동을 자국의 주요 자원공급처로 보고 있으며, 중국 동북부 지역에서는 러시아 자원을 기초로 하는 대형 정유 · 석유화학 단지, 목재가공 단지가 이미 조성되었고, 앞으로 그 규모가 더욱 확대될 전망이다.

극동의 현지 당국 및 과학아카데미의 분석은 극동의 산업과 사회 · 경제적 특수성을 고려할 때, 동북아 주변 국가들과 경제적 통합을 이룰 수 있는 대형 산업인프라, 서비스 축을 극동 남부지역에 조성할 필요가 대두되며, 그 축을 잇는 거점도시는 블라고베쉔스크(아무르 주), 하바롭스크, 콤소몰스크나아무레(이상 하바롭스크 주), 우수리스크, 블라디보스토크, 나홋카(이상 연해주) 등이 될 것임을 제시하고 있다. 이 밖에 극동에 자유경제구역(산업특구, 기술특구, 관광, 레저특구 등) 조성과 임업, 철강업, 기계제조 분야 가공업 육성방안을 추진해야 할 것으로 생각한다. 반면에 러시아정부는 극동지역을 에너지생산 및 수출의 기지로서 인프라와 서비스 구축을 통한 동북아 지역 국가들과의 경제적 통합보다는 지역개발을 통한 잠재력 실현을 위주로 하고 있으며, 경제특구와 광역도시 안 이외에는 제조업과 관광분야의 대형 프로젝트를 제시하고 있지 않다.

러시아 학자들 중에는 극동 경제발전을 이루기 위해 굳이 새로운 방식을 고안해낼 필요가 없으며, 중국인들이 하는 바를 관찰하고 그들의 발전모델을 본받아야 한다고 주장하는 사람도 있다. 이에 따르면 중국은 자국의 목재가공 및 정유 산업을 발전시키기 위해 러-중 접경지역에 상품 및 용역의 수출입 완충지 역할을 하는 소위 '접촉구역(contact zone)'을 조성하였다. 이와 유사하게 러시아가 구역을 설정하여 동북아국가들과의 접경지역을 조성해야 하며, 블라고베쉔스크(아무르 주), 하바롭스크, 콤소몰스크나아무레(하바롭스크 주), 우수리스크, 블라디보스토크, 나홋카(연해주) 등이 적합한 지역이 될 수 있다고 보고 있다.[36]

앞서 지적했듯이, 러시아 과학아카데미 학자들은 극동지역을 북부(북방위도대)와 남부(남방위도대)로 분리할 경우에 극동의 투자 매력도를 높이는 결과를 가져올 것으로 평가하고 있다. 남방위도대 경제개발안은 시베리아횡단철도가 지나는 지역(극동 내 중심도시)을 제조업 단지로 육성하는 방안이며, 북방위도대 경제개발안은 천연자원을 기반으로 동 지역을 공업과 교통의 중심지로 개발하는 방안이다.[37] 이 안은 극동 현지에서 민관이 공유하는 대안으로 근자에 제기되고 있으며 점차 반향을 넓혀 가고 있다.

5. 연해주 개발과 한국의 참여

연해주의 투자 환경은 비교적 양호한 편이지만, 제도적 환경의 미비로

36 블라디보스토크 총영사관 소식, http://www.kaprussia.com/news, 2007. 5. 10(검색일: 2007. 5. 31).

37 *Ibid.*

외국인 직접투자가 커다란 진전을 이루지 못했다. 그러나 연해주 지방정부 차원에서 외자유치를 위해 적극적으로 노력하고 있다. 한국은 연해주를 비롯하여 하바롭스크 주, 사할린 주와 교역이 활발하며 연해주와 교역이 증대되어 왔다. 연해주를 비롯한 3개 지역이 한국과 교역량이 많은 이유는 한국이 극동지역에서 차지하는 경제적 비중이 클 뿐 만 아니라, 지리적으로 한국과 가깝고 항공 및 해상 운송을 통한 운송서비스가 개설되어 타지방에 비해 경제교류가 활발하기 때문이다. 한국의 IMF 사태 이후 러시아의 모라토리움 선언이 겹쳐 전반적으로 한국기업의 대 극동 러시아 진출이 위축되었으나, 2002년 이후 다시 활기를 띠고 있다. 구체적으로 현지의 저렴한 인건비(모라토리움 이전대비 4배 하락)는 물론, 한국으로부터의 신속한 원부자재 조달, 미국 등 최종 소비시장에의 적기 납품, 봉제업의 쿼타 미적용 등의 유리한 점이 많아 노동집약적 산업의 투자 검토 대상 지역으로 새롭게 부상해 왔다. 특히 의류 제조분야의 진출이 활발히 이루어지고 있다.[38]

2000년대에 들어서서 연해주 지역에서 각종 종합건설 프로젝트가 시작되자 중국과 일본 등 주변 국가들에서 원유와 가스전 등 에너지 개발을 중심으로 적극적으로 참여하고 있다. 동시베리아 송유관 건설 사업은 2006년 4월 말 시작되었으며, 연해주 남부해안지대에 대규모 석유 · 가스 정제공장, 화학공장, 부두 터미널 등 항만시설, 물류시설 등 종합적인 건설 계획이 동시적으로 진행될 것이기에 한국기업이 여기에 반드시 참여해야 한다는 견해가 제기되고 있다. 한국의 참여가 가능한 분야로 몇 가지 사업을 들 수 있는데, 그 첫째가 물류기지 연결 사업이다. 대표적으로 연해주의 정유화학단지와 항만 터미널 건설 사업이다. 둘째가 연해주의 시범 영농사업으로서 한국이 진출할 유망 분야로 손꼽히고 있다. 미래의 안정적인 식량 공급처를 확보하고 고려인의 정착 지원 차원에서도 의미가 있음을 역설하기도 한다. 이와 관

38 우평균, 「한국과 일본의 극동·시베리아 정책 비교: 극동·시베리아 투자와 전략 검토」, 강성학 외 5인 공저, 『시베리아와 연해주의 정치경제학』(서울: 리북, 2004), pp. 62-63.

표 4 ▸ 연해주의 북한노동자(1992-2005) 단위: %, 연해주 전체외국인 노동자 중의 비율

연도	1992	1993	1994	1995	1996	1997	1998	1999	2000	2001	2002	2003	2004	2005
전체	1,779	1,181	1,421	3,956	4,144	3,119	2,134	2,373	1,369	2,013	2,089	2,020	3,126	5,693
%	20.1	15.2	25.5	30.8	30.6	27.6	20.6	23.5	12.5	13.6	14.0	13.0	17.6	16.7

출처: Larisa V. Zabrovskaya, "Economic Contacts between the DPRK and the Russian Far East: 1992-2005," *International Journal of Korean Unification Studies*, Vol. 15, No. 2(2006), p. 100.

련하여 일각에서는 한국이 영농 자금을 대고, 북한이 노동력을 공급하며, 러시아는 땅을 개간하는 이른바 삼각협력 체제의 영농사업을 주장하기도 한다.[39] 그러나 이에 대한 문제점 지적 및 비판도 상존한다.[40]

한국의 극동 개발 참여에 있어 시사점을 주는 러시아 측의 반응도 나오고 있다. 극동 및 시베리아 개발협력을 넘어서서 러시아 극동지역의 지정학적 위기, 즉 인구감소와 중국화의 물결에 대한 러시아의 대안으로서 여러 방안들이 모색되고 있는 가운데,[41] 블라디미르 수린(V. Syrin) 같은 학자는 러시아 인구감소로 인한 국가생존의 위기를 해결하는 유일한 방법은 주변국 중에 러시아에 위협이 되지 않으며 국민의 자질이 뛰어나 러시아 국가발전에 기여할 수 있는 이민을 받는 방법 밖에 없으며, 중국 등 제3세계로부터의 이민은 차단하고 오직 한민족만을 받아들여야 한다고 밝힌 바 있다. 한국은 지

39 전대완, 「전대완 블라디보스토크 총영사의 극동지역 개발론」, 『신동아』, 2006. 7, pp. 446-453.

40 한국은 1990년대 초반부터 새마을운동중앙회, 농촌지도자중앙연합회, 대화산업, 대경, 신성산연, 발해영농단 등이 진출했으나 사실상 실패하고 철수한 상태이다. 고합그룹도 1991년부터 현지법인 (주)프림코(고합지분 53%)를 세워 4700ha를 임차해 영농했지만 추가 투자를 못해 현재 700ha만 재배하고 있다. 현지법인 형태로 진출해 성공한 것으로 평가받는 업체는 한농(500ha, 150만 평 임차), 아그로상생(9만ha, 2억 7,000만 평 임차), 남양알로에(2,150ha, 645만 평 임차) 등이다. 전대완(2005), pp. 449; 신명철, 「연해주 식량개발과 농업협력 방안」, 『한경대학교 논문집』, 제36집, 2004.12, pp. 121-128.

41 러시아는 석유수출로 국부가 증대하고, 동시에 극동지역에서 중국화에 대한 우려의 목소리가 높아지면서 외국에 대한 견제를 강화하고 고액 투자자를 우대하는 정책을 시행하고 있다. 중국과 전략적 동반자 관계를 유지하고 있지만, 경제적으로는 중국 인력 쿼터제와 같은 견제의 방책을 구사하고 있다.

정학적으로 러시아와 이웃하고 있으며 남북한 합쳐 인구가 7,200만 명으로 인구규모 면에서 러시아에 위협이 되지 않고 중국, 일본과 정치적 역학관계를 형성하고 있기 때문에 가장 적합한 파트너라고 주장하고 있다.[42] 또한 자원이 없음에도 불구하고 세계 12위의 경제 국가를 이룩하였으며, 근면하고 법을 잘 지키는 국민성, 높은 교육수준, 서비스 중심이 아닌 제조업 위주의 경제구조, 과거 러시아와 중앙아시아 지역에 이민한 경험 등을 장점으로 보고 있다.[43] 물론 이와 유사한 주장이 과거에도 간헐적으로 제기된 적이 있었지만, 수린의 주장에 대해 러시아 당국이 관심을 갖고 있다는 점이 나타나기에 관심사가 되고 있다. 이 주장은 일견 한국의 극동개발 참여를 고무한다는 점에서 전향적이지만, 한국인이 대량 이주 내지 이민한다는 발상은 현실성이 떨어지는 것으로, 그보다는 러시아 당국이 한국 자본과 기술이 참여할 수 있는 제도적 유인요소와 협력의지가 선행해야 할 것이다. 타 지역에 진출경험이 있는 한국의 입장에서도 러시아의 법적·제도적 여건이 미흡하여 투자를 미루는 태도보다는 적극적으로 현지에 진출하여 성공의 교두보를 확보한다는 의식의 전환이 선행되어야 할 것으로 본다.

---

42 러시아 정부는 중국과의 경제협력을 최우선적인 선택으로 추구하지만, 이에 대한 반발도 상당하며 수린의 입장은 이 점을 반영하고 있다. 중국은 예로부터 극동, 시베리아와 중앙아시아 일부 지역, 즉 150만km^{2}가 중국의 영지라고 주장하고 있으며, 현재 인구가 희박한 러시아 극동지역에서 인구학적으로 중국인이 거주하면서 많은 문제점이 발생하고 있다. 그렇기 때문에 러시아의 대외 정책 엘리트들은 중국은 국가의 이해관계에서 위협적인 존재가 될 수 있다고 생각한다. 그러나 지금은 러시아는 경제 발전을 위해서는 양자택일을 할 수밖에 없는 상황이 되었다. 동시에 전략적 발전을 위해서는 극동지역에 일본을 끌어들이면서 이 지역에 경제 활동을 확장할 수 있는 계기가 될 것이다. 일본은 거대한 자본을 가지고 있으며, 이는 러시아의 극동지역에 경제적 발전을 촉진시킬 수 있다. 그러나 일본자본의 유입에 대해서도 일본의 거대한 자본의 잠식으로 인하여 영토에 대한 분쟁이 제기될 소지가 있다는 반박도 존재한다. A. D. 바스크레센스키, 「극동방면에서의 러시아의 대외 정책 전망」, 『한국시베리아연구』 제9집, 2006, pp. 229-231.

43 B. Сурин, "Корей ский манифест", *Золотой Лев*, No. 69-70(2005.11), www.zlev.ru (검색일: 2006.10.30).

6. 맺는말

러시아 중앙정부와 극동지역 및 연해주 정부 간에 극동지역과 연해주 개발에 대한 접근에 있어 전제로 하는 인식이 같지 않으며, 특히 극동 현지의 지식인들의 대안적 발전 모델 수립에 러시아 정부가 큰 역할을 하지 못한 것으로 나타난다. 이 점은 한국의 극동지역 진출에도 시사점을 주는 사실로서, 한국 정부, 지방정부 및 기업이 러시아 극동지역 혹은 연해주에 진출할 때 세워야 하는 전략이 철저히 현지의 사정에 바탕을 두어야 하는 것은 물론이고, 광대한 러시아 지역을 권역별로 분할하여 러시아 극동지역에 적합한 접근방안을 수립하여야 한다는 점을 지적해 준다. 러시아는 하나라고 해도 지역으로는 결코 하나의 러시아가 아닌 것이다.

러시아 극동지역에 진출하는 문제와 관련하여 한국이 일본이나 중국, 미국 등의 국가보다 성과를 나타내지 못한다고 하여, 너무 늦었다는 평가를 내릴 필요도 없다. 우리가 충분히 의지를 갖고 면밀하게 조사하여 참여한다면 지금이라도 결코 늦은 것은 아니며, 하기 나름으로 성과를 낼 수도 있다. 연해주 영농분야에 중국, 뉴질랜드, 호주 영농업체가 진출해 사업성을 검토하고 있다. 미래 식량을 확보하기 위해 적극적으로 극동지역에 투자하려는 움직임이 가시화되고 있는 것이다.

러시아 극동지역은 향후에 어떤 형태를 취할지 불명확하지만, 동북아에서 점점 활력을 얻어가는 지역으로 나아가고 있다. 이제 러시아 극동지역의 동북아로의 통합은 해당지역에서 국경을 접하고 있는 나라들 간의 관심사가 되었다. 이제 다음 단계는 극동지역의 모든 주체들과 중국, 일본, 한국이 거래하는 기회를 확보하는 일이 되었다. 이미 상업은 공식화되었는데, 1990년대에 극동지역 내 상업의 대부분은 개인들이 소량의 상품을 국경을 통해 가져와서 거래를 하는 셔틀 교역으로 이루어졌지만, 2000년 이후에는 합법적인 교역과 투자가 불법적이거나 유사-법적인 교역보다 훨씬 더 중요해졌다.

러시아 극동지역은 자신의 미래에 대한 분명한 진로를 완전하게 정초하지 못하고 있다.[44] 자신의 경제적 방식이 어떤 식으로 되어야 할지에 대한 감각도 결여하고 있는 점도 있다. 상황이 이렇게 된 데에는 인구통계학적인 문제, 부패, 중국화에 대한 두려움, 러시아 정부가 지닌 방향성의 불확실성, 지역의 모스크바 중앙과의 관계가 갖는 성격 같은 문제들이 영향을 미쳤다. 이와 같은 문제들이 다루어지지 않는 한, 극동지역은 인접한 아시아 국가들과 더욱 협력적인 경제적 관계를 구축하는데 곤경을 겪을 수밖에 없다. 그럼에도 불구하고 러시아 극동은 에너지 부문에서 대단히 긍정적인 역할을 할 수 있다.

러시아 극동 개발은 러시아 극동지역이 당면하고 있는 문제들을 해결하는 기회이자 또한 이로 인해 발생하는 난점들을 제공하는 계기이기도 하다. 극동지역의 관리들은 자신들의 관할 지역이 중국의 영토와 불가분하게 분리될 수 없음을 잘 알고 있으며, 중국과 협력하는 것이 보다 편한 것임을 잘 알고 있다. 동시에 그들은 중국의 잠재력은 무한정하며 인구증가의 요구가 극동지역을 압도할 수 있음도 알고 있다. 그렇게 되면 가까운 장래에 중국의 극동에 대한 자세가 예측 가능해진다는 점에 유의하고 있다. 현재 러시아는 극동 경제의 가장 장기적인 파트너로 중국이 적합하다는 판단을 하고 있지만, 이에 대한 강한 반박의 논리도 제기되고 있다.

한국의 입장에서 극동지역에서의 중국이 차지하는 영역의 확대뿐 아니라 더욱 중요하게 염두 해 두어야 할 것은 동북아에서의 러시아의 향후 지위 및 역할 확대에 관한 것이다. 극동지역에서 러시아가 계획한대로 에너지 기반이 갖추어지고, 에너지와 동반하는 제조업도 성장시킨다는 극동 프로젝트의 과제가 성공적으로 달성된다면 아마도 러시아의 위상은 동북아에서 결정적으로 제고되고 명실상부한 동북아의 행위자로 올라설 것이다. 그렇게 되

44 Tamara Troyakova, "The Russian Far East: Isolation or Integration?", *Problems of Post-Communism*, vol. 54, no. 2 (March/April 2007), pp. 61-71.

면 우려하는 중국화의 위협을 떨쳐내고 중국을 충분히 견제할 수 있고 북한도 러시아의 의도대로 활용하기 쉬운 상태로 될 것이다. 결국 러시아의 잠재력이 실현되어 강성해지면 지나간 한반도 주변의 역사를 되돌아 볼 때 한국이 힘들어진다는 사실은 자명하다. 통일에 대비하고 한민족의 경제권역을 확대해야 하는 임무를 지닌 한국의 정책결정자와 시민사회는 이제 이 문제를 우리의 문제 및 과제와 결부지어 정책적 사고를 할 때가 되었다고 생각하면서, 이에 관해 논의가 보다 활성화되기를 기대한다.

7 한국기업의 연해주 진출과 한·러 경제협력

성원용(인천대학교 동북아경제통상대학 교수)

1. 극동 연해주에 대한 기억(記憶)

우리가 흔히 연해주(沿海州)라 부르는 프리모르스키 크라이(*Примо́рский край*)는 한국인에게 가장 친숙한 러시아의 지방이다. 연해주의 주도(州都)인 블라디보스토크까지는 서울에서 불과 750km 남짓한 거리에 있고, 인천공항에서 항공편으로 2시간 15분 정도면 도착할 수 있는 근거리에 위치하고 있다.

러시아의 극동 연해주는 우리 민족에게 결코 낯선 땅이 아니다. 문헌을 통해 한·러 양국관계사를 거슬러 올라가다 보면 상호교류의 역사는 두 나라간의 외교·통상관계가 수립되기 훨씬 이전부터 시작되었다. 러시아 사회는 유럽의 탐험가 플라노 카르피니를 통해 이미 13세기에 조선에 관한 소식을 처음으로 접했고, 17세기 후반에는 극동의 아무르 강을 따라 바다로 나간 러시아와 조선상인들 간에 최초의 상거래가 이루어지기도 했다.[1] 조선과 러시아 양국이 국경을 접하게 된 것은 1858년 러·청 간의 아이훈 조약과 1860년 북경조약 체결로 러시아가 아무르, 연해주 지역을 차지하게 되면서부터이다. 1860년대부터 조선인들이 어려운 경제 사정으로 인해 연해주 지역으

---

1 유리 바닌 외, 기광서 옮김, 『러시아의 한국연구』(서울: 풀빛), 1999, p. 14.

로 이주하기 시작했고 이때부터 양국의 국민은 국경선을 넘나들기 시작했으며 이윽고 1884년 7월 7일 조선과 러시아 사이의 우호통상조약, 1888년 8월 20일 육로통상장정의 체결로 양국의 경제관계는 공식화되었다.[2] 그러나 이후 1905년 러 · 일 전쟁에서 승리한 일본이 한반도를 강점함으로써 양국의 관계는 사실상 종료되고 말았고, 1980년대 후반에 이르러 구소련의 페레스트로이카 정책과 맞물려 한국의 북방정책이 추진되면서 양국은 다시 새로운 관계를 정립할 수 있게 되었다.

이렇게 한 · 러 관계사를 회고한다면 극동지역이란 러시아제국의 계획적인 동진(東進)과 조선 민중의 자연발생적인 북방이주가 운명적으로 만나는 접점의 공간이라 할 수 있다. 그 공간의 중심이 바로 연해주이고, 블라디보스토크는 연해주 진출의 관문이라고 할 수 있다.

연해주는 우리에게 결코 낯선 땅이 아니며, 그런 만큼 집단에 의해 역사에 새겨진, 혹은 개인의 체험으로 만들어진 연해주에 대한 우리의 기억도 결코 하나의 성격으로 결정지을 수는 없다. 박종수는 연해주를 가리켜 "조국이 어수선하면 피신해갔던 안식처였고, 19세기 중엽부터 근대 한민족의 애환을 고스란히 간직하고 있는 역사의 현장이며, 좌절을 안고 찾아갔다가 희망으로 가득 채워 다시 고국으로 돌아왔던 재도전의 수련장"[3]이라고 기억했다.

그렇다. 연해주는 일제 강점기 이범윤, 홍범도, 유인석, 이진룡 등의 독립투사들과 이상설, 이위종, 이동녕, 안창호, 박은식, 신채호, 이동휘, 장지연 등 애국지식인들이 활약했던 독립운동의 본거지였다. 블라디보스토크에는 구한말부터 일제 강점기까지 우리나라 사람들이 살았던 '신한촌(新韓村)'이 있었던 곳이다. 이곳은 중국의 상하이와 함께 우리나라 독립 운동가들이 외국에서 가장 활발하게 활동을 벌인 거점 중 하나였다.[4]

---

2 이 시기 양국 간 경제관계에 대해서는 박노벽, 『한 · 러 경제관계 20년(1884-1903)』(서울: 한울, 1994).

3 박종수, 『러시아와 한국, 잃어버린 백년의 기억을 찾아서』(서울: 백의, 2002), p. 170.

또한 연해주는 조국을 잃어버린 조선의 민초들에게 피난처이자 새로운 희망을 만드는 땅이었다. 『메밀꽃 필 무렵』의 이효석(李孝石)은 1931년 창작집 『노령근해』에서 "하얗게 눈을 쓰고 북극 석양에 우뚝우뚝 빛나는 금자색 연봉"(연해주)을 향해 떠나는 여객선에 올라 삼등 선실에 생기를 잃고 떡잎같이 시들어 누어있던 민초들의 몽상을 기록했다. 당시 낯선 이국땅으로 떠나는 자들은 금덩이 구르는 북국을 환상하며 돈 벌러 가는 누덕감발에 머릴 질끈 동인 사람, 부자도 없고 가난한 사람도 없고 다 같이 살기 좋은 나라를 막연히 찾아가는 사람, 서울로 공부 간다고 집 떠난 지 열세 해 만에 아라사(俄羅斯)에 가서 객사한 아들의 뼈를 추리러 가는 어머니, 돈 벌기 좋은 항구를 찾아가는 색달리 옷 입고 분바른 젊은 여자들이었다.[5]

반도를 떠나 노령에 들어선다면 우리들에게 연해주는 어떻게 기억될까? 정든 고향 땅을 등지고 이역만리 노령으로 떠난 자와 정부대표단을 이끌고 공식 방문한 자의 감회가 다르겠지만 한 가지 공통점은 그 광활함에 감탄하지 않을 수 없다는 것이다. 1949년 2월 시베리아열차를 타고 소련을 방문한 백남운(白南雲)은 그 충격을 이렇게 기록하고 있다. "백설에 덮인 광막한 벌판이 천애(天涯)와 접하여 '설해'를 이루었다…. 산이 보이지 않으므로 산을 차저 멀리 바라보기도 하고 이 벌판을 지내면 산이 나오려니 하고 바라보고 바라보지만 시야만 확대될 뿐이다…인민의 노력으로 개척된 망망한 벌판이 말 그대로 천애에 접해있다. 벌판이라기 보담은 '원해(原海)'인 것이다. 공간의 관념이 코페르니크스의 지동설 이후로 무한대로 변한 것이 어니와 산이 많은 나라에서 생장한 나로서는 넓이에 대한 관념이 무한대로 확대되는 동

4 신한촌은 항일운동의 보복으로 1920년 4월 일본군으로부터 습격을 받았다. 이것을 가리켜 신한촌사건 또는 '4월 참사'라고 하는데, 재외동포 이민사에서 5대 비극 중 하나이기도 하다. 이후 신한촌은 1937년 스탈린의 강제이주 정책으로 인해 자취를 감추고, 지금은 '뻬르바야 레치까'라고 부르는 시내 중심가 아파트 사이로 기념비만이 과거의 역사적 의미를 되새겨주고 있다.

5 http://koreanliterature.kaist.ac.kr/lit/bbs/data/work_novel/이효석_노령근해.txt

시에 서백리아(西伯利亞)의 '원해'를 지내면서 '육상(陸上)의 무변대해(無邊大海)'인 감각을 가지게 된다."[6]

지금으로부터 한 세기 전쯤에 살았던 우리의 선조는 우리보다 오히려 더 넓은 공간을 사유(思惟)하며 살았다. 주변열강의 치열한 각축전이 벌어지던 당시에 그들은 경제와 문학, 그리고 사색의 공간을 연해주를 넘어 시베리아까지 확장해갔다. 춘원(春園) 이광수(李光洙)의 『유정(有情)』에서 남자 주인공 최석은 남정임과의 절대사랑이 스캔들로 비화되자 스스로 東시베리아의 바이칼湖 주변으로 숨어들어와 죽음을 맞이한다. 그래서일까? 우리보다 앞선 시대를 살았던 자들은 유라시아대륙의 동쪽 끝 원동을 '낯설고 먼' 이국땅이 아니라 언젠가는 다시 돌아와 정주해야 할 따뜻한 고향처럼 느끼고 있었고, 광활한 대지에서 끝없는 자유와 해방의 기쁨을 맛보았다.

연해주는 한민족 재외동포 이민사에서 가장 큰 비극이 시작된 공간이기도 하다. 1860년 이후 연해주로 이주하여 황무지를 개간하며 정착했던 우리 동포들은 1937년 중일전쟁 발발과 함께 스탈린의 강제이주 정책으로 짐짝처럼 시베리아횡단열차에 실려 반 사막지대나 다름없던 중앙아시아로 쫓겨나고 말았다.[7] 이들은 중앙아시아의 악조건에서 생존하여 삶의 기반을 마련했다. 그러나 일명 '고려인'이라 불리는 우리 동포들에게 또 한 번의 가혹한 시련이 닥쳐왔다. 구 소연방 붕괴 이후 중앙아시아의 여러 공화국이 독립하면서 자민족 중심주의가 극단으로 치닫자 이들은 다시 기차에 올라타 제2의 고향인 연해주로 귀환하고 있다. 현재 연해주에는 3만여 명의 '고려인'이 거주하고 있으며, 이들 중 다수는 블라디보스토크와 항카 호 중간에 위치한 국경도시 우수리스크에 집거하고 있다.

---

6 백남운, 『쏘련인상』(서울: 선인, 2005), p. 28.

7 1937년 8월 21일자 '한인이주' 명령은 "파시즘과 다를 바 없는 국수주의의 폐악에 중독된 파괴주의와 대량학살의 음모"가 밀접하게 얽힌 사건이었다. 블라지미르 김, 『러시아 한인 강제 이주사』(서울: 경당, 2000), p. 35.

그림 1 ▸ 우수리철도(1891~1897)의 조선 노동자

연해주는 열려진 공간이었다. 배타적 주권이 미치는 국민국가의 영토 개념이 아니라, 어느 누구도 '주인'과 '손님'의 경계를 명확히 규정짓지 않는 공존과 소통의 생활공간이었다. 이 공간에서 '세계시민'이 될 수 있는 자격조건은 자연에 대한 도전과 끊임없는 개척정신이다. 연해주의 블라디보스토크에서 출발하는 시베리아횡단철도의 건설은 자연에 대한 인간의 승리이며, 인류의 위대한 공간개척사로 기록된다. 시베리아철도의 기적소리는 늑대의 울부짖음과 죄수의 사슬 소리만이 들리던 평원의 정적을 깨버렸고, 음산하고 야만적인 전설을 쫓아버렸다.[8] 그러나 이 위대한 공간개척사의 영광을 러시아만이 전유하는 것은 불공평하다. 블라디보스토크와 하바롭스크를 잇는 우수리철도 건설(1891~1897)에서 노반작업의 약 3분의 2는 주변국들의 노동력으로 실현되었다. 〈그림 1〉은 연해주 극동철도에 아로새겨진 조선 노동자

8 성원용, 「시베리아철도 건설의 역사」, 강재홍 외, 『대륙철도의 꿈』(고양: 한국교통연구원, 2006), p. 128.

들의 애환을 잘 보여주고 있다. 그래서다. '철의 실크로드'가 그저 단순한 교통망 확충 사업이 아니라 끊어진 민족의 혈맥을 잇고, 근대화 시기 대륙에 묻힌 민족사를 복원하고, 21세기 열린 동북아시대를 향해 나아가는 대장정이 되어야만 하는 이유는 여기에 있다.

과거 우리 선조들이 해삼위(海蔘威)라 부르던 블라디보스토크는 도시 이름에서도 알 수 있듯이 '동방'과 함께 한 역사의 궤적들이 살아 숨 쉬고 있다. 태평양을 향한 러시아의 관문으로서, 또한 시베리아횡단열차의 동단 도시로서 블라디보스토크는 20세기 초 중국, 한국, 일본 등 주변국과의 교류가 많은 도시였다. 이들과 가까운 곳에 위치한 탓에 일찍부터 무역, 외교, 상업의 중심지가 되었다. 1890년대부터 이 도시는 무역항으로 발전하여 20세기 초반까지 급속한 성장을 하였고, 전 세계의 무역상, 자본가와 외교관들이 이곳으로 몰려들었다. 블라디보스토크는 제1차 세계대전 당시 미국에서 보낸 군수품과 철도장비를 들여오는 태평양의 주요항구이기도 했다. 당시 이 도시는 '러시아의 상하이', '동방의 진주'라 불릴 정도로 국제화되고 외국인이 많은 도시였다. 그랬던 이 지역이 우리들의 기억에서 희미해진 것은 순전히 20세기 한반도 분단과 냉전 탓이다.

그러나 금단의 땅이었던 블라디보스토크가 다시 개방되어 연해주는 다시 과거의 활기를 되찾아가고 있고, 1990년대 체제전환기의 파국적 혼란을 극복하고 힘찬 도약을 준비하고 있다. 극동지역에서 지리적 · 전략적 요충지로서 잠재적인 발전 가능성을 인정받고 있고, 경제무역의 중심도시가 될 수 있는 무한한 잠재력을 가진 지역이라는 인식 하에 주변국들의 투자 진출도 활발해지고 있다. 특히 러시아의 푸틴 대통령이 시베리아 극동지역 개발전략을 본격적으로 가동시키면서 연해주는 지역의 발전을 위해 대대적인 사회간접자본 투자 계획을 수립하고 있다.

현재 연해주는 한국과의 지리적 근접성과 엄청난 개발 잠재력 때문에 우리의 지대한 관심을 끌고 있다. 더불어 요즘과 같은 국경 없는 경제전쟁

시대에는 누가 먼저 시장을 개척하고 확보하느냐에 따라 경제전쟁의 승패가 판가름 난다고 보고, 연해주 진출에 박차를 가해야 한다는 목소리도 높아지고 있다. 과연 잠에서 깨어난 시베리아 극동의 화려한 부활을 알리는 서막이 시작되었는가? '열린 공간'으로서 연해주에 대한 과거의 기억은 현실로 다시 살아올 수 있는가?

2. 극동 연해주와의 교역 · 투자 현황과 애로점

주지하다시피 러시아 극동의 대외교역은 아 · 태지역 국가들에 집중되어 있다. 러시아 극동관구 전체 교역에서 이들 국가들의 교역 비중은 80%를 상회하며,[9] 그 중에서도 주된 교역 상대국은 중국, 일본, 한국 등 동북아의 인접한 국가들이다. 극동과 동북아와의 교역은 동북아 3국의 극동지역 1차 산품 수요에 의해 결정되고 있으며, 향후 한국과 러시아 극동간의 교역관계는 중국과 일본이 對극동교역에서 어떠한 변화를 해나갈 것이냐에 크게 좌우될 것이다.[10] 〈표 1〉에서 보듯이 최근 수년간의 변화 추이를 살펴보면 한국의 비중은 점차 줄다가 2005년 다시 증가세로 반전되었고, 중국의 비중은 2003년 이래 계속 감소세를 유지하고 있다. 일본의 비중은 2005년 계속적인 증가세로 탄력을 받아 중국을 앞질렀지만, 2006년 다시 중국에 선두자리를 내주고 말았다.[11] 당분간 중국과 일본의 치열한 경합이 지속될 것으로 전망된다.

9 무엇보다도 이러한 교역구조를 낳게 된 데에는 지리적 인접성이라는 요소가 크게 작용한 것으로 판단되다. 러시아의 서쪽으로 갈수록 아태지역 국가들의 비중은 낮아지는데, 시베리아관구의 경우 이 비중은 32%로 떨어지고, 서부지역의 관구들은 보다 낮은 수준(7~17%)에 머물러 있다.

10 Anna B. Bardal 외, 「러시아 극동지역의 한중일 3국과의 경제협력 비교분석 및 한국과의 경제협력 증진방안 고찰」, 『수은해외경제』, 2006년 12월호, pp. 21-40.

11 오영일, 「동북아 경제 협력 강화를 위한 러시아의 과제: 한국 기업의 입장」, 제2차 한-러 공동세미나, 『러시아 극동과 동북아 경제』 자료집, 2007. 6. 19.

표 1 ▸ 러시아 극동 교역의 주요 국가별 비중

국가	2002		2003		2004		2005	
	백만달러	%	백만달러	%	백만달러	%	백만달러	%
대외교역액	5082.0	100.0	5914.5	100.0	7635.7	100.0	12394.5	100.0
아 · 태지역 국가	4446.8	87.5	5009.6	84.7	6597.2	86.4	10584.9	85.4
중국	1531.4	30.1	2003.5	33.9	2147.1	28.1	3350.5	27.0
한국	1082.3	21.3	1019.8	17.2	1163.9	15.2	2183.4	17.6
일본	906.1	17.8	1286.8	21.8	2406.2	31.5	3499.5	28.2
미국	343.0	6.7	338.7	5.7	396.3	5.2	694.7	5.6
EU	343.7	6.8	443.3	7.5	493.6	6.5	1071.4	8.6
기타	291.5	5.7	461.6	7.8	544.9	7.1	738.2	6.0

출처: Economic Research Institute FEB RAS, Economic Cooperation between the Russian Far East and Asia-Pacific Countries, Khabarovsk: RIOTIP, 2007, p. 111.

동북아 국가들과 극동 간 교역을 품목별로 살펴보면 러시아 극동이 자원의 공급지 역할을 톡톡히 하고 있음을 확인할 수 있다. 이들 국가들이 극동에서 수입하는 품목은 주로 목재, 원유, 금속, 수산물 등이며, 극동으로 수출하는 품목은 운송기계, 설비투자용 기계장비, 소비재 등으로 구성되어 있다. 과거 극동지역 목재의 주요 소비처였던 일본의 비중은 줄고 대신 중국의 비중이 급격하게 증가하고 있다. 석유, 석탄 등 연료에너지 상품의 수출도 동북아 지역에 집중되고 있는데, 사할린 원유 수입은 일본에 집중되고 있고, 네륜그리 석탄은 중국과 한국이 주요 수입국이며, 석유제품의 수입에서는 중국과 북한이 선두자리를 차지하고 있다.

한국은 중국과 일본 다음으로 극동의 대외교역에서 중요한 협력의 파트너이다. 한국의 비중은 극동의 수출에서 19.4%, 수입에서는 15.6%를 차지한다. 극동지역의 대 한국 수출구조는 대 일본 수출구조와 상당히 유사하고, 부분적으로는 대 중국 수출구조와도 비슷한 점을 갖고 있다. 대 한국 주요 수출 품목은 수산물, 금속제품, 석유 및 석유제품, 임산물 등이며, 대 한국 주요 수입품은 설비투자용 기계장비를 비롯한 화학제품과 금속제품 등이다.[12]

표 2 ▸ 2005년 극동지역의 국가별 주요 수출품목 구성비 (단위: %)

	석탄	석유	석유제품	금속·금속제품	목재류	수산류
전체 수출	100.0	100.0	100.0	100.0	100.0	100.0
중국	1.7	-	48.7	31.3	58.5	20.2
일본	62.8	89.9	3.0	0.5	28.6	18.7
한국	22.5	6.7	5.9	37.3	11.1	41.2
북한	0.0	-	6.5	0.1	0.3	-
동북아국가 전체	87.0	96.6	64.1	69.2	98.5	80.1

출처: Economic Research Institute FEB RAS, Economic Cooperation between the Russian Far East and Asia-Pacific Countries, Khabarovsk: RIOTIP, 2007, p. 112.

현재 극동지역의 경제에서 외국인투자가 차지하는 비중은 점차 커지고 있다. 1998년과 비교하여 2003년 극동지역 외국인투자(누적투자액 기준)는 2.8배 증가하였다. 그러나 외국인투자에서 극동지역이 차지하는 비중이 1992년 7.5%에서 2004년 5.5%로 낮아졌다는 사실은 러시아의 서부지역에 비해 상대적으로 투자유인 효과가 미약했다는 것을 반증하는 것이다. 극동지역의 산업별 외국인투자 분포를 살펴보면 석유 및 가스 등 에너지산업 부문의 비중은 1995년 전체의 21.3%에서 2003년 62.5%로 약 3배가량 증가했으나, 내수시장에 의존하는 산업분야의 외국인투자 비중은 20%를 넘지 못하고 있다. 이것은 에너지자원의 보고인 극동지역이 외국투자자들의 관심을 끌고 있기 때문에 매우 자연스러운 현상이기도 하거니와 그만큼 극동시장의 규모가 협소하고 차별화되어 있지 않다는 것을 반증하는 것이기도 하다.[13]

극동지역의 지역별 외국인투자 분포를 살펴보면 최근 사할린 에너지 개발 프로젝트와 관련하여 사할린이 외국인투자 유치를 주도하고 있고, 그 뒤

12 연도별 변화 추이는 Economic Research Institute FEB RAS, Economic Cooperation between the Russian Far East and Asia-Pacific Countries, Khabarovsk: RIOTIP, 2007, p. 117의 〈Table 5. 11〉과 〈Table 5. 12〉 참고.

13 Vladimir E. Popov, 「러시아 극동지역 외국인투자 동향 및 투자환경」, 『수은해외경제』, 2005년 3월호, pp. 5-6.

표 3 ▸ 극동지역의 자치지역별 외국인투자 분포 (단위: %)

	1996	1997	1998	1999	2000	2001	2002	2003	2004주)
사하 공화국 (야쿠치야)	1.9	5.2	37.4	6.8	27.6	18.9	25.5	21.0	14.8
연해주	23.7	34.8	10.7	4.3	13.5	14.2	5.0	2.2	1.8
하바롭스크 주	19.3	4.4	7.6	2.6	4.7	2.6	2.9	1.0	1.7
아무르 주	1.5	0.2	0.1	0.2	0.8	0.0	0.5	0.6	1.1
캄차카 주	6.0	12.6	8.2	2.1	5.1	10.2	3.7	1.9	0.6
마가단 주	36.6	23.2	10.2	2.4	4.8	3.4	0.4	0.3	0.9
사할린 주	10.9	19.5	25.9	81.6	43.4	50.7	61.9	73.2	79.0
유대인자치구	0.084	0.167	0.000	0.000	0.010	0.001	0.040	0.019	0.003
합계	100.0	100.0	100.0	100.0	100.0	100.0	100.0	100.0	100.0

주: 1~9월 실적.
출처: Vladimir E. Popov, 「러시아 극동지역 외국인투자 동향 및 투자환경」, 『수은해외경제』, 2005, 3월호, p. 6.

를 사하 공화국이 이어가고 있다. 한편, 1990년대 중반 높은 비중을 차지했던 연해주, 하바로프스크주, 캄차카 주, 마가단 주 등은 그 비중이 크게 낮아졌다. 특히 극동지역의 외국인투자 유치에서 중요한 역할을 했던 연해주는 최근 그 위상이 급격히 하락했다. 1995년 러시아연방 전체 외국인투자에서 1.8%를 차지했지만 2004년 기준으로 0.2%로 감소했다. 투자액의 절대치 자체도 매우 불안정한 모습을 보여주고 있어 2001년 1억 9백만 달러까지 증가했던 투자액은 다음해에 5,700만 달러로 급감했고 이후 점진적으로 회복되고 있지만 2001년 실적에는 아직 미치지 못하고 있다.[14]

한국의 극동지역 투자는 중국, 일본 등과 매우 대조적이다. 최근 일본의 극동지역 직접투자규모가 최대였던 2003년에 한국의 직접투자는 이것의 1/34.5에 불과했으며,[15] 일본의 투자가 가장 침체되었을 때보다도 작고, 최

14 Росстат, Российский статистический ежегодник. 2005: Стат.сб, Москва: Росстат, 2006, p. 672.

표 4 ▸ 한국의 극동지역 투자 동향 (단위: 백만 달러, %)

		2000	2001	2002	2003	2004	2005
외국인 투자	금액 (비중)	46.64 (8.1)	38.58 (5.0)	34.01 (3.0)	15.14 (0.5)	21.20 (0.4)	9.84 (0.2)
외국인 직접투자	금액 (비중)	6.07 (2.0)	18.95 (4.1)	5.52 (0.8)	4.20 (0.2)	3.23 (0.1)	0.84 (0.02)

출처: Anna B. Bardal 외, 「러시아 극동지역의 한중일 3국과의 경제협력 비교분석 및 한국과의 경제협력 증진방안 고찰」, 『수은해외경제』, 2006년 12월호, p. 28.

근 중국의 투자가 꾸준히 증가하고 있는 반면에 한국의 투자는 절대 액 자체도 감소할 뿐만 아니라 비중도 감소하고 있다. 외국인투자에서의 비중은 0.2%, 외국인직접투자에서의 비중은 0.02%에 불과하다.

한국의 극동지역 투자를 지역별로 살펴보면 2002년까지 투자액의 절대 다수는 지리적으로 인접한 연해주에 집중되었다. 2000년대에 들어서면서 캄차카, 마가단, 사할린 등지로 한국의 극동지역 투자 범위가 점차 분산되고 있고, 그동안 1%에도 미치지 못했던 하바롭스크 주 투자가 2005년에는 21.70%로 증가한 것이 주목할 만한 특징이라고 할 수 있다.

연해주는 한국의 극동진출의 교두보였다. 한국의 對연해주 투자가 활발했던 것에는 지리적 인접성이라는 요소가 크게 작용했다. 초기 연해주의 한국 투자자들은 저렴한 인건비, 한국으로부터의 신속한 원부자재 조달, 쿼타 미적용 등에 주목하여 노동집약적 봉제업을 중심으로 진출하였다. 그러나 최근 노동력 부족, 임금인상, 경직적인 노동법 적용, 무관세통관에서 관세 환급제도로의 변경 등으로 채산성이 악화하여 한국 봉제업체들 중 대부분은 철수하고 소수 업체만이 잔류하고 있는 것으로 보도되고 있다. 한국의 對연해주 투자는 봉제업 외에도 어업, 식품가공업, 농업, 도매무역 등에도 진출해있지만 중소업체이거나 개인사업자인 경우가 대부분이어서 투자규모

15 오영일, 「동북아 경제 협력 강화를 위한 러시아의 과제: 한국 기업의 입장」, 앞의 글, 〈표 3〉 참고.

표 5 ▸ 한국의 극동지역 투자 분표 (단위: %)

	1997	1998	1999	2000	2001	2002	2003	2004	2005
사하 공화국(야쿠치야)	1.86	-	-	2.70	3.51	-	-	-	-
연해주	95.06	97.73	98.56	93.04	79.36	62.76	26.11	14.45	28.31
하바롭스크 주	0.87	0.04	0.01	-	0.01	0.11	0.01	0.38	21.70
아무르 주	0.63	-	-	-	-	-	0.69	-	-
캄차카 주	-	1.26	1.42	1.19	2.65	14.05	29.78	10.29	31.63
마가단 주	-	-	-	2.14	10.37	2.13	30.53	16.42	-
사랄린 주	1.58	0.97	-	0.93	4.11	20.95	12.89	58.46	18.36
유대인자치구	-	-	-	-	-	-	-	-	-
합계	100.0	100.0	100.0	100.0	100.0	100.0	100.0	100.0	100.0

출처: Vladimir E. Popov, 「러시아 극동지역 외국인투자 동향 및 투자환경」, 앞의 글, p. 11; Anna B. Bardal 외, 「러시아 극동지역의 한중일 3국과의 경제협력 비교분석 및 한국과의 경제협력 증진방안 고찰」, 앞의 글, p. 28에서 종합.

의 영세성을 벗어나지 못하고 있다. 지금까지의 연해주 투자에서 가장 성공적인 사례로 꼽는 것은 현대그룹이 투자한 현대호텔, 그리고 한국통신이 설립한 현지법인으로 연해주 최대 이동통신사인 NTC 정도에 불과하다.

한국 기업의 극동지역에 대한 투자가 침체되어 있고, 〈표 6〉에서 보다시피 그나마 오랜 기간 연해주를 중심으로 진행되었던 투자마저 최근 급속

표 6 ▸ 연해주 외국인 투자 현황 (단위: 백만 달러)

구분	1999	2000	2001	2002	2003	2004	2005.1.1 기준 누계
한국	23.3	20.6	43.4	30.6	21.3	4	149.8
일본	13.1	15.9	11.8	29.7	19.8	38.6	59.4
미국	3.4	4.4	12	39.9	8	4.4	41.5
스위스	0	0	0	0.2	0.5	0.4	19.7
영국	1.1	10	2	0.1	1.4	1	16.7
싱가폴	6.9	0	0	0	0	2	12.2
중국	0.1	0.7	1.9	0.5	0.6	2.3	9.9
기타	8.4	2.4	7	8.6	5.7	5.7	86.1
총계	56.3	54	78.1	108.6	57.3	62.7	343.8

출처: 연해주 주정부 대외경제위원회 발표자료, 주 블라디보스토크 총영사관, http://www.mofat.go.kr/ek/ek_a003/ek_ruvl/ek_a03/ek_b13/1200748_9777.html에서 재인용.

하게 위축된 것은 전반적으로 러시아 극동의 투자여건이 좀처럼 개선되지 않는 상황에다가 과거 누려왔던 시장선점의 효과가 떨어지고 반면에 저임금의 호의적인 조건도 사라지고 있기 때문인 것으로 분석된다.

기본적으로 러시아 극동지역으로의 투자 진출에는 많은 난관을 극복해야만 한다. 우선 광활한 영토에 비해 인구가 적기 때문에 시장규모가 작다는 근본적인 한계를 갖고 있다. 최근 러시아 전체가 국제유가 상승에 따른 소득증대와 소비의 팽창이 관측되고 있지만 모스크바와 성-페테르부르크 등 러시아의 서부지역에서 시작된 경제호황의 '온기'가 극동지역에까지 효과를 미치는 데에는 좀 더 많은 시간이 소요될 것으로 전망된다. 따라서 현재의 낮은 구매력 수준으로는 투자 매력도가 그다지 높을 수 없다. 더구나 지역특성상 광범위한 지역에 소수의 인구가 분산되어 있어 기업들은 대규모 마케팅 전략 구사에 곤란을 느끼고 있다. 한마디로 극동시장에서 '규모의 경제'를 실현하는 데 근본적인 한계가 있다는 것이 전문가들의 지배적인 견해이다.

극동지역의 산업구조를 보면 원유, 천연가스, 석탄, 철광석, 금, 다이아몬드, 목재, 수산물 등 천연자원 개발 및 가공 산업이 주종을 이루고 있으며, 반면에 일반 소비재(공산품) 제조기반은 취약한 상태에 있다. 일반 소비재 제조기반이 취약하여 수입상품 의존도가 높기 때문에 수출에는 긍정적인 요소로 작용하지만 막상 현지 투자를 고민할 경우 마땅한 투자처를 찾기 어렵다는 한계에 부닥치게 된다.

아직까지도 외국인자본 유치를 위한 사회간접자본시설은 매우 열악한 상태에 있다. 물론 최근 건설투자가 활발해지고 있으며, 러시아 정부도 도로 및 철도 건설, 항만 개보수, 발전소 확장 등에 우선적인 관심을 기울이고는 있지만, 재원부족으로 사업계획을 제대로 실행에 옮기지 못하고 있는 실정이다. 특히 러시아 극동지역에서 '자원개발형 투자'가 주목을 받고 있지만 정작 자원개발이 이루어진다 하더라도 마땅한 수송로가 확보되지 않아 투자를 유치하지 못하는 결과를 낳고 있다. 「1996-2005년 및 2010년까지의 극동·

표 7 ▸ 「1996~2005년 및 2010년까지의 극동·자바이칼 지역의 경제·사회발전」 연방특별프로그램의 연방주체별 교통투자 계획

연방주체	투자계획		총투자액 중 연방예산 지원	
	금 액 (백만 루블)	연방주체별 비율 (%)	금 액 (백만루블)	투자계획 대비 비율 (%)
사하 공화국(야쿠티야)	6,903.0	18.9	451.3	6.5
연해주	7,066.0	19.3	2,848.0	40.3
하바롭스크 주	4,551.8	12.4	1,419.8	31.2
아무르 주	2,734.5	7.5	2,204.5	80.6
캄차트카 주	797.0	2.2	476.0	59.7
코랴키야자치구	554.0	1.6	360.0	65.0
마가단 주	846.0	2.3	510.0	60.3
사할린 주	6,497.7	17.8	404.0	6.2
유대인자치구	0.0	0.0	0.0	0.0
추코트카 주	1,114.6	3.0	248.0	22.3
브랴티야 주	367.0	1.0	117.0	31.9
치타 주	4,922.0	13.5	794.4	16.1
아가 브랴티야야자치구	225.0	0.6	100.0	44.4
총계	36,578.6	100.0	9,933.0	27.2

출처: П. А. Минакир(рук.авт.кол.и нау.ред), Региональный програмный мониторинг: Федеральная целевая программа 《Экономическое и социальное развитие Дальнего Востока и Забайкалья на 1996-2005 гг. и до 2010 года》, Владивосток: ДВО РАН, 2004, p. 48.

자바이칼 지역의 경제 · 사회발전」 연방특별프로그램에 따르면 역내 교통인프라 개선 및 확충에 총 365억 7,860만 루블에 달하는 연방예산을 지원할 예정이지만 이것은 대상 프로젝트의 소요자본의 약 8.3%에 불과하다. 러시아 연방 주체별로 예정된 투자예산은 〈표 7〉과 같다. 프로그램 중에서 총액 기준으로 교통프로젝트에 대한 자본투자가 가장 많은 경제주체는 연해주(19.3%), 사하 공화국(18.9%), 사할린 주(17.8%) 등이다. 교통투자에서 연방예산 비중이 50%를 초과하는 지역은 아무르 주(80.6%), 마가단 주(60.3%), 캄차트카 주(59.7%) 등이고 사하 공화국, 사할린 주 등은 각각 6.5%, 6.2%에 불과하다.

외국인투자를 위한 법, 제도, 규제 측면의 환경도 과거보다는 개선되고 있는 것은 분명하지만 여전히 기대 수준을 만족시키지 못하고 있다. 각종

인 · 허가 절차가 매우 복잡하고, 관료주의의 폐해가 심각할 뿐만 아니라 부정부패가 만연되어 있는 것은 러시아 전반의 상황과 마찬가지이다. 기업조사기관인 'Expert'가 러시아 지역별로 조사한 결과를 보면 극동지역은 법률체계의 불완전성, 행정 장애요인, 기업의 탈법 정도 등에 의한 투자위험도가 북부 및 서부지역보다 1.5배 높게 나타났다.[16]

3. 한 · 러 경제협력의 발전 방향

현재 러시아는 '잃어버린 10년'이라는 체제전환의 대혼란을 극복하고 최대의 경제호황을 구가하고 있으며, 러시아 전역에서는 '성장과 도약'의 거대한 에너지가 분출되고 있다. 그러나 아직도 한 · 러 경제 관계는 사실상 제자리걸음이다. 무에서 유를 창조했으니 비약적으로 발전했다고 주장한다면 그것은 자족적인 평가에 지나지 않는다. 양국의 경제교류는 수교 당시의 기대수준에도, 발전 잠재력에도 미치지 못하고 있다. 특히 투자 분야는 교역의 증가 추세를 좇아가지 못하고 있고, 지리적으로 인접한 극동과의 교역 및 투자는 오히려 줄어들고 있는 추세에 있다. 한마디로 양국 간 경제협력의 현실은 해가 갈수록 이를 실현할 수 있는 토대가 악화되는 모습마저 보이고 있다.

러시아 시장은 오일 머니를 겨냥한 한국의 대러 수출이 급증하면서 '효자시장'이란 소리를 듣게 되었다. 이것은 한국기업이 1998년 모라토리엄 사태에도 불구하고 공격적인 경영을 지속함으로써 러시아시장에서 확고한 지위를 확보했기 때문이었다. 그러나 이제 '잔치는 끝났다.' 철수하거나 소극적인 경영형태를 보이던 서구와 일본 기업이 다시 공격적인 경영형태를 보이면서 이제 바야흐로 러시아시장은 쫓고 쫓기는 사활을 건 경쟁체제에 들어갔다.

16 Vladimir E. Popov, 「러시아 극동지역 외국인투자 동향 및 투자환경」, 앞의 글, p. 11-18.

한국의 대러 투자가 부진한 이유에 대해 마땅한 투자 요인을 제공하지 못하고, 투자를 위한 인프라 구축과 법, 제도, 규제의 정비에 미흡했던 러시아 측에 보다 많은 책임이 있다는 주장은 옳다. 그러나 현실은 예전처럼 느긋하게 러시아에게 투자환경 개선을 촉구할 수 있는 여유를 갖기 어렵게 되었다. 러시아는 잠재력에 따른 기대이익에 비례하여 위험요인이 많은 시장이다. 따라서 외부로부터의 경쟁압력은 상대적으로 낮았다. 선진국의 글로벌 기업에 비해 기술력과 마케팅력이 떨어지는 한국기업은 공급자 중심의 러시아 시장 환경에서 '모라토리엄' 이후 절묘하게 형성된 소비재시장을 독점함으로써 최대의 수혜자가 되었다. 그러나 지금까지 한・러 경제 관계는 가장 초보적인 형태의 교역관계에서 탈피하지 못함으로써, 또한 러시아와의 호혜적인 투자협력관계를 조기에 구축하지 못함으로써 러시아의 거대한 잠재력을 실현하는 시장 공간에서 점차 배제되고 있다. 점진적이지만 시장경제 시스템이 안정적으로 정착되고, 경제제도, 법령 및 관행이 점차 투명화 되면 불완전한 미개척 시장이라는 특징도 사라질 것이고, 결국 한국기업이 선진기업과 동일 선상에서 경쟁하기는 어려운 상황에 직면하게 될 것이다. 일부에서는 이미 이 시기가 도래했다며 Post-BRICs의 세계로 눈을 돌리자고 재촉하고 있는 지경에 이르렀다. 중국 등 개발도상국들의 저가공세와 일본 등 선진국들의 고급기술 사이에 끼여 선점한 시장을 내주어야만 하는 상황에 내몰리고 있다.

결국 문제의 해결은 '임박한 파국'을 마냥 기다릴 것이 아니라 잠재력과 위험요인이 병존하는 현 시점이 오히려 한국기업들의 투자진출을 위한 적기라는 판단 하에 보다 과감하게 공격적으로 러시아 시장으로 진출하는 데 있다. 이러한 측면에서 최근 중국이 러시아와의 접경지역을 중심으로 전면적인 투자정책을 추진하고 있는 것은 시사하는 바가 크다.

현재 러시아의 모스크바, 성-페테르부르크 등 대도시 시장은 거의 포화상태로 갈수록 경쟁이 치열해지고 있으며, 글로벌 기업이 진출하여 치열한 각축장으로 변모하고 있다. 한국기업의 대러 진출은 다변화될 시점에 이르렀다. 대상을 기존 대도시 중심에서 지방 상권까지 확대하는 것이 필요하다. 가장 시급한 것은 서방 및 일본기업의 공격적인 현지생산체제에 맞추어 한국도 현지생산체제를 강화하는 데 있다. 이를 회피한다면 투자자의 의사와는 무관하게 정치적 결정에 의해 러시아로부터 '강제투자'의 명령을 따라야만 하는 상황이 도래할지도 모른다.

한국기업의 현지생산체제 구축 등 대러 투자 활성화를 위해서는 무엇보다도 투자정보와 서비스제공을 전담하는 협력 창구의 일원화가 필요하다. 이제 한국과 러시아간 수많은 '위원회'가 경제협력의 주체인 민간 기업에게 제공할 것은 거의 없다. 오히려 부정확한 정보, '정치적 판단'에 기초한 조급한 의사결정은 대러 투자의 실패사례를 낳고, 부정적인 이미지만을 각인시킬 뿐이다. 대러 진출 한국기업들은 아무런 편견 없이 "백지에서 다시 시작해야 한다."고 목소리를 높이고 있다. 시장경제가 구축되지 않는 한 러시아 진출을 서두를 아무런 이유가 없다는 견해가 존재하지만, 러시아에 결코 영미식의 자유 시장 경제는 없을 것이며, 시간이 흐를수록 러시아는 '러시아식 국가자본주의'의 전형을 보여줄 것이다. 또한 러시아의 제도, 법률, 규제가 모호하고 자주 바뀐다고, 그래서 투자 리스크가 크다고 불평하지만 문제의 핵심은 복잡한 제도, 법률, 규제 등을 판독하여 제대로 대처하지 못하는 무능에 있다.[17] 투자에서 리스크의 크기 그 자체는 중요한 것이 아니라 그것이 예측가능하고 관리될 수 있는가에 있다. 한·러 경제협력 17년이 지났지만 러시아의 제도, 법률, 규제에 대한 우리의 이해는 상식의 수준을 벗어나지 못하

---

17 "러시아의 제도 환경은 나름대로 상당한 합리성을 가지고 있다고 평가받고 있으며, 성공적으로 러시아로 진출한 기업들은 대부분 이 점을 인정하고 있다는 점에 주목할 필요가 있다. 오히려 러시아 진출에 실패한 기업들의 경우, 러시아 제도에 대한 철저한 이해 부족과 정상적 절차와 법적 처리를 피하기 위한 편법 동원 등으로 어려움을 겪었던 사례가 많았던 것으로 파악되고 있기 때문이다." 고재호, 「러시아 극동지역의 진출여건 및 우리기업의 진출방향」, 『수은해외경제』, 2006년 9월호, p. 45.

고 있다. 때문에 기업에게 상세한 투자정보를 적시에 제공할 수 있는 '대러 투자정보센터'와 같은 기관을 한 · 러 양국 정부의 지원으로 설립해야 한다.

한 · 러 양국 정부의 역할 강화와 각국에서 정부 · 민간의 공조체제 구축이 필요하다. 시장경제에서는 민간 기업들이 경제활동의 주체이므로 이들이 양국 경제교류의 주체로 나서야 한다는 주장은 그 누구도 부인할 수 없는 논리적 타당성을 갖고 있다. 그러나 모든 것을 민간에게 맡기고 정부의 역할은 축소되어야 한다는 식의 논리적 비약은 한 · 러 경제관계의 특수성을 무시한 위험천만한 사고이다. 최근 러시아는 체제 전환과정에서 지나치게 비대해진 민간부문의 역할을 축소하고 대신 에너지, 자원 등 전략 분야에서 정부 역할과 위상을 강화하고 있다. 과거 대한반도 정책에서 표출된 러시아의 이해관계를 충족시켜주지 못하는 한국 정부의 근시안적이고 수동적인 대러 경제정책이 한 · 러 간의 관계 발전을 막는 요인으로 작용했다. 따라서 단기 이윤 극대화를 지향하는 주주자본주의 모델에 지배되고 있는 상황에서 한국기업들이 러시아의 모든 투자 리스크를 감수하면서 과감하게 대러 투자 진출할 것을 주문하는 것은 비현실적이다. 장기적인 국가발전 목표 아래 전략적으로 추진해야할 경협 사안에 대해서는 정부가 경제적 수익성 계산에 앞서 국민경제적 편익이 투자의사 결정에서 충분히 고려될 수 있도록 거시적인 조정자의 역할을 맡아야 할 것이다. 한 · 러 경제협력에 있어 정부와 민간의 역할은 구별되겠지만 성공적인 대러 경제협력을 위해서는 분리된 개체가 아니라 상호 긴밀한 공조체제를 유지하며 상업적 이득과 국가 전략적 이득을 동시에 달성할 수 있는 조력자가 되어야 한다.

현재 한국은 러시아에 대해 현실화되지 않은 막연한 에너지자원개발 참여 측면만 지나치게 강조하고 있다. 러시아를 에너지 공급원의 다변화를 위한 전략지역으로 선정하고는 있으니, 현재 한국의 공기업과 민간에너지기업의 에너지개발 예산과 정보력 수준으로는 메이저 기업이나 자금력을 가진 일본기업, 중국, 인도의 국영기업 등과 경쟁하기 어려운 실정이다. 한국의 참여가 가능한 범위는 개발비용이 상대적으로 많이 소요되면서도 채산성이 낮은 소규모 광구 개발 사업에 제한될 수밖에 없다는 것이 지배적인 견해이다. 러시아나 한국 모두 현실을 직시하는 노력이 필요하다.

한 · 러 경제협력, 특히 한국의 극동진출이라는 관점에서 전통적인 협력방식(양자 간 교역 및 투자)을 뛰어넘는, 그래서 한 차원 높은 단계로 진전시키는 방안의 하나로 '남 · 북 · 러 삼각경제협력'[18]을 활용할 필요가 있다. 지난 2007년 3월 22~23일 모스크바에서 개최된 '제4차 북 · 러 경제공동위원회'[19]에서 제기된 논의는 '남 · 북 · 러 삼각경제협력'이 가시화될 수 있는 긍정적인 계기를 마련했다. 우선 북 · 러 경제협력의 최대 걸림돌로 작용했던 북한의 대러 채무 약 80억 달러에 대한 조정문제가 해결의 단계로 진입하고 있는 것으로 판단된다.[20] 아직 북-러 간 탕감의 규모에 대한 이견이 있지만 올 연말까지 어떤 방식으로든 최종 결론에 도달할 것으로 전망되며, 이것이 결국은 '남 · 북 · 러 삼각경제협력'의 청신호로 작용할 것으로 기대된다.

러시아의 입장에서 대북 차관 탕감은 실리를 취하면서 한반도 문제에서 러시아의 중재자적 역할을 극대화하자는 전략의 일환으로 해석된다. 어차피 북한이 채무를 상환할 가능성이 전혀 없다면 한국의 대러 차관 탕감과 함께 상계하자는 것이다.[21] 낙후된 러시아 극동지역의 개발이 중대한 국가적 과

18 '남·북·러 삼각경제협력'에 대해서는 다음을 참고. 성원용, 「남 · 북한과 러시아간 3각 경협 추진 방안」, 국가안보정책연구소 편, 『정책연구』 통권 134호, 2000년 봄호.

19 「북 · 러 경제공동위」는 장관급 경제협의체로 1996년 4월~2000년 10월간 3차례 개최되었다.

20 변화는 2006년 12월 17일~22일 세르게이 스토르차크 러시아 재무차관과 김영길 북한 재무성 부상의 회담에서 시작되었다. 북한의 對러 채무 상환 문제를 논의하기 위한 협상에서 러시아는 과거 북한에 대해 주장했던 '선 채무 상환, 후 경협 재개'의 원칙에서 물러나 총 부채의 80% 탕감을 제의하여 북한 측과 원칙적인 합의를 보았다. 다시 러시아는 이번 모스크바의 「제4차 북 · 러 경제공동위원회」에서 채무의 90% 수준대의 탕감을 제안했으나, 북한은 전액 탕감을 요청한 것으로 알려지고 있다.

21 한국은 소련과 수교하면서 14억 7,000만 달러의 차관을 제공했으나 소련은 4억 6,000만 달러만 갚았다. 그리하여 원리금이 22억 4,000만 달러로 불어난 2003년 9월 18일, 참여정부는 러시아 측과 '불량 차관은 탕감해준다'는 파리클럽의 정신에 따라 6억 6,000만 달러를 탕

제의 하나로 제기된 상황에서 한반도의 안정은 그 전제조건이며, 따라서 부채 탕감으로 북한의 개방을 유인하고, 북한을 통해 한국의 자본과 극동 러시아의 자원을 묶어 러시아 극동지역의 개발을 본격화하자는 의도도 깔린 것으로 보인다. 실제로 러시아의 푸틴 대통령은 2006년 12월 20일 국가안보회의에서 극동지역 대책 마련을 지시한 데 이어 2007년 1월 27일에는 블라디보스토크를 직접 방문해 세르게이 다르킨 연해주 지사를 만나 2012년 APEC 정상회의 개최지로 블라디보스토크가 사실상 확정됐다고 밝혔고, 연방 정부는 1,000억 루블(3조 7천 억 원)의 예산을 배정했다. 앞으로 연해주를 중심으로 '남 · 북 · 러 삼각경제협력'의 성과를 가시화하는 사업이 추진될 것이며, 시간이 흐를수록 남-북관계의 중재자로서 러시아가 갖는 경제적 위상과 역할은 더욱 증대될 것이라는 것을 짐작해볼 수 있는 대목이다.

4. 열린 공간, 육상(陸上)의 무변대해(無邊大海)를 향해

러시아의 극동지역은 단기적으로는 수요 및 구매력 부족의 한계를 극복하기 어렵겠지만 중장기적으로는 한국과의 교역 및 투자활동에서 매우 중요한 역할을 담당하게 될 것이다. 일단 러시아 전체의 경제성장 추세에 편승하여 극동지역에서도 견실한 경제성장이 진행되고 있다는 것이 반가운 소식이다. 향후 국제유가 상승에 따른 수출증가 및 해외 투자자금 유입 확대로 러시아 소비자들의 구매력은 증가될 것이 분명하다. 극동지역은 인구밀도가 낮지만 다른 한편으로는 대부분의 인구가 도시에 집중해있고, 주민의 소득수준이 모스크바를 제외한 기타 지역보다 높아 도소매유통업체의 투자 진출 여지는 남아 있다.

감해주고, 2억 5,000만 달러는 현물로 상환 받는다는 합의를 했다.

무엇보다도 투자환경의 개선 및 극동 및 동시베리아지역의 인프라 확충에 대한 기대감이 높아지고 있다. 러시아 정부는 투자 유치를 위해 행정 간소화 및 정부규제 완화, 부가세 인하 등 관련법 개정을 추진하고 있고, 극동 및 동시베리아 지역의 투자 매력을 제고하기 위해 연방 정부 사회 인프라 구축 예산의 20%를 이 지역의 개발에 배정하여 2010년까지 에너지, 교통, 자원, 통신설비 개발 등에 모두 142억 불을 투자할 예정이다. 특히 2012년 블라디보스토크 APEC 정상회의 개최를 계기로 연해주를 중심으로 한 극동지역 개발의 가능성에 대한 기대가 증폭되고 있다.

향후 극동지역의 운명은 광의의 의미에서 교통 · 물류가 결정짓게 될 것이다. 동시베리아-태평양 송유관 및 사할린 가스관 프로젝트 등 대규모 극동 프로젝트가 실현될 때 최대 수혜자는 연해주와 하바롭스크 주가 될 것이다. 이들 프로젝트들은 하바롭스크의 원유정제 및 가스 산업의 부흥에 직간접적인 기여를 할 것이며, 향후 자원 집결지로서의 가능성이 높은 연해주는 다수의 항만을 보유하고 있어 에너지물류의 '허브'가 될 수 있을 것이다. 파이프라인 연결을 전제할 때 대규모 석유화학단지의 건설도 예상해볼 수 있다. 연해주에는 TSR Block Train의 출발지인 보스토치니, 블라디보스토크, 나호트카 등 극동의 거점 항만이 위치해있다. 최근 러시아 극동에서는 운송 인프라의 발전 속도가 국내 소비 속도를 따라가지 못하는 문제가 발생하여 항만시설의 확충과 해륙복합수송 발전을 위한 대규모 투자가 진행되고 있다. TKR-TSR 연결사업을 비롯해 중-러, 북-중 접경지역의 철도, 도로망 확충 사업도 가시화되고 있다. 한국이 글로벌 항만연계 구축을 목표로 연해주의 보스토치니, 자루비노 등 항만 투자에 뛰어들 준비를 하고 있고, 2005년 하반기부터 러시아는 기존의 산업특구, 기술특구, 관광특구 외에 항만지역 내에서 상품 및 서비스의 자유로운 유통과 경제특구지정의 기한 연장(49년), 입주기업들에 대한 조세 및 관세 특혜 등을 부여하는 항만특구법 제정이 논의되고 있다.[22]

그림 2 ▸ 극동·자바이칼 지역의 운송 인프라

출처: Институт экономических исследований ДВО РАН, Дальний Восток и Забай калье в России и АТР, Хабаровск, 2005, p. 36.

---

22 Анна Б. Бардаль, "Взаимодей ствие транспортных систем Дальнего Востока России и СВА," 제2차 한-러(KIEP-ERI) 공동세미나 『러시아 극동과 동북아 경제』 자료집, 2007. 6. 19.

한 · 러 관계를 가리켜 한국의 러시아 전문가는 "환멸과 경탄을 오가는 저울추와 같다"고 했는데, 지금 우리의 저울추는 어디에 와 있는가? 우리에게 도대체 러시아의 시베리아 · 극동지역이란 무엇인가? 왜 우리는 다시 극동 연해주를 이야기하고 있는가?

100여 년 전 조선의 민초들이 열려진 공간인 극동으로 자연발생적으로 이주하여 드넓은 공간을 사유(思惟)하고, 자연과 맞서 싸우며 공간을 개척하고 있을 때 그들을 보호할 '국가'는 없었고, 물러서 돌아갈 고향은 제국에 유린당하고 있었다. 그러나 지금도 변한 것이 없다고 말한다면 과장일까? 문명화된 국가의 시민이지만 지금도 우리의 극동 진출은 무계획적이고 비 전략적이다. 현재 극동의 공간을 개척하고 있는 한국의 중소기업들은 여전히 '국가'의 무관심지대에서 악전고투하고 있다.

한 · 러 경제협력의 발전이란 관점에서 볼 때 양국의 이해관계가 일치되면서 상호 긴밀한 협력이 집중적으로 발현될 수 있는 공간은 시베리아 · 극동지역이다. 이 지역은 한국의 경제성장에 절대적으로 필요한 거대한 자원 공급지이다. 특히 극동지역은 한국과 근거리에 있어 투자, 교역 등 경제협력 관계가 발전할 가능성이 매우 높다. 또한 향후 통일한반도를 내다볼 경우 극동의 연해주지역이 접경지역이라는 점도 고려되어야 할 사항이다. 한편, 유라시아 공간에는 에너지, 교통 · 물류, IT로 거대망(Grand Network)을 구축하는 협력이 진행되고 있고, 러시아의 입장에서는 지역의 균형발전, 대외경제 활동의 확대 및 러시아의 아 · 태지역으로의 편입을 위해 낙후된 시베리아 · 극동지역의 개발이 시급한 상황이다. 한 · 러 협력의 공간은 어디에서 찾을 것인가? 답은 21세기 한국의 동북아 정책과 러시아의 시베리아 · 극동지역 개발 전략 사이의 접점을 찾아 그 지평을 '유라시아' 전체로 확장하는 것이다. 러시아의 시베리아 · 극동지역을 최우선적 협력공간으로 설정하면서 동북아 지역협력 및 통합에 러시아의 가치 있는 참여를 유인하고, 이를 통해 한국의 국가적 에너지를 '유라시아' 전체 공간으로 분출시키는 것이 필요하다.

한국은 러시아와 양자관계, 혹은 남 · 북 · 러 삼자관계를 통해 한반도와 시베리아 · 극동지역을 하나의 경제권으로 통합하는 노력을 전개해나가야 할 것이다.

한국과 지리적으로 인접해 있고, 통일한반도 시대에 국경을 접하게 될 연해주는 시베리아 · 극동지역 개발의 두 축인 '에너지'와 '교통'이 만나는 극동의 관문이다. 따라서 우리에게 연해주는 한국의 극동진출의 전략적 요충지이자 전진기지가 되어야 한다. 정부, 기업, 학계는 시베리아 · 극동지역의 자원개발과 역내 교통 · 물류협력이 결코 분리될 수 없는 하나의 목표임을 재인식하고, 이 둘을 포괄하는 장기적이고 종합적인 계획을 수립하는 데 지혜를 모아야 할 것이다.

8 극동지역 발전정책과 연해주에서의 한·러 경제협력 연구

강명구(산업은행 조사분석부 선임연구위원)

1. 머리말

러시아연방은 경제성장의 원동력인 에너지자원을 풍부하게 가진 세계 자원부국이다. 천연가스는 세계 매장량의 26.7%에 해당하는 43.3조m^3(세계 1위), 석유는 세계 매장량의 6.3%, 108억 톤(세계 6위)을 보유하고 있는 나라이다. 또한 세계 곡물 생산국으로서 경제성장의 잠재력이 매우 높은 나라이다.

그러나 러시아는 이와 같은 막대한 경제성장 잠재력을 가졌음에도 불구하고 개방·개혁 이후 정치적 불안정이 계속되어 경제적 혼란을 지속되었고 때문에 이를 안정시키기 위하여 화폐개혁을 통한 경제안정화 정책을 시행하였다. 하지만 이러한 경제 안정화 정책 시행에도 불구하고 러시아의 정치와 경제는 좀처럼 나아지지 못하였고 급기야 1998년에 모라토리엄 선언까지 하게 된다.

2000년 5월 대통령으로 취임한 푸틴은 "강한 러시아"라는 슬로건 아래 강력한 리더십으로 정치적 안정을 이루게 된다. 정치적 안정 후 러시아 경제는 성장세를 보이게 되었지만 지역 간의 불균등 발전으로 인해 소득불평등이 더욱 심화하게 되었다.

특히, 석유 및 가스 등 연료에너지 자원, 유용한 광물이 부존되어 있는 지역으로 외국인투자가 편중되면서 지역 간 소득 및 임금격차가 급격히 벌여져 급기야 최소 임금 지역과 최대 임금 지역 간의 격차가 5~6배의 차가 나타나게 되었다. 이 때문에 지역 간 위화감이 조성되었고 이로 인해 이주, 주택문제, 범죄 등의 사회적 문제가 발생하는 등 지방에서의 사회적 혼란의 조짐이 나타나기 시작하게 되었다. 이에 러시아연방 정부는 지역균형발전을 통해 소득격차, 주택 문제 등을 해소하기 위하여 지방의 균형적 성장정책을 실행하기로 하였다. 이를 위해 정부는 2007년 11월 21일, '2013년까지 극동 · 자바이칼 지역의 경제 · 사회발전 연방특별 프로그램'을 승인하였고, '2008년 1월 1일, 극동 · 자바이칼 지역의 개발정책'을 추진하였다.

특히, 연해주는 '2013년 극동 · 자바이칼 지역의 경제 · 사회발전 연방특별 프로그램'을 수립을 계기로 아 · 태지역 진출의 통로로 주목받게 되었다. 러시아 정부가 2012년 APEC 정상회담 개최를 준비와 함께 블라디보스토크를 중심으로 연해주 개발에 더욱 박차를 가하였다.[1] 또한 연해주 정부 역시 중앙정부의 지방 개발정책에 부응하여 자체적으로 '2004-2010년 연해주 사회 · 경제발전전략(Стратегия социально-экономического развития Приморского края на 2004-2010)'과 '연해주 사회경제발전전략 2025(Стратеги социально-экономического развития Приморского края до 2025 года)'을 수립하여 주의 발전정책 추진과 더불어 성공적인 2012년 APEC 정상회담 개최를 위해 적극 노력하였다.

본 글은 극동지역 발전정책과 연해주에서의 한 · 러 경제협력을 고찰한 것으로, 제2장에서 연방 정부의 지방발전정책인 '2013년까지 극동 · 자바이칼 지역의 경제 · 사회발전 연방특별 프로그램'을 살펴보고, 연해주 정부의 지역발전정책을 분석할 것이다. 그리고 제3장에서 연해주와 경제협력의 중

1 성원용(2009), 「러시아의 극동지역 개발전략과 한중일의 극동진출정책 비교연구」, 『비교경제연구』 16권 2호, 153쪽.

요성과 현황을 살펴보고, 나아가 협력을 위한 문제점 분석과 유의사항 등에 대해서 고찰해볼 것이다. 마지막으로 연해주에서 한국과 러시아의 경제협력 방안에 대해 살펴보았다.

2. 러시아연방 정부의 지방발전 추진 동향과 극동지역발전 정책

1) 러시아연방 측면의 지역발전 추진 동향

구소연방 시절의 분산된 산업구조의 불균형은 구소연방 붕괴 이후 지역 간의 경제적 불균형의 주요 원인으로 작용하였다. 그리고 옐친정부의 정치적 불안정은 외국인 투자를 감소시켰고 지역 간 불균형 분포 자원 때문에 지역 불균형 발전이 더욱 심화되었다.

그러나 2000년 푸틴 정부가 들어서면서 강력한 지역균형발전을 위하여 노력하였다. 푸틴 정부는 느슨한 형태로 있던 11개 경제지구와 1개의 경제자유지대를 통합하여 7개의 관구로 편성하였다. 그리고 2007년 러시아 정부는 국민 삶의 질 향상을 "국가 우선분야"로 선정하고 보건 · 교육 · 주택 문제 개선, 출산율 제고 등을 위해 막대한 재정을 투입하였다. 이러한 노력들과 개선된 경제 여건과 맞물려 러시아 사회는 빠르게 안정되었다.

2007년 4월 26일 러시아연방 푸틴 대통령의 대국민 국정 연설을 하였는데 여기서 사회 · 경제 분야의 내용은 연방주체들의 지역발전 추진의 동력이 되었다. 푸틴 대통령은 국정연설 중에 사회분야 정책의 핵심은 주택문제 해결과 사회보장프로그램 수행이라 하였다. 그리고 경제 분야의 핵심은 국가번영기금(National Prosperity Fund)을 이용한 경제발전, 중소기업발전방안 수립, 에너지산업 투자, 교통인프라 개선이라 하였다.

푸틴 대통령의 국정연설 중 주택문제 부분을 좀 더 살펴보자. 러시아연방의 아파트, 개인 주택은 매우 위험한 상태이다. 아파트의 대부분이 스탈린 및 흐루시초프 시대에 지어져 약 50~70년이나 오래된 된 것으로 매우 낡았다. 그리고 도시 주변과 시골에 있는 주택들은 목재와 조립식으로 지어져 붕괴 직전에 있는 것들이 대부분으로 개보수 또는 재건축이 시급한 실정이다. 이 때문에 매년 100~130백만㎡의 주택을 신규로 건설해야하며, 기존 주택의 절반 이상이 개보수가 필요한 상황이다. 따라서 이러한 주택문제 해결을 위해 러시아정부는 세금징수 시스템 개선, 국유자산의 사유화, 유코스 자산 매각 등을 통해 2,500억 루블(100억 달러) 규모의 특별기금을 설치할 계획이다.

다음으로 사회보장프로그램 수행 부분을 살펴보면, 이 계획은 석유안정기금(Stabilization Fund)을 활용하여 수행될 것이다. 현재 러시아는 시장 상황에 적합하지 않은 연금시스템 운영으로 인해 많은 연금생활자들이 최저수준의 생활을 하고 있다. 이 때문에 2012년부터는 인플레이션, 인구 문제 등과 겹쳐 연금재정 적자 문제가 발생될 것으로 예상되었다. 그래서 정부는 2002년 설립된 석유안정기금(Stabilization Fund)을 국가번영기금(National Prosperity Fund: NPF)으로 개명한 후에 이를 세 부문으로 구조조정을 하고 연금문제 등과 같은 사회보장 프로그램 수행할 것으로 발표하였다.

마지막으로 경제 분야를 살펴보면 이 분야에서 국가번영기금(NPF)을 이용한 경제발전을 위한 발판 마련 계획이 발표되었다. 러시아 정부는 2007년 국가번영기금(NPF)을 개발은행, 투자기금 및 벤처기업 투자에 3,000억 루블(약 115억 달러)을 할당하며, 이후 수년간 추가 투자할 계획이라고 발표하였다. 이러한 개발기관들에 의해 제공되는 자금은 인프라 투자, 천연자원 효율적 이용, 생산시설 현대화 및 첨단기술 개발에 이용될 것이다. 둘째, 중소기업 발전계획이다. 이 계획을 실행함으로써 빈곤문제를 해결하고 사망률을 낮추며 사회구조의 변화 및 중산층의 증가, 대도시로의 인구유입 억제 등과 같은 효과가 있을 것이다. 셋째, 전력부족 문제 해소를 위한 에너지산업에 대한 투자이다. 현재 러시아연방의 전력공급은 부족한 상태에 직면해 있다. 그래서 2020년까지 전략생산을 현재의 약 2/3 증가시킬 것이다. 이를 위해 정부 및 민간 기업은 약 12조 루블(4,700억 달러)을 투자하여 향후 12년간 26개의 원자력 발전소를 설립할 것인데 이를 위해 시베리아와 극동지역에 대규모 수력발전소를 건설할 것이다. 넷째, 교통인프라 개선이다. 러시아는 열악한 교통사정으로 인하여 연간 GDP 대비 약 3%의 경제적 손실이 발생하고 있다. 때문에 원활한 물류수송을 위해서 반드시 극동과 서부지역을 도로, 철도, 공항, 항만 등 교통인프라 개발을 위한 프로그램 개발이 필요하다. 러시아연방 정부는 가장 중요한 공항을 제외하고는 대부분의 인프라를 지방정부에 이관할 것이며 공항 인프라 및 운영을 위해 항공기터미널을 민영화함으로써 민간부문의 투자를 유도할 것이다. 특히 볼가강–돈강과 볼가강–발트해 운하의 현대화, 볼가강–돈강을 연결하는 제2차 운하건설을 위한 국제컨소시엄을 설립할 것이다.[2]

푸틴 대통령의 국정연설의 핵심 전략은 중앙정부의 재정적 지원과 지방정부의 사업 추진을 위한 강력한 의지가 있어야 이루어 질 수 있다. 하지만 계획대로만 된다면 지역 균형 발전을 꾀할 수 있다.

2) 2013년까지 극동 · 자바이칼 지역의 경제 · 사회발전 연방특별 프로그램[3]

러시아는 2007년 8월 2일 정부 각료회의에서 경제개발통상부가 작성한 '2013년까지 극동 · 자바이칼 지역의 경제 · 사회발전 연방특별 프로그램[4](이

2 한국수출입은행 해외경제연구소(2007), 『국별 리포트-러시아』.

3 본 부분의 내용은 「푸틴 정부의 신극동지역 개발정책과 전망」, 정여천 편(2008)에서 『러시아 극동지역의 경제개발 전망과 한국의 선택(성원용)』부분의 일부를 축약, 수정한 것이다.

4 Правительство Россий ской Федерации(2007), Федеральная целевая программа《Экономическое и социальное развтие Дальнего Востока и Забай калья на период до 2013》, 2007. 11. 21.

하 '신극동지역 개발프로그램'으로 약함)'의 최종안을 확정하였고, 2007년 11월 21일 정부령 No. 801에 의해 이 프로그램을 승인하였다. 이에 따라 2008년 1월 1일부터 새로운 내용의 '극동 · 자바이칼지역 개발정책'이 추진되었다.

그러나 러시아에서 극동지역 개발 프로그램의 제안 및 실행은 결코 새로운 것이 아니다. 굳이 1093년 이후 소련 붕괴 전까지 네 차려에 걸쳐 수립되었던 극동지역 개발계획들을 거론치 않더라도 1991년 이후 수차례에 걸쳐 이와 유사한 극동지역 개발계획들이 있었기 때문이다. 이 때문에 이번 '극동 · 자바이칼 지역 개발 프로그램'의 수립은 관련 분야의 전문가들이나 주변국들에게 큰 관심의 대상이 아닐 수도 있다. 단순하게 받아들인다면 지금까지 진행된 극동지역 개발계획 실행기간의 연장이자 내용상의 부분적인 수정쯤으로 축소 해석할 수도 있다. 그러나 신극동지역 개발프로그램의 수립은 몇 가지 측면에서 중요한 의의를 내포하고 있다.

첫째, 2000년대 푸틴체제하에서 수립된 두 번째 극동 · 자바이칼지역 개발 프로그램이다. 러시아에서는 지난 2002년 3월 19일 정부령 No.169에 따라 2010년까지 프로그램의 실행기간을 연장하고 종전 프로그램의 목표, 과제, 실행 메커니즘 보다 정확한 '1996-2005년 및 2010년까지 극동 · 자바이칼 지역의 경제 · 사회발전 연방특별프로그램'[5]이 채택된 바 있다. 그러나 이 프로그램은 과거 옐친 시기의 프로그램보다 그 위상이 격하되었다는 문제가 있었고 지역개발 프로그램을 수립할 당시 '에너지 전략 2020', '교통전략 2020' 등 여타 부문의 발전전략과 상호 연계되지 못했다는 한계가 있었다. 이러한 배경에서 2004년 3월 초 푸틴 대통령은 다시 한 번 극동 · 자바이칼지역의 인프라 확충 계획을 마련하도록 정부에 지시하였다. 그래서 이번 신극동지역 개발프로그램은 약 2년여 기간의 논의를 거쳐 기존의 프로그램

5 Правительство Российской Федерации(2002), Федеральная целевая программа ≪Экономическое и социальное развтие Дальнего Востока и Забайкалья на 1995~2005 и 2010 года≫, 2002. 3. 19.

을 수정한 결과물 이라고 평가할 수 있다.

둘째, 2007년 11월 21일 신극동지역 개발프로그램은 지난 2002년 3월 19일 승인된 극동지역 개발프로그램의 평가를 바탕으로 새로운 구상과 메커니즘으로 설정되었다. 2002년 프로그램은 단순한 낙후 지역의 개발 취지에서 실행된 것이 아니라 아 · 태지역에서 러시아의 지정학적 이해관계의 실현이라는 보다 상위의 '전략적' 구도에서 실행된 것이었다. 그러나 2002년 3월의 수정 프로그램은 소기의 성과를 달성하지 못했다. 가장 심각한 문제는 기존의 프로그램들과 마찬가지로 예측 실패에 따른 목표와 현실 간 괴리가 컸다는 것이다. 실제로 2002년부터 2010년까지 9년간 투입될 재원은 과거 1996년부터 2000년까지 실행된 예산과 거의 비슷한 수준이었다. 당초 예상과는 달리 극동 · 자바이칼 지역의 주요 거시경제지표의 성장률은 모두 목표치에 미달되었다. 그래서 결국 러시아 정부는 불가피하게 프로그램을 다시 수정할 수밖에 없었다. 이러한 배경에서 2007년 11월 21일 신극동지역 개발프로그램은 과거와 달리 중앙정부의 전폭적 지원을 바탕으로 총예산 규모를 대폭 늘리고, 연방재정 분담률도 75.3%까지 증대하는 등 대폭 다른 모습으로 계획되었다. 이는 정부가 일부 극동지역 경제 상황의 악화와 지역 간 불균등 발전의 심화, 그리고 인구의 지역이탈 등의 위기요소 등을 감안하여 신극동지역 개발 프로그램에 대규모 재정을 투입한 것으로 보여 진다.

러시아 정부는 여러 과제 중 '역내 주민 정착강화'를 가장 우선적으로 생각하였는데 이는 러시아 지도부의 불안감 심화 때문이었다. 러시아는 미국, 일본, 중국, 한국 등과 같이 역동적으로 발전하는 국가들에 인접해 있다. 그리고 최근 중국인들이 극동지역으로 대규모로 유입하여 '극동지역의 중국화'에 대한 우려의 목소리가 높아지고 있다. 또한 극동 · 자바이칼 지역의 아 · 태지역 국가에 대한 수입 의존도가 심화되고 있다. 그래서 러시아지도부는 주변 국가들이 극동시장에 대한 지배력을 강화하고 있다는 위협의식을 느끼게 되어 '역내 주민 정착강화'를 가장 우선적으로 실행하였다.

셋째, 러시아연방의 전략적 이해관계와 안보를 고려하여 극동·자바이칼 지역의 경제부문을 우선적으로 발전시키기 위해 인프라 구축 및 호의적인 투자환경 조성을 목표로 설정하였다.[6] 신극동지역 개발프로그램은 극동지역의 경제발전을 제약하는 열악한 인프라 환경의 문제를 해결하려는 것이었다. 그리고 원료가공 생산시설의 낙후 및 부족 등으로 인한 자원의 비합리적 이용 문제를 해결하고, 아·태지역 국가들과 비교하여 극동·자바이칼 지역의 높은 1차 산업 의존성 및 낮은 노동생산성, 낙후된 인력양성체계와 주민들의 낮은 생활수준에서 비롯된 양질의 노동력 부족 등과 같은 문제를 해결하려는 것이다.

넷째, 신극동지역 개발프로그램은 시베리아·극동지역의 자원을 효율적으로 개발하기 위해 만들어졌다. '선택'과 '집중'이란 관점에서 신극동지역 개발프로그램은 과거 2.1%에 불과했던 교통복합체에 무려 58%를 투입할 예정이며, 연료에너지복합체에는 23.9%를 투입할 예정이다. 향후 극동·자바이칼지역 개발이 교통복합체와 에너지복합체에 집중될 것이다.

그러나 이와 같이 신극동지역 개발프로그램의 수립이 중요한 의의를 가지고 있음에도 불구하고 프로그램이 수립될 당시부터 많은 문제가 있었다. 이 프로그램은 특별한 정치적 상황에서 만들어진 프로그램이었고, 이어 또 다른 프로그램의 수립이 전제되고 있었다. 과거와 달리 신극동지역 개발 프로그램은 2012년 APEC 정상회담에 맞추어 블라디보스토크의 개발을 위해 '아·태지역 국제협력센터로서 블라디보스토크 시의 발전'[7]이라는 하위프로그램을 포함하고 있었다. 이것은 전체 프로그램에서 매우 중요한 위치를 차

---

6 Правительство Россий ской Федерации(2007), Федеральная целевая программа 《Экономическое и социальное развтие Дальнего Востока и Забай калья на период до 2013》, 2007. 11. 21.

7 Подпрограмма "Развтие г. Владивостока как центра народного сотрудничества в Азиатско-тихоокеанском регионе", Правительство Россий ской Федерации (2007).

지하고 있다. 2008년부터 2012년까지 블라디보스토크 시 발전을 위해 하위 프로그램에만 총 1,485억 루블이 책정되었는데 이는 '2013년까지의 극동·자바이칼 지역의 경제·사회발전 연방특별 프로그램' 전체 예산의 약 1/4을 넘어서는 규모였다. 이것은 2012년 APEC 정상회담을 계기로 블라디보스토크를 '동방의 진주'로 키우려는 러시아의 의욕을 반영하는 것이기도 하다. 총 사업 규모(1,485억 루블) 중 중연방재정분담은 무려 1,000억 루블에 달한다. 이 프로그램의 실행을 위해 배정된 연해주 예산은 모두 108억 루블이며, 지방예산은 3,200만 루블이고, 예산외 재원은 377억 루블이다.

또한 신극동지역 개발프로그램은 2012년 APEC 정상회담 준비라는 정치적 기획에 의해 조급하게 수립되었다는 것과 러시아 전체의 지역개발 프로그램과 긴밀하게 연계되지 못하고 있다는 한계를 갖고 있다.

그러나 이러한 한계에도 불구하고 러시아 정부는 신극동지역 개발프로그램이 추진되면 해당 지역의 사회경제적 상황이 개선될 것이라는 낙관적인 전망을 갖고 있다.

러시아 정부는 신극동지역 개발프로그램이 지역의 발전과 관련된 다수의 중장기 전략들과 상호 긴밀하게 연계되어 추진되어야 한다는 필요성에서 '2025년까지 극동, 부랴트 공화국, 이르크츠크 및 치타 주의 사회경제발전전략 구상'을 연구하기 시작했다. '2013년까지 극동·자바이칼 지역의 경제·

표 1 ▸ 아·태지역 국제협력센터로서 블라디보스토크 시의 발전 프로그램 재원(단위: 백만 루블)

구분	2008~2012	2008	2009	2010	2011	2012
전체	148,522.5	22,299.8	31,635.9	45,620.5	46,366.3	2,600
연방예산	100,000	15,000	20,000	30,000	34,400	600
연방주체예산	10,821	1,944.3	3,225.9	4,157.5	1,493.3	-
지방예산	32	2	10	10	10	-
예산외 재원	37,669.5	5,353.5	8,400	1,145.3	10,463	2,000

자료: ПРИЛОЖЕНИЕ No. 11 к Федеральной целевой программе "Экономическое и социальное развтие Дальнего Востока и Забай калья на период до 2013"

사회발전 연방특별 프로그램'이 극동 · 자바이칼 지역의 인프라 개발의 핵심 전략이기는 하지만, 향후 '2025 전략'의 연구결과에 따라 극동 · 자바이칼 지역을 러시아 및 아 · 태지역에서 역할과 위상을 변화시키는 대책이 마련되어야만 한다.

그동안 극동 · 자바이칼지역의 정치엘리트들은 러시아의 지역정책과 관련하여 국가의 강력한 조정자적 역할을 요구해왔다. 그리고 극동 및 시베리아 들 일부 소외지역에 대한 '특별한 배려' 및 '전략적 접근'을 요청해 왔다. 그러나 이번 신극동지역 개발프로그램은 예전 프로그램들과 마찬가지로 가격 · 요율 · 통관 · 조세 · 재정정책에서 다른 지역과 차별화된 특혜를 극동 · 자바이칼지역에 단행하지 않았다. 지역 간 불균형 발전이 가속화되고 있는 상황에서 낙후된 극동 · 자바이칼지역의 사회 · 경제적 상황을 조기에 개선하기 위해서는 전략적으로 차별화된 지역정책을 선택하는 것이 불가피함에도 불구하고 중앙정부는 여전히 보수적인 태도를 유지하고 있다고 평가할 수 있다.

통상적으로 국내외에서 극동지역개발을 위한 전략이라 지칭되는 '2013년까지 극동 · 자바이칼 지역의 경제 · 사회발전 연방특별 프로그램'은 말 그대로 극동 · 자바이칼 지역의 경제 · 사회발전 인프라 사업에 대한 연방 정부의 대규모 재정 투입을 목적으로 하는 프로그램(program)에 불과하다. 만일 극동지역의 각종 지역개발프로그램의 기본적인 방향을 규정하고, 세부 목표와 과제 등을 포괄적으로 정의하는 최상위의 '전략(strategy)'이 수립된다면 하위 개발프로그램에서 논의되는 프로젝트의 내용 변경은 불가피하다. 이러한 배경에서 러시아내부 일부에서는 '2013년까지 극동 · 자바이칼 지역의 경제 · 사회발전 연방특별 프로그램'의 안정성과 실효성에 의문을 제기하기도 했다. 이에 2007년 말부터 시작된 '2025년까지의 극동, 부랴씨야 공화국, 자바이칼 지방, 이르크츠크 주 사회경제발전전략'[8] 최종안이 연구되어 2009년 5월 12일 정부에 제출되었다. 앞으로 정부의 승인을 거친 뒤 가격, 요율, 통관, 조세, 금융재정 분야에서 이 지역에 특별한 조건을 부여하는 등 '2025년까지의 극동, 부랴찌야 공화국, 자바이칼 지방, 이르크츠크 주 사회경제발전전략'의 실행에 필요한 각종 조치들이 뒤따를 것으로 보인다. 향후 '2025년까지의 극동, 부랴찌야 공화국, 자바이칼 지방, 이르크츠크 주 사회경제발전전략(안)'은 해당 지역의 정부기관, 재계, 정당 및 사회단체와 관련 전문가들의 논의와 시민 요구사항 등을 반영하여 최종안이 승인될 예정이다.

3) 연해주 사회 · 경제 발전전략

2003년 연해주는 '2004–2010년 연해주 사회 · 경제 발전전략'을 발표하여 연해주의 경제 및 삶의 질을 러시아연방의 최고 수준으로 끌어올리고 나아가 동북아시아 발전에도 기여한다는 계획을 수립하였다. 이에 따라 연해주정부는 사회, 이민 정책 및 노동시장, 주택 및 공공정책, 관광 휴양, 교통, 환경, 수산업, 임업, 광산업, 농업 등 9개 분야의 발전방안을 제시하였다. 각 분야의 발전을 위해서 첫째, 국내기업들과 외국기업들의 연해주에 대한 높은 관심을 유도하여 다양한 분야와 삶의 부분에 투자를 유치한다. 둘째, 주변 연방주체와 비교하여 상대적으로 독점할 수 있는 교통, 수산업, 휴양 등을 이용하여 발전을 도모한다. 이를 성실히 수행하면 2010년 연해주는 지역총생산(GRDP: Gross Region Domestic Product)과 1인당 국민소득이 연평균 7.9% 증대될 것으로 예측된다. 더불어 산업 및 사회 부문의 투자로 지역총생산(GRP)의 20%에 달하는 지역의 사회 · 경제 성장은 가속화 될 것이다. 이러한 전략 실행으로 러시아연방에서 투자환경이 좋은 5개 지역 중의 하나가 될 것이다.[9]

---

8 Минрегионразвития(2009), Стратегия социально-экономического развтия Дальнего Востока, Республики Бурятия, Забай кальского края и Иркутского област и на период до 2025(Проект), 12 мая 2009г.

연해주를 포함한 극동지역은 구소연방 붕괴와 전환기 경제체제의 내·외재적 문제로 인해 대부분의 산업이 급격한 쇠락의 길을 걷게 되었다. 그래서 모스크바 주변부와 경제적 격차는 점점 불균형상태로 빠지게 되었다. 따라서 푸틴 정부는 연해주 지역에 70억 달러 상당의 재화를 투자하여 정유공장과 석유 터미널 시설을 설비하고, 약 50억 달러를 투자하였다. 그리고 2012년 APEC회의가 개최될 블라디보스토크에 APEC회의장과 부대시설의 건설, '극동-자바이칼 연방프로그램의 재정 확대', '2020 에너지전략', '2020 교통전략' 등과 같은 지역균형 발전 프로그램을 추진하고 있다.

3. 연해주에서 한·러 경제협력의 중요성 및 현황

1) 연해주에서 한·러 경제협력의 중요성

연해주에서 한-러시아 간 경제협력은 주변국인 일본과 중국과 비교하여 남다른 차별성을 갖고 있다. 한국은 중국이나 일본처럼 러시아와 갈등을 내재한 민감한 외교적 현안이 없기 때문에 굳이 정경분리의 원칙을 내걸고 교류협력을 할 필요가 없다. 그리고 중국처럼 국경분쟁과 같은 어두운 역사에서 비롯된 불신의 벽을 넘어서야 할 필요성도 제기되지 않는다. 따라서 한국은 연해주 개발 진출에 있어 중국과 일본에 비해 양자 간 협력을 실현할 수 있는 잠재력을 가지고 있다. 그러나 한국은 중국처럼 접경국가로서의 이점을 가지고 있지 않으며, 일본과 같이 러시아 지역개발 프로그램에 축적된 경험과 노하우가 상대적으로 적다.[10]

---

9 http://www.wgeo.ru/russia/

10 성원용(2009), 「러시아의 극동지역 개발전략과 한중일의 극동진출정책 비교연구」, 『비교경제연구』 16권 2호, 188-193쪽.

러시아가 핵심적으로 추진하고 있는 시베리아 극동지역개발은 한국에게 한-러시아 경제협력을 비약적으로 발전시킬 수 있는 절호의 기회를 제공한다. 그러나 만일 한국이 이 기회를 적시에 제대로 활용하지 못한다면 중국과 일본에 밀려 시베리아 극동 진출의 호기를 상실할 수 있는 가능성이 있다.

그렇다면 한국에게 연해주(시베리아 극동) 진출은 어떤 의미를 갖는 것인가? 첫째, 지속적인 경제성장과 국가발전에 필요한 광물자원 및 에너지 등에 대한 대외의존율이 높은 한국 입장에서 연해주를 비롯한 시베리아 극동지역은 자원의 안정적인 공급처로서 에너지자원 외교의 핵심 대상지역이다. 둘째, 한반도의 평화와 통일을 위해 러시아의 협력이 필요한 상황에서 극동연해주 지역은 대러 협력의 전진기지이다. 셋째, 극동연해주지역은 정치, 경제, 외교안보, 군사적 측면에서 전략적으로 자국의 국익을 극대화하기 위해 동북아 주변국들 간 상호 견제와 경쟁이 펼쳐지는 공간이다. 그러나 이 공간은 한국에게 동북아 지역 내에서 한국의 국가적 위상을 제고할 수 있는 시험의 무대이기도 하다. 넷째, 극동연해주 진출은 전후 분단과 냉전에 의해 초래된 해양세력과 대륙세력 간의 단절을 극복하고 통일 한반도가 유라시아대륙으로 확장할 수 있는 기회의 통로이다[11]. 한국은 한반도종단철도(TKR)와 시베리아횡단철도(TSR)의 연결로 동북아 물류의 중심으로 도약할 수 있다. 다섯째, 안정적 해외식량 공급 기지를 확보할 수 있다. 연해주는 러시아에서 2대 쌀 경작지로 통일 후 안정적인 식량공급 뿐만 아니라, 곡물 자급률이 5% 미만인 한국에게 가장안정적인 식량공급지로 대두되고 있다. 연해주는 청정지역 Non-GMO 농산물 생산지역으로 고품질의 안전 농산물을 생산하고 있기 때문에 여기 생산물을 국내에 공급할 수 있다면 중국산 농산물의 상당부분을 대체할 수 있는 길이 열릴 수 있을 것이다. 또한 이 지역은 한반도와 접하고 있기 때문에 저렴한 물류비가 예상되어 향후 통일 후의 한반도 가장 적

11 이재영 외,「한국의 주요국별 · 지역별 중장기통상전략: 러시아」, 대외경제연구원, 159-162쪽, 2007.

표 2 ▸ 남 · 북 · 러 경제협력의 메트릭스

구 분	남한	러시아	북한
노 동 력	◇◇◇	◎◎	◎◎◎
자 본	◎◎◎	◇◇	◇◇◇
기술력 및 경영능력	◎◎◎	◎	◇◇
토 지	◎	◎◎◎	◇◇◇
시 장	◎◎◎	◎	◎

주: ◎ 약간 보유, ◎◎ 보통 보유, ◎◎◎ 많이 보유, ◇ 약간 결핍, ◇◇ 보통 결핍, ◇◇◇ 많이 결핍

합한 식량공급지로서 적합하다. 여섯째, 연해주는 남 · 북 · 러 3국 경제협력을 추진할 수 있는 최적지이다. 연해주는 북 · 러와 국경선을 접하고 있어 그동안 논의되어 왔던 남 · 북 · 러 3국 간의 경제협력을 추진할 수 있어 상호 Win-Win 할 수 있는 지역이다. 한국은 자본과 시장경제에 입각한 경영 분야를 북한은 노동력을 러시아는 토지자원을 제공하여 공동의 이익을 실현해 나갈 수 있을 것이다.[12]

2) 연해주에서 한 · 러시아 경제협력 현황

한국의 연해주 진출은 러시아와 수교 이후 급속히 증가하였다. 한국 기업의 연해주 진출은 농업부문을 중심으로 본격적으로 이루어졌다. 농업부문에 대한 직접투자는 1991년 주)고합상사가 연해주 우수리스크 미하일로프카 지역에 진출한 것이 시작이었다. 이후 아르쫌 지역에 우리 기업들의 봉제공장 진출을 비롯하여 기타 제조업, 수산업, 정보통신 등 분야로 진출하고 있다(부록 1 참조).

우리 기업의 극동지역 직접투자(FDI)는 지속적으로 증가하여 2007년에는 1,934만 달러에 이르렀으나, 글로벌 금융위기로 인하여 2009년 FDI는

12 강명구 · 윤재희, 『중앙아시아 및 극동러시아 경제』, 서울: 선학사, 2005.

표 3 ▸ 한국의 극동지역 주별 FDI 현황 (단위: 천 달러)

구분	2004	2006	2007	2008	2009
극동지역	3,280	8,011	19,135	5,466	19,538
사하 공화국(야쿠찌야)					3,714
캄차카 주	5	1,526	543		81
연해주	2,876	3,971	1,459	3,097	3,083
하바롭스크 주	80		28		631
사할린 주	318	2,513	17,105	2,369	12,029

자료: Федеральная служба государственной статистики

1/3로 감소하였다. 그러나 2009년 들어와 국제 유가 상승과 러시아 정부의 경기부양책으로 소비수요가 증가하면서 우리 기업의 FDI는 2007년 수준인 1,954만 달러 수준으로 회복되었다.

우리 기업의 연해주 FDI는 2007년 146만 달러로, 2006년 397만 달러에 비해 63.3% 감소하였으나 2009년 FDI가 308만 달러가 증가되어 2007년 대비 111.3%로 증대되었다. 이러한 우리 기업의 연해주 FDI 증가는 2012년 APEC 정상회담 개최를 위한 각종 사업에 수행에 따른 경기회복이 빠르기 때문으로 보여 진다. 2009년 산업별 투자는 제조업이 267만 달러로 1위를 차지하였다. 그다음은 전통적 투자분야인 농업으로 26만 달러가 투자되었다.

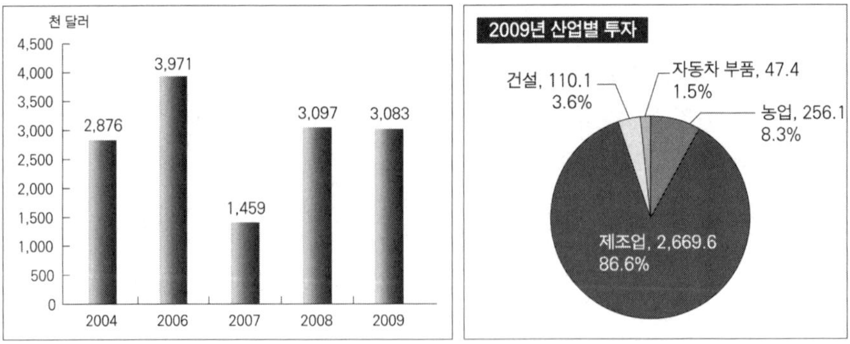

자료: Федеральная служба государственной статистики

그림 1 ▸ 우리 기업의 대연해주 투자 추이

표 4 ▸ 국별 연해주 FDI 현황 (단위: 천 달러)

구분	2004	2006	2007	2008	2009
일 본	25,839	8,478	2,811	12,564	20,983
키프러스	24,148	-	117	3,140	3,351
한 국	2,876	3,971	1,459	3,097	3,083
중 국	312	106	1,697	2,279	1,627
세이셸제도	-	0	4,637	792	1,167
싱가포르	-	-	1	403	1,158
버진군도	-	-	98	373,707	71
룩셈부르크	-	-		193,596	-
미 국	5,021	-	582	18,465	-
스웨덴	-	-	-	10,457	-
기 타	2,619	87	129	6,082	195
연해주 전체	60,814	12,643	11,529	624,583	31,636

자료: Федеральная служба государственной статистики

2009년 연해주의 FDI 국가별 순위는 1위 일본(2,098만 달러), 2위 키프러스(335만 달러), 한국은 3위이다. 한국 정부 및 기업들은 러시아의 경제성장 잠재력을 인식하고 있지만 FDI 조사 결과 주변국들에 비해 극동지역에 대한 투자가 아직 미흡하다. 그러나 연해주는 2012년 APEC 정상회담을 기점으로 괄목할만한 성장을 달성할 것으로 전망된다. 때문에 우리 기업들은 선진출하여 시장을 선점할 필요가 있다.

3) 연해주 투자진출 문제점

한국의 대러시아 투자는 러시아 개방 이후 다른 국가들의 러시아에 대한 투자 열기가 고조된 것과 다르게 적극적이지 못하였다. 이러한 시간적 지연은 다른 국가와의 경쟁에서 점점 뒤처지는 결과를 가져오게 하였다. 또한 한국은 일본이 실행 중인 중앙아시아정부개발원조(Official Development Assistance: ODA)를 통한 러시아 진출 기회도 놓쳤다. 이와 같이 한국의 러시아에 대한 미흡한 투자의 원인은 다음과 같이 분석 할 수 있다.

첫째, 소극적인 투자 접근이다. 우리나라 기업들의 투자는 유럽, 미국, 그리고 동북아 국가인 중국 및 일본 등에 비하여 소극적으로 투자 접근을 하였다. 소련 붕괴 후 우리나라 기업들은 몇몇 대기업을 제외하고는 불안한 러시아에 투자하기를 회피하였으며, 정치적 안정화가 이루어지고 난 후에도 공격적인접근이 이루어지지 않아 러시아 투자에 후발국가가 되었다.

둘째, 투자분야 및 지역의 편중화이다. 선진국들은 과거 냉전시대에도 구소연방과 외교 수교 및 대외교역이 이루어진데 반해 우리나라는 진출 전략이 전무했다. 그래서 같은 시기에 진출한 다른 국가에 비해서 낮은 시장 점유율을 가지고 있다. 또한 투자지역도 수도인 모스크바, 고려인들이 집단 거주하고 있는 연해주 및 사할린으로의 투자가 편중되어 있어 쉽게 타 지방 지역에 접근할 수 있는 기회를 놓쳤다고 볼 수 있다.

셋째, 동경에 의한 투자이다. 과거 냉전 시대에는 상상하지도 못하던 러시아에 대한 투자는 기업들에게 마치 황금알을 놓는 지역으로 비춰져 전략적 대응 및 비전문가로 인한 투자로 초기에는 많은 손실을 초래하기도 하였다.

넷째, 우리나라의 산업 발전에 필수불가결한 에너지 분야에 대한 정부의 적극적인 진출 미흡이다. 우리나라의 러시아에 대한 에너지자원 분야의 투자는 지금까지 성공적인 사례가 없어 실패라고 볼 수 있다. 그러나 동북아의 경쟁국가인 중국과 일본은 대러시아 에너지자원 분야의 투자는 성공적이라고 할 수 있다. 중국은 시베리아 지역에, 일본은 민간 기업들에 의한 사할린 에너지 분야 진출이 특징이다. 사할린-I에는 일본 사할린오일이 30%, 세데코(SEDECO)가 30%의 지분을 보유하고 있으며, 사할린-II에는 미츄이 25%, 미쯔비시가 20%의 지분을 가지고 있는 등 각각 사할린 지역 석유 · 가스개발에 60%, 45%의 지분을 일본이 보유하고 있다. 중국은 국영석유공사(CNPC)가 시베리아 가스 도입을 2003년에 이미 결정하였다. 그러나 우리나라는 양쪽 모두에서 한국가스공사를 대표 컨소시엄으로 하여 진출하였으나 실패하였다. 이로써 우리나라의 러시아의 에너지산업 진출은 대표적 실패 사례라고 할 수 있다.

4) 경제 협력 시 유의사항

러시아연방은 글로벌화, 블록화 되는 세계경제에 있어 우리나라에 중요한 국가임은 틀림이 없다. 세계 경기회복과 2012년 APEC 정상회담의 성공적 개최 이후 러시아연방은 향후 동북아 나아가 세계화의 한 축이 될 것은 분명하다. 이에 우리는 러시아연방에 대한 적극적으로 진출을 하여 우위를 점할 수 있어야 하겠다. 그러나 러시아연방에 진출함에 있어 몇 가지 유의사항을 반드시 살펴보아야 성공적으로 진출할 수 있을 것이다.

첫째, 지역별 특성을 고려하여 투자하여야 한다. 러시아연방은 광대한 영토를 가지고 있어 지역마다 특징이 서로 다르고 산업구조 및 부존자원의 격차가 심해 진출 아이템과 지역 특성과는 부합되어야 한다.

둘째, 러시아연방법, 진출 지역의 법 조항을 꼼꼼히 살펴보아야 한다. 러시아연방법과 각 연방주체의 법률이 약간씩 차이가 나는 것들이 있어 이들에 대한 명확한 분석이 우선시 되어야 한다. 예를 들면 조세에 대한 연방조세제도와 지방의 조세제도를 면밀히 분석하여 손실이 발생하지 않도록 해야 한다.

셋째, 노사관계에 대한 사전 지식을 습득해야 한다. 러시아연방은 노동자에게 매우 관대한 법 조항을 가지고 있어 이에 대한 사전 지식을 반드시 습득해야 한다. 예를 들면, 휴가, 출산, 직원의 해고 등에 대하여 살펴보아야 한다.

넷째, 지역 주민의 민족 구성에 대하여 알아야한다. 러시아연방은 다양한 민족으로 구성되어 있다. 러시아연방의 구성 주체 중에서, 공화국과 자치구는 민족에 의하여 구분되어진 연방 주체이다. 따라서 민족구성에 따라 문화, 관습, 노동에 대한 인식 등의 차이가 나기 때문에 이들에 대하여 사전 지식을 습득해서 진출해야 한다.

이처럼 우리는 러시아연방에 대한 성공적인 진출을 이해서는 위의 4가지 유의사항을 반드시 살펴보고 지방에 진출해야 성공적인 진출이 될 수 있을 것이다.

4. 결 론

21세기는 글로벌화 되고, WTO 체제화된 세계에서 러시아에게 과거 냉전 시대의 강대국이 아닌 새로운 경제대국으로 발돋움할 수 있는 기회를 주고 있다. 이에 발맞추어 러시아는 개방 이후 혼란하고 무분별한 1990년대의 정치 및 경제적 잔재를 털어버리고 선진 경제대국으로 발돋움하려하고 있다. 이러한 사실은 2006년 G8 순회 회장국으로서 성공적으로 회담을 개최하고 이로 인해 회원국들로부터 진정한 G8의 회원국으로서 인정을 받게 된 것을 통해 알 수 있다

러시아연방의 정치 · 경제적 고도성장은 2000년 대통령에 취임한 B.B. 푸틴의 강력한 지도력에 의한 정치적 안정과 국제유가의 지속적인 상승이 기폭제가 되어 이뤄졌다. 이러한 요인으로 인해 러시아는 외화 보유고 세계 3위라는 경제대국으로 성장하게 되었다. 그리고 각종 국제 신용평가기관으로부터 높은 국가신임도를 받아 외국인투자가 급증하였다. 그러나 러시아연방에 대한 외국인투자는 각 연방주체들에 균형적으로 이루어지는 것이 아니라 일부 석유 및 천연가스 부존량이 많은 곳과 수도인 모스크바를 비롯한 대도시에 집중되어 국민들의 소득 불평등도 심화되어 지방 주민들 간 위화감 조성 등의 사회적 문제가 발생하게 되었다. 그래서 러시아연방 정부는 지방간 소득격차를 줄이기 위한 균형지방발전계획을 시행하게 되었다.

러시아연방의 균형지방발전계획 따라 중앙정부의 지방정부에 대한 투

자가 증대될 것으로 기대되고 있어 지방경제는 성장할 것으로 보여 진다. 이에 발맞추어 우리나라도 러시아에 대한 지난날의 문제점을 바로잡고 적극적으로 진출해야 한다. 우리나라의 러시아연방 지방주체들에 대한 투자진출은 향후 러시아의 WTO가입과 한국 · 러시아 FTA 체결 시 우리나라의 상대적 우위를 높일 수 있다. 따라서 우리는 상호보완적인 러시아와 각종 경제협력에서 우위를 점하게 되어 우리나라가 동북아에서 정치 · 경제적 영향력을 제고할 수 있는 계기를 마련하게 될 것이다.

부 록

부록 1 ▸ 러시아 극동지역 한국기업 진출현황

시베리아관구: 노보시비르스크주			
오리온 노보시비르스크사무소	2004	파이, 과자류 등 식품 유통	연락사무소, 지사
제이앤제이 인터네셔널	2005	종이, 필름	법인-단독(현지법인)
코러스	2000	인쇄 포장 기자재 및 각종 필름, 종이류	법인-단독(현지법인)
극동관구: 사할린 주 +연해주			
LG전자	2000	무역업-가전제품	지사
NEGATSIANT		인쇄지	지점
NTC	1998	서비스업-유무선 통신	법인-합작현지법인(영업)
아시아나 항공 사할린 지점항공 여객 운송			지점
PARCE	2000	의류 제조	법인-단독
Pacific Trading	2000	어업	
SH BOLSHOI	2001	티셔츠 생산	법인-단독
다우스틸	1996	무역-고철	지사
대한항공	1995	서비스업-항공여객서비스	연락사무소
동서 로지스틱스	1999	서비스업-포워딩 서비스	연락사무소
동춘해운	2000	해상운송	연락사무소
롯데상사	2000	무역업-과자류	지사
미진	1993	제조업-의류 (면바지, 티셔츠)	법인-단독, 현지법인(생산)
베료자 퍼시픽			법인-단독
보스톡 익스프레스	1995	무역 및 서비스업-여행업, 무역업, 서비스	법인-합작, 현지법인(영업)
삼성전자	1995	무역업-전자제품	지사
아러스	2000	의류제조	법인-단독
코스라	2001	니트 셔츠	법인-단독
티앤에이		각종 소비재	개인사업
파낙스	1992	무역업	법인-단독
호텔현대 블라디보스토크 비즈니스센터	1997	서비스업-호텔, 사무실임대	법인-합작(현지법인)
휘닉스	1992	가구	법인-단독

자료: http://www.kotra.or.kr/main/trade/center/world.jsp.의 자료를 재구성해 작성하였음.

부록 2 ▸ 러시아 극동지역 농업진출 업체 및 단체 현황

진출업체 및 단체	영농지역	진출시기	영농활동	비 고
(주)고합상사	미하일로프카 군 크레모보, 순얀센	1991	콩, 메밀, 채소	
(주)대아산업	빠쁘로프카	1991	콩, 메밀, 옥수수	
(주)대경	스체프노예	1995	콩, 옥수수	
한농복구회	달리네르첸스크 아레호보	1996	벼, 콩, 메밀, 옥수수, 채소	
(사)새마을운동 중앙협의회	호롤군 빼뜨로이치, 시비코프카	1997	콩, 메밀, 옥수수, 벼	
(주)대한주택건설사업협회	미하일로프카군 아브라모프카	1998	콩, 메밀, 옥수수	
농촌지도자 중앙연합회	체르니코프카군 와지모프카	1998	벼	
(주)남양 유니베라	호롤군 루가보에 노보제비차, 하산	1998	벼, 한약재	영농중
두레마을	우수리스크	1999	미정	
순복음교회	블라디보스토크	1999	미정	
발해영농사업단	야누친스크 군	1999	벼, 콩	
경기도 농업경영인연합회	스파스크 군	2000	콩, 벼	
대순진리회 상생복지회	젬추지느 등	2002	콩, 가공 등	영농중
(사)동북아평화연대	미하일로프카 군 아브라모프카	2003	채소, 화훼, 콩, 가공품	영농중
현대중공업	호롤군	2009	콩, 옥수수	영농중
경상남도	미하일로프카군	2009	벼, 콩, 옥수수	영농중

자료: 서울대 농업개발연구소, “북방국가에 대한 해외농업 진출방안 연구”, 농촌진흥청(2001)을 기초로 최근 자료까지 추가.

9 한민족 농업인 네트워크 구축의 필요성과 지원 방안
- 러시아 연해주를 중심으로

김완배(서울대학교 농경제사회학부 교수)

1. 머리말

1980년대 들어서 시작된 개방농정과 1993년 말 UR협상의 타결에 따른 WTO 체제의 출범으로 외국산 농산물의 수입은 큰 폭으로 확대되고 있다. 특히 WTO 도하 개발 아젠다 협상의 시작 및 중국의 WTO 회원국 가입 등으로 저가의 수입농산물에 의한 국내시장 잠식은 보다 가속화될 것으로 예상된다. 이는 필연적으로 국내 농산물의 소비기반을 위축시켜 농민들로 하여금 다투어 수지맞는 작목을 찾아 헤매게 하고 있다. 그 결과 채소, 과수, 축산 및 일부 특용작물 쪽으로 생산이 집중되고 이에 따라 거의 전 품목에 걸친 가격하락현상이 발생하고 있고 이는 다시 농가부채의 증가로 이어져 상당수의 농민들은 어려움을 호소하고 있다.

농촌의 생활환경 및 농민의 복지증진향상을 위한 농촌 개발 사업이 진행되어왔음에도 불구하고 아직까지 대부분의 농촌지역은 활기를 찾지 못하고 있다. 이에 따라 우리의 농촌은 '머물러 살고 싶은 곳'이기보다는 '언젠가는 떠나야 할 곳'이라는 인식의 굴레에서 아직까지 벗어나지 못하고 있다.

최근 세계적인 곡물가격 급등은 국지적이고 일시적인 현상이 아니라, 구조적이며 장기적인 현상인 것으로 전망된다. 전 세계적인 이상 기후와 개발도상국의 농업쇠퇴에 따른 농지잠식 등으로 공급 잠재력은 감소하고 있는 반면 곡물의 바이오에너지용 사용의 급증, 중국 등에서 축산물 수요 확대에 따른 곡물 수요의 가파른 확대 등으로 국제적인 곡물 수급 상에 불균형이 초래되고 있기 때문이다. 이로 인해 국내 곡물소비량의 70% 정도를 수입하고 있으며 그것도 국제곡물메이저의 처분에 의존하고 있는 우리의 입장에서는 각종 식품의 소비자가격 급등은 물론 미래세대를 위한 식량안보까지 위협받고 있는 실정이다.

이렇듯 내우외환에 시달리고 있는 우리 농업·농촌과 국가의 장래는 암울하기만 한 것인가? 이에 대한 본인의 생각은 우리의 선택 및 정책의지에 따라 농업은 '수지맞는 산업'으로, 농촌은 '돌아가 살고 싶은 곳'으로 분명히 변화시킬 수 있다는 판단이다. 고품질 농산물 생산을 통해 충분한 소득을 올리고 있는 농민들, 아직 적은 지역이기는 하나 살만한 곳으로 변신하고 있는 농촌, 해외시장에 상륙하는 우리 농산물의 종류가 확대되고 있는 점 등을 확인하면서 충분한 가능성과 잠재력을 발견하였다.

특히 해외시장과 관련하여 상당수의 재외동포 및 재외국민들이 현지의 농산물 생산 및 유통분야 등에서 성공적인 의지의 한국인 모습을 보이고 있다. 하지만 우리의 농업은 현지 사정이나 여건에 밝은 이 들의 장점을 활용하지 못한 채 농산물 수출 및 식량기지 확대를 위해 가시밭길을 헤매고 있다. 다른 한편 해외동포들은 우리 농업이 갖고 있는 장점(시설농업의 높은 기술력, 질 좋은 시설자재 등)에 쉽게 다가가서 이를 활용하는데 다양한 어려움을 호소하는 실정이다.

한반도를 비롯해 전 세계에 흩어져 각개 약진하고 있는 한민족의 농업을 한데 묶어 우리 농업의 활로를 여는 동시에 진정한 의미의 우리 농업의 국제화를 이룸은 물론 통일 이후까지를 대비한 식량안보를 확보하는 것이야말로 시급한 과제가 아닐 수 없다. 이 같은 역사적 과제를 추진하기 위해서는 엄청난 노력과 시간이 요구될 것이다. 다소 늦은 감이 없지 않지만 이제라도 시작해야 하며, 첫걸음으로써 한민족 농업인 네트워크 구축을 위한 구체적인 방안 마련이 요청된다.

본고에서는 우선 한민족 농업인 네트워크 구축의 필요성을 논한 다음 러시아 연해주지역을 중심으로 농업 여건과 해외농업개발 진출 현황을 살펴보기로 한다. 제5장에서는 연해주지역에 대한 해외농업개발 사업을 보다 활성화시키기 위한 과제를 제시해 보기로 한다.

2. 한민족 농업인 네트워크 구축의 필요성

세계무역기구(WTO)의 출범은 모든 분야에서 자유무역의 본격적인 확산을 알리는 신호탄이었으며, 한국의 농업 역시 우리의 의지와는 상관없이 개방화 세계화의 물결에 합류하지 않을 수 없게 되었다. 이 같은 물결을 미처 예상하지 못한 채 수입금지라는 비관세장벽 속에서 안주해 온 우리농업은 무역장벽을 철폐 내지는 낮추라는 강압적인 요구에 어찌할 바를 모른 채 허둥댈 수밖에 없었던 것이 사실이다.

우루과이라운드 농산물 협상이 타결된 지 어언 18년, 그동안 우리 농업의 경쟁력을 제고시키기 위한 다양한 노력들이 이루어져왔음에도 아직껏 우리 농업은 활력을 되찾지 못하고 있다. 수세적인 입장이 강조될 수밖에 없었던 상황으로 인해 나라 밖을 쳐다볼 여유를 갖지 못한 채 개방 물결을 다소나마 완화시키고 피해대책을 마련하는 데 재원과 노력을 집중해 온 점 역시 부정하기 힘들 것이다. 수세적인 대처만으로는 우리 농업의 활로를 찾는 것이 어렵다는 점이 증명된 이상 다른 대안을 모색할 필요가 있다.

그렇다면 우리 농업의 회생을 위한 제3의 길은 어느 방향일까? 바로 인접해 중국이 있고 가격 측면에서 그들과의 경쟁이 사실상 불가능하므로 국내 저가 · 저품질 시장은 중국 농산물을 필두로 하는 저가 수입농산물에 내줄 수밖에 없다는 점을 인정한다면, 우리의 선택은 품질을 강조하는 고품질 농업일 수밖에 없을 것이다. 친환경농업을 포함한 고품질 농업은 과연 완전한 대안이 될 수 있는가? 국내 저가 · 저품질 시장을 양보하게 되는 것인 만큼 부분적인 대안일 수밖에 없고, 국내에서 잃은 시장을 해외에서 만회할 수 있을 때 다시 말해서 수출농업이 더해져야만 바람직한 대안이 될 수 있을 것이다.

한편 통일 한국의 농업을 상상해 볼 때 또 다른 고민이 제기된다. 북한지역의 극심한 식량난과 26%수준에 불과한 남한지역의 식량자급률 상황을 곡물메이저가 장악하고 있는 독과점 형태의 세계 곡물시장구조에 투영시켜 보면 통일한국의 식량안보가 보다 심각한 문제로 대두됨을 쉽게 인식할 수 있을 것이다.

수출농업과 통일한국의 식량안보라는 두 가지 화두를 보다 효과적이며 동시에 풀어갈 수 있는 지름길은 없는 것일까? 이에 대한 해결 실마리는 해외에서 찾아야 할 것 같은데 잠시 나라 밖 사정을 살펴보기로 하자. 우리나라는 해외동포(해외교포 및 재외동포) 측면에서 5,500만 명의 화교, 860만 명의 유태인에 뒤이어 세계에서 3번째로 많은 700만 명에 이르는 해외동포를 갖고 있는 교민대국이다. 미국(210만 명), 중국(220만 명), 일본(100만 명), 구소련(60만 명), 캐나다(10만 명), 중남미(10만 명) 등 모두 170여 개국에 걸쳐 해외동포가 분산되어 있다. 더욱이 이들 중 많은 동포들이 농업생산 분야는 물론 유통 · 가공 등 농업관련 산업 분야에 종사하고 있는 것으로 나타나고 있다.

특히 농업분야에 종사하는 해외동포들의 대부분은 현 위치에 오르기까지 모국의 별다른 도움 없이 자력으로 이루어낸 까닭에 그 어느 나라 동포보다도 자생력이 뛰어나고 현지사정 등을 속속들이 꿰고 있다는 특징이 있다.

하지만 우리의 수출농업이나 통일한국의 식량안보 확보를 위한 정책들은 이들의 엄청난 잠재력과 역량을 활용하지 못한 채 추진됨으로써 상당한 정도의 재원 낭비는 물론 진척 속도 역시 느린 것으로 판단된다. 다른 한편 해외동포의 입장에서는 모국에서 개발한 새로운 기술 및 자재, 신상품 등에 접근할 수 있는 통로가 극히 제한적일 뿐만 아니라 지원 등은 기대조차하기 힘들었던 탓에 홀로서기에 몇 배의 땀과 인내가 요구되었던 것이 사실이다. 다소 늦은 감이 없지 않지만 이제라도 농업분야의 해외동포들과 모국이 힘을 합쳐 한민족 농업인 네트워크를 구성하고 이를 조직적이며 체계적으로 관리한다면 앞서 언급한 두 가지 화두를 보다 빠르게 성공적으로 이루어갈 수 있을 것이다.

이에 더하여 중국내 조선족, 구 소련지역의 고려인, 중국 및 러시아 지역의 탈북자 문제도 한민족 농업인 네트워크를 통한 농업문제차원에서 접근할 경우 보다 큰 성과를 거둘 수 있을 것이다. 예를 들어 중국내 조선족의 대부분은 쌀과 옥수수 농사를 주로 하고 있는데 이들 곡물의 중국내 생산량이 급증하면서 가격이 하락하고 이는 다시 조선족의 농업소득을 낮추게 된다. 농업소득이 낮아지면서 조선족은 보다 소득이 높은 일자리를 찾아 중국내 다른 지역으로 이주하거나 모국을 찾게 되는 등 조선족 사회가 급격히 붕괴하고 있는 실정이다. 중국의 1인당 평균소득이 증가함에 따라 축산물, 채소류, 과실류, 화훼류의 소비가 확대되고 있어 이 같은 작목으로의 전환을 통해 농가소득을 올릴 수 있다. 하지만 대부분의 조선족은 이들 작목에 대한 재배 및 사육기술이 부족하거나 작목전환에 필요한 자금이 없어 그림의 떡인 경우가 많다. 모국 또는 다른 나라 해외 동포가 자본과 기술을 지원한다면 중국내 동포들은 고소득을 올리며 조선족 사회를 탄탄하게 유지시켜 나갈 수 있게 될 것이다. 또한 통일한국의 식량안보문제에 대비하여 러시아 연해주 지역에 대한 해외농업개발투자 사업을 추진하는 데 탈북자들을 고용하면서 모국 또는 해외동포가 자본과 기술을 투자한다면 탈북자 문제와 해외농업개발 사업을 연계시켜 해결할 수 있을 것이다.

연해주지역을 포함한 해외농업개발 사업은 국내의 부족한 식량을 안정적으로 확보하는데 그치는 것이 아님을 명심할 필요가 있다. 해외기지에서 생산된 농산물을 원형 형태로 또는 가공하여 해당 국가는 물론 제3국으로 수출하여 외화를 획득하는 수출기지를 마련하는 것이고, 국내에서 유휴 되고 있는 농업전문 인력 및 청년층 세대에게 해외에서 훌륭한 일자리를 제공하는 것이며, 비료 · 농약 · 농기계 등 농업생산자재, 농산물 가공 및 유통 기업 등 농업관련 기업의 해외진출을 촉진시킬 수 있는 소중한 기회가 되는 것이다. 아무튼 한민족 농업인의 역량 결집은 비단 농업분야발전에 그치지 않고 국제화의 소용돌이 속에서 한국의 위상 재정립은 물론 우리의 미래세대에게 경제적 영토를 확대해 주는데 크게 기여할 것으로 생각된다.

3. 러시아 연해주의 농업 여건

1) 연해주의 일반 현황

극동러시아의 인구는 600만 명에 불과하지만, 면적은 남한면적의 약 70배이며 10개의 자치주로 구성되어 있는데, 이 중 연해주(Primorsky Krai)는 러시아 극동지역의 남부에 자리 잡고 있다. 면적은 16만 5,900km²로서 한반도의 약 0.75배이고, 서쪽은 중국의 헤이룽장(흑룡강)성, 동쪽은 동해, 북쪽은 하바롭스크 주, 남쪽은 두만강을 사이에 두고 북한의 함경북도와 17km 길이의 국경을 접하고 있다.

한국의 태백산맥처럼 시호테알린산맥(Sikhote-Alin Mts.)이 동쪽에 치우쳐 있어 연해주를 동서로 양분하고 있다. 연해주 서쪽, 중국의 헤이룽 장 성과 맞닿은 곳에 극동에서 가장 큰 항카 호가 있으며, 항카 호와 우수리 강 주변에 넓은 평야지대가 펼쳐져 있으며 인구의 대부분이 연해주 서쪽에 거주하고 있다.

연간 강수량은 최저 600mm에서 최고 900mm 정도로 벼농사를 짓기에는 강수량이 부족한 편이기는 하지만 강수량이 연중 고르게 분포하여 콩, 밀, 보리, 귀리, 티모시 등의 농사에는 적당하다. 하지만 항카 호 주변 지역은 1950년대에 구소련이 중국과 한국, 동남아시아 지역에 공산 혁명이 일어 날 경우에 대비해 식량 공급기지 특히 대규모의 논을 조성한 지역이다. 따라서 항카 호의 농업용수를 이용해 벼농사를 지을 수 있도록 관개시설 이 잘 갖추어져 있다. 현재 항카 호 평야지대에서는 대부분 항카 호의 농업용수를 이용해 벼농사를 짓고 있다.

연해주는 일반적으로 겨울 기온이 극히 낮고 강설량이 작아 동토 층이 깊게 형성되며 동토 층은 이듬해 4월 말에 가서야 완전히 해동된다. 하지만 최근 3~4년 전부터 기후변화의 영향으로 겨울철 강설량이 눈에 띄게 증가하고 있다. 최근 지구 온난화 현상에 따라 연해주지역이 기온이 상승하고 있을 뿐만 아니라 강수량 역시 증가하는 추세를 보이고 있다(김완배, 2008). 최근 3년간(2005~2007)온도 변화만 보더라도 연해주지역 5곳(스파스크, 항카, 우수리스크, 블라디보스토크, 핫산) 모두 최저 및 최고기온이 모두 상승하고 있고, 강수량 역시 같은 기간 동안 5곳 중 3곳(스파스크, 항카, 핫산)에서 증가하고 있다. 따라서 연해주 지역이 기온 및 강수량 등 기후측면에서 농업생산에 적합하지 않을지도 모른다는 일부 우려를 해소시킬 수 있을 것으로 판단된다.

연해주의 인구는 2010년 말 기준으로 약 200만 명 수준이며, 주민의 85%가 러시아인이며, 우크라이나인 9%, 기타 우데게이족을 비롯한 소수민족이 있고, 우수리스크 시를 중심으로 고려인은 약 5만 명이 거주하고 있다. 연해주 주정부에서는 지속적인 인구 감소 문제 해결을 위해 많은 노력을 하고 있음에도 불구하고 연해주 거주 러시아인들이 극동지역보다 발전되어 있고 살기편한 모스코바 인근 러시아 서부지역으로 이주해 가고 있다. 이에 대응해 주정부는 급격한 인구 감소를 막기 위해 일자리 창출과 사회 인프라 확충에 집중 투자를 하고 있으며, 이를 위해 농・축산업 진흥 정책과 외국인 투자 유치 등의 정책을 펴고 있다. 교통은 철도가 발달되어 있으며 도로사정은 다소 열악한 편이다. 하지만 2012년 블라디보스토크에서 APEC 정상회의가 개최될 예정으로 있어 최근 고속도로의 건설, 간선도로의 확・포장공사가 대대적으로 진행되고 있다. 또한 시베리아 횡단철도가 극동러시아와 연해주 지역을 관통하고 있다. 연해주는 러시아에서 유일하게 부동항인 블라디보스토크와 자루비노 등 산업화된 항구도시를 가지고 있다. 이에 따라 극동러시아 지역 해상 운송량의 80%가 연해주에 집중되어 있다. 블라디보스토크 항 및 자루비노 항과 속초항, 일본의 니이가타 항 간의 항로는 이미 개설되어 있어 블라디보스토크 항에서 속초항은 물론 일본으로 컨테이너를 이용 수출할 수 있다.

2) 연해주의 농업현황

연해주는 극동지역에서 농업이 가장 발달한 지역임에도 불구하고 상당량의 농산물과 식품을 러시아내의 다른 주 및 외국으로부터 수입하고 있다. 1993년 개혁 개방 이후 급격한 시장 개방으로 저가의 중국산과 중앙아시아 농산물, 특히 채소류와 돈육은 중국산, 과실류는 중앙아시아산 등이 연해주 농산물 시장을 장악하기 시작했다. 이는 연방 정부의 수매 등 지원 정책에 대한 의존도가 높았던 다수의 국영농장들과 농업관련 기업들이 연방 정부의 지원이 끊기게 되면서 과도한 부채와 세금, 전기와 연료 부족, 농기계의 노후화 문제 등이 겹쳐 파산하였기 때문이며. 또한 개혁 개방에 따라 국영농장의 농지를 해당 농민들에게 일정 규모씩 분배해 주었으나 농민들 역시 자본 및 경영능력 부족 등으로 영농활동을 지속할 수 없게 되어 연해주 전체에 걸쳐 상당정도의 농업생산기반이 붕괴된데 기인한다.

연해주의 농경지 총면적(초지 포함)은 240만ha 이나 이 중 절반 정도만이 영농에 활용되고 있으며 나머지 농경지는 거의 방치 상태이다. 이 때문에 농업시설 또한 제대로 관리되지 못하는 상황이 발생하고 있다. 농경지의 이용률이 낮은 것은 개혁 개방 이후 가족농이 창설되었지만 이 중 많은 농민들이 시장경제에 적응하지 못하고, 개별 영농에 실패한 농민들은 영농활동을 축소하게 되었기 때문이다. 또한 구 소련시절 중앙정부의 권력 강화 등의 이유로 농업생산자재 생산시설의 분산 입지로 인해 비료, 농약, 농기계 등 대부분의 영농자재는 4,000~5,000km 떨어진 중앙러시아 지역으로부터 수송해 오고 있어 과다한 물류비로 인해 생산자재의 가격 수준이 높은 편이다. 연해주는 하절기에 일조시간이 길어 일조량 부족문제는 없지만, 동절기가 길어 생육기간이 짧기 때문에 서리 또는 눈 등이 일찍 내릴 경우 작황에 문제가 발생하는 경우가 있다.

과거 사회주의 시절에는 집단영농체제인 콜호즈, 소포즈를 통한 영농이 이루어졌으며 모든 시설이 잘 구축되어 있었고 관리체계도 원활히 작동하였다. 하지만 개혁개방 이후 시장경제가 도입되고 가족농이 창설되면서 각자의 농장을 직접 책임져야 하는 농민들은 시장경제에 대한 이해 부족과 자본부족 등으로 연해주 농업은 쇠락과정을 걷게 된 것이다. 곡물 재배가 가능한 농경지의 임차료는 ha당 연간 1~1.5달러로 매우 낮은 수준인 반면 채소 재배를 할 수 있는 농지는 임차료가 ha당 연간 5,000루블(한화 약 20만 원) 정도로 상당히 높은 수준을 보이고 있다.

2008년 기준 연해주 농업 생산액은 116억 루블로 전년대비 9.6% 증가하였다. 농작물 파종면적은 308.3천 ha이며, 작물별로는 식용 곡물류 110천 ha, 콩 116.2천 ha, 감자 30.1천 ha, 채소 8.6천 ha, 사료용 곡물 42.9천 ha 등이다. 곡물 총생산량은 전년 대비 23% 증가하였으며, 콩은 3배, 채소 8%, 감자 0.8% 정도씩 증가하였다. 연해주 곡물 생산량의 84%와 콩 생산량의 78%는 영농 기업에 의해 생산된 반면, 감자 생산량의 86%와 채소 생산량의

68%는 개인영농(개별 농민 및 도시민의 다차 생산)에 의한 생산이다.

3) 연해주의 주요 생산 농작물

(1) 벼

연해주의 토양은 전반적으로 입자가 미세하고 뭉근 점질토로서 물 빠짐 현상이 적어 수도작 재배에 적합하고, 건답직파 후 용수를 통해 벼를 재배하고 있다. 반면 콩, 옥수수 등 밭 작목의 경우에는 수직배수가 힘들어 약간의 경사가 있는 농지에서 수평배수 방식으로 재배하고 있다.

(2) 콩

콩의 원산지로 알려진 중국 동북3성지역과 인접한 연해주는 고품질 유기농 Non-GMO 콩을 생산하는데 최적지라고 하겠다. 러시아 정부는 GMO 품종재배를 일체 허용치 않고 있어 연해주에서 재배되는 모든 콩은 Non-GMO 콩이다. 특히 현재 연해주에서 재배되고 있는 콩은 미국 및 브라질산에 비해 단백질 함량이 높아 유지용 보다는 두부, 청국장, 낫토, 콩나물 등 식용에 적합하다. 러시아인들은 전통적으로 콩기름(대두유)으로 요리를 하므로 연해주에서 생산되는 콩의 전량은 러시아 내수용으로 공급되고 있다. 극동 러시아 지역에 대두유를 공급하고 있는 유일한 콩기름 가공공장은 우수리스크에 위치하고 있다.

(3) 밀

러시아인의 주곡인 밀을 생산하기 위해 1960년대 구소련이 정책적으로 생산 인프라를 구축했다. 구형 농기계의 대부분이 밀 생산용 농기계였으며 정선, 건조, 보관시설도 모두 밀 위주의 시설이다. 연해주에 진출한 국내업체의 일부는 밀을 재배하고 있는데, 밀의 수확 시기는 8월 말, 콩의 수확 시기는 9월 말이므로 콩만을 재배하는 경우에 비해 농기계의 이용률을 향상시킨 수 있음은 물론 연작피해를 예방할 수 있는 장점이 있다고 한다. 현재 생산된 밀은 러시아 내부 수요가 많아 전량 내수용으로 판매하고 있으며 수확기에는 밀을 구매하기 위해 시베리아지역 등으로부터 상인들이 농장을 방문하고 있는 실정이다.

(4) 옥수수

최근 바이오에너지의 개발영향으로 옥수수가 러시아에서도 주목받고 있으나 아직까지는 주로 사료용이다. 옥수수는 러시아 내수시장용으로 생산되고 있으며 축산물 소비확대에 따라 수요량이 급증하고 있는 반면 공급이 부족하여 가격이 지속적으로 상승하고 있다. 옥수수의 부산물인 옥수수 콘컵(옥수수를 따낸 몸통)도 버섯재배용으로 수요가 급증하고 있다. 다만, 옥수수의 재배는 파종기, 수확기 등 옥수수 전용 농기계와 가공, 정선설비도 별도의 전용라인 설치가 요구되는 까닭에 투자비용이 큰 것이 부담이 되고 있다.

(5) 메 밀

러시아인의 규격식단 중 매주 1회씩 메밀밥을 먹고 있다. 과거 집단농장시절 탁아소를 비롯한 모든 공공기관에서 매주 1회씩 의무적으로 식용토록 했는데 이는 육류섭취가 과다한 러시아인들의 건강을 고려한 정책이었다고 한다. 이러한 식문화로 인해 현재도 러시아인들에게 메밀은 주요 소비 곡물이며, 메밀밥맛은 팥밥과 냄새나 맛이 거의 흡사하다. 메밀은 작물의 특성상 토질의 지력을 향상시키는 역할을 하므로 장기 간 방치된 휴경지에는 메밀 경작이 우선 고려되고 있음. 생육기간도 50일 정도로 짧아 다른 곡물의 파종이 끝날 시기인 6월 말 파종이 가능하다.

4) 연해주 축산업 현황

2009년 1월 기준으로 연해주에서 사육되고 있는 가축 수는 소 61천두(이 중 젖소 33.3천두)이며, 돼지 80.3천 마리, 양·염소 27.9천 마리, 가금류 3.5백만 마리 등이다. 연해주의 축산물 생산량은 페레스트로이카 이후 지속적으로 감소하고 있는 실정이다. 기존 사육 농가들의 파산은 저가의 중국산 축산물 수입의 영향이 크다. 그러나 주정부의 축산업 진흥에 대한 의지가 강해 축산업이 지속적으로 축소되지는 않을 것으로 전망된다.

낙농분야 역시 품종개량 및 사양기술의 미흡 등으로 생산성이 낮아 젖소 사육두수가 감소하고 있고, 이는 유제품 수입량 증가로 이어지고 있다. 반면 닭, 거위와 같은 가금류는 사육이 쉽고, 시설투자가 거의 필요하지 않기 때문에 가금류와 계란의 생산량은 지속적으로 증가하고 있다.

특히 우유 생산은 품종 및 사양기술 등의 문제로 인해 계절에 따른 생산량 진폭이 클 뿐만 아니라 연간 두당 착유량 역시 상당히 낮은 수준이다. 한국의 경우 젖소 1마리 당 착유량이 연간 9,000L~10,000L 수준인데 비해, 연해주의 착유량은 3,000L정도에 불과한 실정이다. 따라서 시유의 경우 어느 정도 자급하는 수준이지만 대부분의 유제품은 수입에 의존하고 있다. 기온이 높은 여름에는 시유 생산량이 소비량보다 많지만, 기온이 떨어지는 겨울에는 우유 생산량이 급격히 줄어 여름에 남은 물량을 분유로 만들어 겨울에 소비하고 있다. 소득증가에 따라 육류 및 유제품 소비량은 지속적으로 증가하고 있으며, 연해주 지역의 육류 및 유제품 소비량은 극동지역 평균 소비량에 비해 다소 낮은 수준이다. 따라서 연해주 지역의 육류 및 유제품 소비 잠재력은 크다고 볼 수 있다.

축산물 생산량이 지속적으로 감소함에 따라 주정부에서는 2003년부터 축산업 진흥정책을 펴고 있다. 주요 시책으로는 생산자재에 대한 정부지원을 통해 축산 농가들의 생산비 부담을 덜어주고, 육류 수입에 대한 수입쿼터제의 시행 등이 있다. 하지만 이 정도의 대책만으로는 저가의 수입품에 대응하기 힘들어 전체적인 축산물의 생산량은 줄어들고 있다. 다만 일부 선도 축산 농가들은 축산물 진흥 정책과 육류 수입 쿼터에 힘입어 상당한 수익을 내고 있어, 선도 농가들은 지속적으로 경영규모를 확대하고 있다.

5) 연해주 농축산업의 문제점

현재 연해주의 농업은 농민들의 자본 및 경험부족, 농기계를 비롯한 농업생산자재 부족 문제, 생산성이 낮은 품종, 불충분한 외부투자 등으로 인해 활력을 찾지 못하고 있다. 사회주의시절 집단농장체제로 인해 농민들은 농업을 분업으로 경작한 경험밖에 가지고 있지 않다. 농업은 토양, 생산기반, 재배, 판매 등 각 단계가 유기적으로 연결되어 있음에도 불구하고 농민들은 사회주의 시절 집단농장 체제하의 분업적인 경험으로 인해 자신에게 맡겨진 분야만 알고 있다. 개혁 · 개방 이후 농장 운영을 총체적으로 운영해 수익을 내야 함에도 불구하고 대부분의 농민들은 부분적인 분야에만 익숙해져 있는 까닭에 농장경영을 유기적이며 총체적으로 이해하고 있는 전문경영 인력이 부족한 실정이다. 이로 인해 수익을 내지 못한 다수의 농장이 과도한 부채와 세금으로 파산을 하고 있을 뿐만 아니라 농업 생산성이 급격히 떨어지고 있다.

계획경제의 특징은 대규모 집단 농장을 기반으로 계획생산 및 분배라 할 수 있다. 시장경제로의 이행은 저절로 이루어지는 것이 아니라 계획생산과 분배체계를 대체해 줄 수 있는 체계의 마련이 요청된다. 다시 말해서 대규모 농장운영에 요구되는 민간자본의 유입과 생산된 농산물을 판매할 수 있는 충분한 시장을 필요로 하는 것이다. 현재 연해주에서는 소규모 농기업이나 개별 농민의 경우 대규모 영농에 요구되는 시설투자비와 운영비를 감당할 수 있는 재원이 부족한 실정이다. 또한 연해주 내수시장의 규모가 작아 다른 지역에서 수요를 확보해야 하는데, 연해주는 극동지역 맨 끝에 위치하고 있어 외국으로의 수출을 추진하지 않을 경우 시장규모의 확대가 어려운 상황이라 할 수 있다.

기존 집단 또는 국영농장의 저장 및 건조시설, 가공시설 등의 고정자산은 공동소유로 되어 있다. 개인이 경작과 가공을 하는 경우 공동소유의 시설을 개인적으로 이용하기가 쉽지 않을 뿐만 아니라 별도로 직접 건설하려 할 경우 비용부담이 커 농업에 대한 투자를 망설일 수밖에 없게 되어 있다.

구소련 시기에 원활한 주민 통제를 위해 마을 주변에 있는 농가를 마을 중심으로 이주시켜 단독으로 남아 있는 농가를 모두 없애 버렸다. 이에 따라 마을에는 농가가 밀집해 있는 반면 마을과 마을 간의 거리는 20~30km에 이를 정도로 멀게 되었다. 농가와 농지 간의 거리가 멀어짐에 따라 농기계나 인력의 이동이 자유롭지 못하게 되었음은 물론 추가비용이 발생하고 있고, 농장에서 생산된 농산물을 도난당하는 일도 빈번하게 발생하고 있다.

대단위 농장(농장 당 평균 7,500ha)을 경작하기 위해서는 대형 농기계가 필수임에도 불구하고 정부가 운영하는 농기계센터(MTS: Machinery Tractor Center)에서 보유하고 있는 농기계가 턱없이 부족할 뿐만 아니라 이것마저도 1988년 이전에 생산된 것이 대부분이어서 노후화 정도가 심각한 수준이다.

일각에서는 현재 연해주의 농업생산성이 낮은 이유로 인프라 부족, 산성화된 토지, 농업노동력 부족을 지적하고 있다. 하지만 이 같은 주장은 다음과 같은 이유로 적절치 않은 것으로 판단된다. 첫째 1950년대 사회주의 확장기에 동아시아지역에 대한 공산화 추진 시 식량 공급하기 위한 대단위 생산기지로 조성된 탓에 농지와 관개수로, 기반시설 등 농업 인프라가 상당히 잘 갖추어져 있는 편이다. 예를 들어 항카 호 주변에 조성된 25~30만 ha에 이르는 논은 한 필지의 규모가 6~10ha 수준이며 거의 완벽한 수평작업과 관개수로 시설이 갖추어져 있다. 둘째, 1993년 개혁 · 개방 이후 농업생산기반이 붕괴되면서 유휴지로 남아 있는 농지가 낙엽, 풀 등의 퇴비로 인해 자연적으로 비옥해져 있어 오히려 우리나라의 토양수준 보다 낫다는 평가를 받고 있다. 셋째, 도시화가 진전되고는 있으나 아직까지 다수의 인력이 농촌지역에 남아 있고, 중앙아시아 지역으로부터 고려인이 지속적으로 유입되고 있어 농업노동력 부족문제는 제기되고 있지 않다.

개혁 · 개방 이후 정기시장 형태의 농민시장은 빠른 속도로 사라진 반면 도시 지역을 중심으로 농산물의 도매 및 소매시장이 지속적으로 증가하고는 있으나 아직까지 만족할만한 수준은 아니다. 농산물도매시장은 '중국시장'이라 불릴 정도로 중국산 농산물이 대부분을 차지하고 있고, 연해주의 소규모 농민과 '다차'에서 생산된 농산물은 거리 가판이나 잡화시장의 구석에서 소량씩 판매되는 정도이다.

농업관련 산업도 매우 낮은 단계에서 머물고 있다. 현대 농업은 전방산업인 종자, 비료, 농약 등 투입재산업과 후방산업인 포장, 저장, 수송, 가공 등 유통 사업이 잘 갖추어져야 경쟁력 있는 발전이 가능하다. 하지만 연해주의 경우 구소련의 붕괴와 함께 농장과 농기업 간, 농기업 상호 간 협력체계가 이완되거나 붕괴되면서 농업관련 산업의 발전이 정체상태를 보이고 있다.

연해주 정부에서는 주정부 재원 마련을 위해 기존의 농업 및 축산업 시설을 매각하고 있다. 주로 주정부 소유의 시설과 구소련 시 공동소유였으나 농업의 급격한 붕괴로 현재 소유가 불분명한 시설 등이 매각되고 있다. 이들 시설은 외국인이 주로 매입하고 있는데, 매각 협상 시 연해주 현지 사정에 능통한 사람을 고용할 경우, 구매하고자 하는 농업 및 축산업 시설 외에 인근의 농지를 무상으로 제공받을 수 있다. 연해주 정부가 시설 매각 시 농지 등을 무상으로 제공하는 것은 주정부가 자체적으로 경작할 여력이 없기 때문에 해외 투자자에게 농지를 무상으로 제공한 뒤 외국인이라도 농지를 경작케 함으로써 식량 자급률을 높이겠다는 의도로 판단된다. 농업관련시설은 외국인의 소유가 가능한 반면 농지에 대해서는 소유권이 아닌 49년 경작권과 사용권이다. 개혁 · 개방 시기의 급격한 농업 붕괴로 경지정리와 관개 수리시설 등을 갖추고 있음에도 경작되지 않고 방치된 휴경지가 많은 편이다. 휴경지가 많아 농경지의 49년 경작권이 1ha당 $3~$4 정도로 매우 저렴하다. 토지 경작권을 획득한 후 중도에 매각할 수 있으며, 이 경우 남은 경작가능 년수를 따져 가격을 매기게 된다. 49년 후에는 주정부와 다시 협상을 하게 되는데 영농활동을 지속하는 경우 원칙적으로 경작권의 연장이 가능토록 되어 있다.

4. 연해주 해외농업개발 진출업체의 현황과 애로사항

한국인의 연해주 진출은 1990년대 초반부터 이루어졌으며 초기에 진출한 업체 중 상당수는 현지 적응에 실패하고 철수한 반면 이들의 실패를 반면교사로 하여 최근에 진출한 업체들은 비교적 순조롭게 현지화에 성공하고 있는 것으로 판단된다. 1990년대 후반에서 2000년대 초에 진출했던 새마을운동중앙회, 대한주택건설사업협회, 한농복구회, 신성사업, 발해영 농단 등 많은 기업들은 다양한 이유로 현지 적응에 실패해 현재는 철수한 상태이다.

2000년대 초에 진출해 비교적 현지화에 성공한 것으로 평가받고 있는 기업으로는 대순진리회의 현지법인인 아그로상생, 유니베라(구 남양알로에)가 있다. 2008~2009년도에 진출한 인탑스의 아로프리모리예, 서울사료의 에꼬호즈, 현대중공업의 아그로현대 등은 영농규모를 확대하는 등 적극적인 영농활동을 하고 있다. 또한 2010년에는 코리아통상이 진출하여 사업을 시작하였다. 2011년 현재 연해주 지역에 진출해 있는 7개 업체의 동향을 살펴보면 다음과 같다.

1) 진출업체별 현황

(1) 유니베라(구 남양 알로에)

유니베라는 천연물 산업에 있어 원료농산물 재배부터 연구개발, 제조, 영업 및 마케팅 분야에 이르기까지 각각의 독립된 전문회사를 유기적으로 연결하여 수직계열화한 글로벌 커뮤니티인 ECONET의 지주회사이다. ECONET의 구성은 기초에 천연물의 원료가 되는 약용식물과 식량작물을 대규모로 재배하는 해외농장들이 전 세계(텍사스, 멕시코, 중국 해남도, 러시아)에 있으며, 바로 위 단계에는 천연물의 성분과 효능을 연구하고 원료를 생산하는 단계(Unigen Korea& USA)와 천연물 소재를 이용한 소비자제품을 생산하는 단계(네이처텍)가 있고, 최상층에는 국내에는 남양알로에로 잘 알려진 소비자 제품을 판매하는 단계(Univera Korea & USA)로 이루어져 있다.

ECONET을 중심으로 한 해외농장 개척의 역사는 현재 21년이 되었으며, 그 위치와 규모는 텍사스(1988년) 260ha, 멕시코 템피코(1989년) 660ha, 중국 해남도(2002년) 430ha 등이다. 러시아 연해주에는 1998년부터 진출하여, 1999년에 호롤군 콜호즈 루고보예 및 노보제비챤스키 농장 약 8,400ha를 임차하여 벼, 콩 등의 재배경험을 축적하였다. 현재는 러시아와 중국, 북한이 국경을 맞대고 있는 핫산군 크라스키노 지역의 농장(2,150ha)에서 2년생 뿌리를 수확하는 약초인 황금을 재배하고 있으며 2009년부터는 콩 재배도 시작하였다. 유니베라 러시아 농장에서는 안정적이고 수익성이 높은 650ha 규모의 황금 재배시스템에 윤작의 일환으로 콩 재배를 도입하였다. 또한 연해주 남부지역에서 다수확 콩 재배시스템을 확립하고 재배작물의 다각화를 추진하려는 목적도 있다.

블라디보스토크에서 유비콤 농장까지는 230km이며 차량소요시간은 약 4~5시간이다. 지리적으로 북한, 중국, 러시아의 접경지역에 위치하고 있으며, 두만강 역까지는 43km, 중국의 훈춘 역은 27km로 TSR(Trans Siberian

Railroad)과 한국종단 철도 시발역인 핫산 역과 인접하고 있다. 항구시설은 자루비노 항까지 약 30분 정도 소요되며 2만 톤급 화물선 운행이 가능하며 아직까지 곡물 엘리베이터 시설은 없으나 매립 후 설치가 가능하다.

정규직원 32명 중 사무직은 10명이며, 현재 러시아 인력을 사용 중이며 우수한 장비기술자를 보유하고 있다. 인근지역은 크라스키노의 인구가 3,500명으로 적기 때문에 우수리스크 인근의 인력을 고용하고 있다.

황금재배를 중심으로 한 650ha 영농시스템으로, 매년 200ha에서 2년생 황금뿌리를 수확하고 휴경을 하는 윤작 시스템이며, 2008년에는 황금을 ha당 2.5톤 수확하였다. 수확량의 대부분인 황금뿌리의 성분 중 플라보노이드 계열의 바이칼린을 77%와 90%로 각각 표준화된 추출분말로 가공하여, ECONET 계열사에 판매하고 있다. 황금추출분말은 관절염치료제를 비롯한 다양한 의약품, 건강기능식품 및 화장품의 원료로 사용되고 있다.

현지 군과 우호적인 관계를 유지중이며 각종 행사 등에 기부금을 지원하고 있고, 일거리 제공으로 주민들과도 우호적인 관계를 유지하고 있다. 또한 유니베라 직원들이 매년 현지 연수를 실시하기도 하며, 농장 인근에 야영장 설립 등을 추진하고 있다.

(2) 아그로상생

아그로상생은 농업을 뜻하는 아그로(Agro)와 함께 살아간다는 상생(相生)의 뜻이 합해 만든 것으로 대순진리회가 연해주에 설립한 현지법인이다. 한반도의 식량난에 대비하고 중앙아시아 지역에서 다시 연해주로 돌아오고 있는 고려인들에게 안정적인 생활기반을 마련해 주기 위해 연해주 농업개발을 시작하였다.

2002년 본격적인 영농사업을 시작한 이래 연해주 8개 군(郡)에서 16개 농장(총면적은 11만 ha)을 운영하고 있고 가공시설로는 제분공장, 콩가공공장, 미곡종합처리장, 건초 사료공장 등을 갖추고 있다.

고려인들에 대한 정착, 교육, 모국방문 등의 지원 사업을 추진하고 있으며, 현지 러시아인의 고용과 더불어 고아원, 학교 등에 대한 지원 사업 등을 실시해 오고 있다. 이에 따라 현지 정부는 물론 주민들과 관계가 원만함과 동시에 사업과 관련한 협조체계를 잘 갖추고 있다.

아그로상생은 벼, 콩, 보리, 귀리, 밀, 옥수수, 메밀 및 조사료 등 다양한 작물을 재배하고 있으며, 2010년 전체 파종면적은 13,466ha이다. 2009년까지는 논에 건답복토직파 방식을 사용하였으나, 2010년부터는 봄에 비가 많이 내려 담수직파 방식을 택하고 있다.

전체 농장의 종사자 수는 약 900명으로 경영 및 시설 관리를 담당하는 한국인 40명과 농장을 운영하는 고려인 40명 및 러시아인 817명으로 구성되어 있다. 연해주의 대부분의 농장들이 장비, 부품, 연료 부족 등의 문제로 영농에 많은 애로를 겪고 있는데 반해, 아그로상생은 농기계 및 농기계 수리 시설들을 외부에 위탁하지 않고 자체적으로 관리 · 운용할 수 있는 시스템을 갖추고 있다는 면에서 연해주 진출 한인 기업화 차별화된 특징이 있다.

(3) 동북아평화연대 - (주)바리의 꿈

사업 추진 모체인 (사)동북아평화연대는 러시아 연해주 고려인들의 이주, 정착, 자활을 지원하는 시민단체이다. 2002년부터 러시아 연해주에서 고려인들과 함께 비닐하우스를 이용한 육묘 및 야채 생산, 자연농업 방식의 양돈 및 기술 보급, 마이크로 크레딧 방식의 농업자금 대출 및 농업경영 지도사업, 연해주 콩을 이용한 청국장 제조 판매 등 다양한 농업활동을 연해주에서 전개하고 있다.

2007년에는 1995년 (주)고합에 의해 설립 운영해 왔던 한 · 러 합작법인 (주)프림코의 한국 측 지분 56%를 인수, 연해주에서의 영농규모를 확대하였다. 2008년에는 총 800ha를 경작하여 대두 300톤, 밀 190톤, 보리 210톤, 귀리 190톤을 생산, 이 중 대두 37톤은 청국장으로 가공하여 판매하고, 나머지 곡물은 전량 러시아 현지에서 판매하여 신규투자비를 제외한 순수영농비 대비 37.4%의 흑자를 달성하였다. 하지만 2010년 들어 NGO라는 특성으로 인한 재원조달의 한계를 극복하기 어려워 일부 농지를 연해주에 진출해 있는 다른 업체에게 위탁영농 시키고 있다.

연해주 프림코농장의 곡물생산 및 가공 사업은 러시아 연해주 미하일로프카군 끄레모바 마을에서 진행 중이며 대상작물은 콩, 밀, 보리, 귀리 등이다. 이 중 콩의 일부는 청국장으로 가공하여 '바리의 꿈'이라는 브랜드로 우리나라에서 판매하고 있다.

(4) 아그로-아무르(코리아통상)

2007년 5월 러시아 연해주 농업 실태 조사를 시작하여 2008년 4월 나홋카 인근의 파르티잔스크군 노바야-실로 마을 내 500ha 규모의 농지를 임대하여 콩과 옥수수에 대한 시험재배를 시작하였다. 동년 11월에는 3,000ha 규모의 농지를 10년간 임대 계약하였다.

연해주에 대한 해외농업개발 사업을 통해 곡물 및 가공, 축산물 생산 및 유통 사업을 추진하고 있는데, 2010년에는 GGP 순종 돼지를 수입하여 양돈사업을 시작하였다. 파르티잔스크 지역에 한국인 (코리아통상 대표: 이종승) 단독 러시아법인 '아그로 아무르'를 설립한 후, '러시아-한국 경제 위원회' 산하 '러시아-한국 경제 무역 기금'과 협력하여 2009년 3/4분기에 합작 투자 형태로 전환하였다. 현지법인 '아그로 아무르'에는 한국 투자법인인 '코리아통상'이 70%의 지분 참여를 하고 있다.

농장은 수원공급지인 파르티잔스크 강가에 위치해 있으며, 농장에서 30km 떨어진 곳에 연해주에서 두 번째로 큰 항구도시이며 러시아 최초의 수출자유무역항인 '나홋카' 시가(약 20만 명) 위치하며, 15km 지점에는 "파르티잔스크"시(약 5만 명)가 위치하고 있어, 노동력 확보가 용이하다. 2008년 500ha에 콩을 재배하였고 1ha당 수확량은 1.5톤으로 총 생산량은 750톤이었다. 생산된 콩의 전량을 우수리스크의 대두유 가공공장에 판매하였다.

(5) 아로(ARRO) 프리모리에

모기업인 (주)인탑스는 1981년 창립된 IT 전문 업체이며 코스닥상장회사이며 차세대 이동통신, 멀티미디어, 유비쿼터스 분야 참여를 통해 미래지향적인 글로벌 네트워크 형성을 도모하고 있는데, 해외농업개발 사업 참여는 글로벌 네트워크 형성 노력의 일환이다.

2007년 해외사업에 검토를 시작하여 2008년 3월 미하일롭카 군 소재 베스찬느 농장(4,300ha)과 우수리스크 시 소재 종자생산농업법인인 '콤뮤나르' 농장에 대한 소유권 인수를 위한 가계약 체결하고 동년 6월 콩과 보리 · 밀 · 귀리 등을 파종하였다.

2011년 현재 농지면적은 7,600ha이며 모두 임대 49년 형식으로 농지를 확보하였고, 향후 4,908ha 규모의 1개 농장(나제진스키군의 자파드니 농장) 추가 매입을 추진하고 있다. 농장 직원은 한국인 파견사원 4명과 고려인 5명, 러시아인 31명으로 총 40명이 있으며. 현재 보유하고 있는 농기계는 트랙터 9대, 콤바인 7대 등이 있다. 콤뮤나르 농장에는 현대적인 사일로를 설치하였는데 약 5,000톤 규모이다.

아로프리모리에 농장은 원종을 생산하는 농장이다. 따라서 2010년에는 콩, 밀, 보리, 귀리의 종자를 생산, 원종으로 1,300톤을 생산농장에 판매했고 1,530톤은 일반상품으로 판매하였다.

모기업인 (주)인탑스는 'DBS크루즈' 라는 한국의 동해시, 러시아 블라디보스토크, 일본 돗토리 현의 사카이미나토 3국을 연결하는 1만 4천 톤급 크루즈선박 회사를 운영하고 있다. 크루즈선박에는 458명을 탑승시킬 수 있을 뿐만 아니라 20피트 컨테이너 130개를 탑재할 수 있다. 향후 이를 이용하여 연해주에서 생산된 곡물의 수출과 한국과 일본에서 생산된 과일 · 채소류의 연해주로의 수입을 추진할 예정이다.

(6) 에꼬호즈 (서울사료)

서울사료는 상장회사인 (주)이지바이오시스템과 (주)도드람비엔에프의 가족회사로서 연간 50만 톤의 배합사료를 생산하고 있다, 문경양돈영농조합법인 등 15곳의 양돈장과 도축장인 강원LPC를 확보하고 있어 사료 생산에서 양돈, 가공 및 유통에 이르기까지 수직계열화를 이루고 있다. 또한 필리핀에 사료첨가제의 생산 및 판매를 위한 현지법인과 2개소의 양돈장에서 2만여 두를 사육하고 있고, 중국 청도에서 1만여 두의 양돈장을 운영하는 등 풍부한 해외투자경험과 인력을 확보하고 있다. 특히, 가족사인 (합)현대서산영농법인은 서산간척지에서 직접 소유한 130만 평을 경작하고 있으며, 간척초기 최대 2,200만 평의 농경지를 위탁받아 영농한 경험이 있다.

가족사 전체로 연간 80만 톤의 배합사료를 생산하고 있으며, 주원료인 곡물을 연간 50만 톤 수입하고 있다. 하지만 최근 급변하는 국제곡물가격과 공급의 불안정성으로 인하여 사료원료 확보에 어려움을 겪고 있다. 이에 따라 독자적인 원료공급기반을 확보하고 사료가격 안정을 통해 축산농가의 부담을 덜어주기 위해 러시아 연해주에 농업 투자를 결정하였다.

2006년 3월 해외농업개발을 위한 프로젝트팀을 구성하여 국내외 농업 관련 자료 수집 및 검토를 시작하여 2008년 8월 러시아 현지 법인에 꼬호즈를 설립하고 그리고리농장(4,450ha)을 인수하였다. 2010년 7월에는 아그로상생의 항카이스크 농장(5,300ha) 인수하였고, 2011년에는 우수리스크 시의 바까뜰까 농장(3.200ha)을 인수하였다.

현재 파견된 한국인 임원 3명, 파견된 한국인 사원 3명, 고려인 1명, 러시아인 현지 사원 24명과 계약직 11명 등 총 42명의 직원이 있다. 에꼬호즈는 2011년 현재 옥수수, 귀리, 일반 콩, 유기농 콩, 밀, 메밀, 티모시 등을 재배하고 있는데, 농기계 이용의 효율성을 향상시키기 위해 수확시기가 다른 콩과 밀을 함께 재배하고 있다.

옥수수, 유기농 귀리, 유기농 콩, 호밀 종자는 전량을 국내로 반입할 예정이며, 2011년에는 사일로 시설을 완공하고, 2012년에는 재배면적을 1만 ha로 확대할 예정으로 있다. 향후 배합사료 공장의 운영은 물론 양돈 및 낙농분야로 사업영역을 확대할 계획이다.

(7) 아그로 현대

모기업인 현대중공업(최근 자회사인 현대자원개발을 설립)은 1990년부터 1996년까지 러시아 연해주 스베틀라야 삼림개발 사업에 참여한 경험이 있으며, 1995년부터 블라디보스토크에 현대호텔을 설립하여 현재까지 운영 중이다. 아그로현대는 뉴질랜드 국적을 가진 Martin Tate가 설립한 하롤 제르노(Khorol Zerno Ltd,) 농장을 현대중공업이 지분 80%를 인수하여 현대제르노로 개명하였고, 정식명칭은 현대프리모르예(Hyundai Premorye)이며, 다시 아그로현대로 개명한 것이다.

제르노 농장 지분을 인수한 목적은 첫째, 농지가 안정적으로 확보되어 있고, 조직과 시스템이 정비되어 효율적인 농장 운영이 가능하며, 둘째, 대규모 영농 경험이 있는 서구식 농업회사를 인수하여 대규모 농장경영 노하우를 전수 받기 위함이며, 셋째, 농장운영기지를 확보한 후 인근 농지에 대한 임차를 확대하기 위해 대규모 농장이 밀집해 있는 지역을 선택한 것이다.

2008년 6월 연해주 사업진출에 대한 검토를 시작한 후 2009년 4월 계약을 체결하였다. 농장 소재지는 연해주 하롤 군 보즈네센카 마을로, 블라디보스토크 시에서 육로로 2시간 30분 거리에 있다. 2010년 현재 총 소유농지는 8,265ha, 임차농지 2,200ha 등 총 10,465ha이며, 사일로 10,000톤 규모, 농장본부 40,000㎡, 창고시설 3,000㎡를 가지고 있다.

러시아 현지 임원 2명 및 러시아 사원 30명 등 농장 종업원 수는 32명이며, 금년 6월부터 현지법인장 등 한국인 직원 2명이 파견되었다.

2009년도 재배면적은 콩 2,550ha와 옥수수 450ha로 총 3,000ha이며 생산량은 콩 4,385톤, 옥수수 1,895톤이며 ha당 생산량은 콩 1.72톤/ha, 옥수수 4.21톤/ha 수준이다. 2010년에는 콩 3,100ha, 옥수수는 3,850ha를 파종하였고, 옥수수는 사료용으로 양계장 등에 판매하며, 콩은 대두유 가공용이며 우수리스크 콩기름 공장에 판매하고 있다.

2012년까지 현지 러시아 농장 2~3개를 추가 인수하여 농지면적을 3만 ha 수준으로 확대할 계획이며, 단계적 투자를 통해 2014년 개발을 완료한 후 매년 1만 ha를 경작하여 콩과 옥수수 6만 톤을 생산할 계획이다.

2) 진출업체의 애로사항

(1) 영농자재 및 장비의 현지 반입

연해주 영농현장으로 영농자재 및 장비의 반입 시 러시아의 관세율은 대형농기계는 관세 15%, 부가가치세 18%이며, 일반 농업장비는 관세 5%., 부가가치세 18% 수준이고, 통관 시 품질증명서를 첨부할 경우 별도의 추가비용이 요구된다. 따라서 통관시 지불하는 총액(품질증명서류비, 통관비, 관세, 부가가치세, 창고비 등)은 물품대금과 거의 비슷하여 큰 부담이 되고 있다. 비용측면 이외에도 통관업무 처리기간의 지연 및 절차의 복잡성, 수입허용 품목의 제한 등 비관세장벽으로 인한 부담이 큰 편이다.

(2) 전문 인력의 부족 및 한국인 등의 체류 문제

러시아의 경우 한지(寒地) 농업 및 현장 농업기술 전문가는 물론 지역주민과의 원만한 대화와 협상을 할 수 있는 러시아어 전문가가 부족한 실정이다.

현행 러시아 외국인 체류관련 비자법에 의하면 러시아 내에서 영리활동을 하는 외국인은 노동비자를 취득해야 한다. 일반적으로 노동비자를 받는데 거의 1년이 소요될 뿐만 아니라 신청시기가 제한되어 있고, 신청분에 대한 쿼터 배정분이 항상 미흡(2008년 아그로상생의 신청분은 46명이었으나 배정분은 22명으로 배정율은 47% 수준임)한 실정이다.

(3) 현지 한국인에 대한 치안 및 재산보호 문제

연해주의 경우 아그로상생의 현지 한국직원 몇 명이 러시아인들로부터 이유없는 폭행과 재산손실 피해를 받은 일이 있는데, 이에 대해 연해주정부는 만족할 만한 대책은 물론 예방책을 제시하지 못하고 있다.

(4) 대규모 영농에 필요한 자금 부담 문제

연해주의 경우 대규모 영농은 필수적인데, 기본 농장규모로서 5,000~7,000ha 규모를 상정할 때 이에 필요한 시설(건조, 정선 및 창고시설, 파종기, 쇄토기, 균평기, 수확기, 트랙터 등)에만 100억 원 정도의 투자가 요구된다. 또한 1년간 영농비(종자, 비료, 농약비, 인건비 등)는 15~20억 원이 소요되는 것으로 나타났다.

아그로상생의 경우 현재 경작권을 확보한 12만 ha의 농장을 전면적으로 영농하기 위해서는 필요 시설 및 장비에만 2,000억 원 수준의 자금이 소요되는 것으로 추정된다. 문제는 시설 및 장비와 같은 고정자산에 대한 투자는 농업 경영의 특성상 자금 회수가 오래 걸려 개별 기업에게는 큰 부담이 아닐 수 없다.

(5) 품종개량 문제

현재 연해주에서 재배되는 작목과 사육되는 가축의 품종은 상당히 오래된 까닭에 생산성이 상당히 낮은 상태에 있다. 이들 지역에서 농업대발 사업의 경제성을 제고시키기 위해서는 품종개량이 필수적이라 할 수 있다.

현지에 걸 맞는 품종개량의 경우 상당한 시간이 요청됨은 물론 진출기업의 노력만으로는 해결하기 힘들고 상대방 국가의 협조가 필요하므로 우리 정부가 적극적인 노력을 해주기를 고대하고 있는 실정이다.

(6) 개발수입 농산물에 대한 배려 미흡

국제 농산물 시장의 수급 불균형으로 인한 국제 곡물가격의 지속적 상승이 예상되는 상황에서 해외농업개발을 통한 안정적인 물량의 확보는 국가의 전략적 선택이라 하겠다.

하지만 현재 우리의 수입제도는 외국산 수입 농산물과 해외농업개발을 통한 농산물 간에 아무런 차이를 두고 있지 않다. 물론 이 같은 무차별성은 국제적 규범에 맞추기 위한 것이기는 하나, 해외농업개발이 단순히 개별기업 차원의 선택이 아닌 국가적 선택임을 고려한다면 이에 대한 재검토가 필요하다.

5. 연해주 해외농업개발사업의 활성화 방안

1) 러시아 연해주에 대한 SWOT 분석

민간기업의 연해주 진출에 따른 강점과 약점, 기회, 위협 요소 등은 〈표 1〉과 같다.

표 1 ▸ 연해주 진출 SWOT 분석

강점	약점
해외농업개발 후보지 중 가장 인접 경험 축적 및 '연농회'를 통한 정보 공유 미개발 토지 자원 풍부 무공해 자연환경 다수의 고려인들이 거주	추운 기후로 농작물 재배 어려움 협소한 지역시장 벌크선을 이용한 해상 운송 시설 미흡 고려인들의 활용 미흡
기회	**위협**
연해주 정부의 축산진흥정책 국내 친환경 사료 및 곡물 수요 증가 최근 기후조건의 호전 중국의 곡물 수출 규제 일본의 유기농콩 수요 확대	러시아 정부의 밀 수출규제 가능성 언어소통상의 제약 중국으로 부터의 농산물 수입과 질병유입

(1) 강점 및 기회 요인

연해주의 전체 농경지(논, 밭) 123만 ha 중에서 32%인 41만 ha 정도만 경작이 이루어지고 있다. 또 벌채 없이 당장 사용 가능한 초지도 170만 ha 정도가 있다. 이와 같이 연해주지역은 주요 사료원료인 곡물 및 조사료의 확보가 용이하다는 장점이 있다.

추운 날씨로 인해 축산관련 질병의 발생 피해가 적고, 주변지역에 사료용 곡물 및 조사료가 풍부하기 때문에 축산업을 하기에 최적의 입지조건을 갖추고 있다. 또한 연해주지역의 미경작지 및 초지 대부분은 장기간 경작하지 않아 낙엽과 풀이 퇴적되어 썩으면서, 토양 내 유기질 성분이 충분히 공급되어 있어 유기곡물은 물론 유기 조사료 재배가 가능하다. 국내 축산업은 양질의 조사료 대부분을 높은 가격에 수입하고 있기 때문에 경쟁력이 떨어지는 것으로 나타나고 있다 또한 조사료 급여의 절대량 또한 외국과 비교해서 부족한 실정이다. 따라서 연해주에서 생산된 조사료를 국내로 도입할 경우 가격경쟁력뿐만 아니라 품질 경쟁력까지 제고될 수 있는 것이다.

연해주 지역은 우리나라로부터 지리적으로 가깝기 때문에 수송비 부담이 적다. 또한 향후 남북경제협력이 증가하게 되어 남북 간 인적 · 물적 교류가 활발하게 이루어지게 되면 철도를 이용한 사료용 원료의 수송이 가능하다. 더욱이 통일시 우리나라의 식량보급 기지로서의 입지적 가치가 높다고 하겠다.

2010년 7월 연해주에 진출해 있는 7개 기업은 '연농회'라는 협의체를 구성하여, 새로운 영농기술 및 경험의 공유, 생산자재의 공동 구입 등을 추진하고 있다. 이에 따라 과거와 같은 시행착오 등은 되풀이 되지 않을 뿐만 아니라 사업의 효율성 제고에 크게 기여할 것으로 예상된다.

연해주 정부는 식량자급률 확대를 통한 식량 안보 달성과 일자리 창출 등을 목적으로 농업 · 축산업 진흥 정책을 펴고 있다. 농 · 축산 진흥 정책은 내 · 외국인 간에 차별 없이 이루어지고 있어 진출기업에 좋은 기회라 생각된다.

최근 연해주지역의 기온상승 및 강우량 증가 현상이 뚜렷해지고 있어 중장기적으로는 유리한 기후조건이 될 것으로 예상된다. 또한 인접한 중국 시장의 축산물 수요 증가 및 이에 따른 곡물가격 상승은 모든 곡물의 수출 통제로 이어지고 있어 향후 중국은 연해주 농축산물의 좋은 시장이 될 것이다. 동시에 일본의 유기농 콩 수요가 급증하고 있어 이에 대한 공급기지로서의 역할이 기대되고 있다.

(2) 약점 및 위협 요인

연해주지역은 인건비나 토지임대료는 중국과 비슷한 수준이지만, 구소련의 붕괴 이후 사회간접자본시설에 대한 투자가 이루어지지 않고 있다. 이로 인해 전기와 연료부족, 농기계 장비 부족 문제 등이 겹치면서 농업기반 환경이 붕괴되었다.

1993년 개혁 · 개방정책 이후 연해주지역의 지역경제 침체 및 악화 등으로 인해 연해주지역의 인구가 지속적으로 감소하고 있다. 따라서 연해주 지역에서 고급 전문 인력의 공급이 어렵고, 농업이 주산업으로 지역경제 파급효과가 낮아 주민들의 실질구매력이 낮은 수준이며, 지역시장의 규모 역시 작은 수준이다. 이는 곧 해외농업개발을 통해 연해주 내수 시장만을 공략하는 것은 한계가 있음을 의미한다.

연해주지역은 겨울 기온이 극히 낮아서 겨울에 동토 층이 깊게 형성된다. 이로 인해 4월 말에 가서야 토지가 완전히 녹기 때문에 농작물 재배기간이다. 추운 겨울 날씨 때문에 가축사육 시 난방비가 많이 들고, 건초의 풀을 베는 횟수도 미국이나 호주에 비해 적은 편이다.

연해주지역은 러시아어를 사용하고 있어 의사소통이 어려워 러시아 법령 및 제도에 대한 이해가 부족하게 되는 경우가 자주 발생하고 있다. 진출 업체 중 일부는 고려인을 고용하여 이 같은 문제를 해결하고 있으나, 상당수의 고려인들은 한국어 소통이 어렵거나 전문성이 낮아 활용 정도가 낮은 수준에 머물고 있다. 또한 러시아 관계 법령이 자주 변경되어 사업정책 수행에 혼란을 야기하고 있고, 소급 입법 형식의 법령 개정이 잦은 편이며, 조세법 같은 법령은 일반인에게 공지되지 않고 있다.

지리적으로 중국과 인접해 있어서 중국산 농산물 수입물량에 따라 가격이 많은 영향을 받고 있을 뿐만 아니라, 중국에서 유입되는 가축질병에 의해 많은 피해를 입는 경우가 있다. 일례로, 2004년과 2005년 극동러시아(연해주, 아무르 주) 지역에 발생한 구제역은 중국 동북3성에 발생한 질병이 국경을 넘어 러시아 지역에 전파되었기 때문이다.

2) 연해주 해외농업개발 사업의 활성화 방안

(1) 사업추진 방식의 보강

현재 민간 기업이 사업주체가 되고 정부는 조사 및 융자사업을 통해 이를 지원하는 사업방식을 보완할 필요가 있다. 민간 기업의 효율성을 살리는 동시에 식량안보, 전문성, 신뢰도 문제 등을 보완하기 위해서는 해외농업개발 사업에 공기업을 투입하는 이른바 '공공형'을 적극적으로 도입할 필요가 있다. 이 경우 공기업에 의한 단독사업도 가능할 수 있으나 가급적 민간 기업과 공기업 간의 컨소시엄 형태를 통해 양자가 갖고 있는 장점을 모두 발휘케 하는 것이 바람직할 것이다. 공기업의 해외사업 추진에 필요한 재원 부족 문제를 완화해줌은 물론 신속한 해외사업 추진을 독려하기 위해 이른바 '해외농업개발 사업을 위한 특별회계'를 신설하거나 공기업에 대한 자본금 출자를 증액함으로써 공기업의 자체자금을 확충토록 해야 할 것이다.

연해주의 경우 농수산물유통공사의 항만 엘리베이터 시설에 대한 투자가 요청된다. 특히 진출기업에 의한 콩과 조사료의 생산이 본격화됨에 따라 '블라디보스토크' 항구에 시설 설치가 선호되며 차선으로는 '나홋카' 항을 추천할 수 있다. 조사료는 국내로의 반입이 요구되는 반면, 콩의 경우에는 우리의 관세수준이 높아 당분간 일본으로의 수출을 추진할 필요가 있다.

(2) 사업추진 체계의 재정비

해외농업개발 사업의 컨트롤 타워로서 설치한 농림수산식품부의 「해외농업개발협력위원회」의 구성, 조직, 기능의 과감한 조정을 통해 보다 적극적인 역할을 담당케 해야 할 것이다. 본 위원회로 하여금 중장기적인 계획수립은 물론 진행되고 있는 사업에 대한 점검, KOICA의 ODA사업 및 농촌진흥청의 해외농업 기술지원 사업, 해외자원 확보 사업과의 연계추진 방안의 마련, 새로운 진출가능 국가에 대한 정밀 조사 사업 등을 추진토록 해야 할 것이다.

(3) 사업에 대한 지원 강화

해외자원 확보 사업에 비해 해외농업개발 사업에 대한 정부지원은 지극히 열악한 상태에 있다. 해외농업개발의 후발국으로서 일본 등 선두주자를 따라잡기 위해서는, 농지관리기금의 일부를 정부융자에 사용케 하는 안이한 시각에서 벗어나 상당한 규모의 「해외농업개발 및 협력기금」조성을 서둘러야 한다. 기금이 조성되기 전까지는 융자총액 규모를 현재 수준의 5배 이상으로 증액시키는 것이 요청된다. 동시에 현행 융자조건(이자율 및 융자기간)을 보다 하향조정하고, 해외자원 확보 사업에서 적용하고 있는 것처럼 해외농지와 시설물에 대한 담보물건으로의 인정과 성공불 지원제도를 도입할 필요가 있다.

사업에 대한 직접적인 지원 강화 외에도 연해주 정부가 절실히 필요로 하는 농업·농촌분야에 대한 체계적이며 지속적인 지원이 병행되어야 한다. 이를 통해 상대국의 농업·농촌문제 해결에 보탬이 되어 양국 간의 관계가 상생관계라고 인식 될 때 비로소 상대국은 마음을 열게 되는 것이다. 이 과정에서 우리의 애로사항이자 진출기업의 노력만으로는 해결하기 힘든 비자기간(예: 연해주의 경우 매 3개월마다 비자를 갱신하기 위해 우리나라를 다녀와야 하는 문제가 있음), 통관문제(예: 통관의 지연, 관세이외에 별도의 비용 요구 등) 등을 보다 손쉽게 해결할 수 있게 될 것이다. 다시 말해서 해외농업개발 사업의 선결조건이라 할 수 있는 '현지화'가 가능케 되는 것이다.

러시아 연해주 정부는 인공씨감자 생산시설, 채소류에 대한 산지유통 시설, 우수리스크 농과대학의 실험시설 현대화 등에 대한 지원을 희망하고 있다. 따라서 정부는 연해주 정부에 대한 지원 및 협력 사업을 제공하는 대신 진출기업의 애로사항인 비자 및 통관 문제를 해결하는 적극적인 노력을 해야 할 필요가 있다.

(4) 사업추진주체에 대한 편의 제공

해외에서 생산 또는 확보한 농산물에 대한 관세부과 기준이 되는 생산 단가의 인증 권한을 외교통상부가 갖고 있는 까닭에 농림수산식품부가 조사 · 인증한 자료에 대해서는 관세청이 인정해 주지 않고 있다. 하지만 전문성과 신속성 측면에서 외교통상부보다는 농림수산식품부에 생산단가 조사 및 인증 권한을 부여하는 것이 바람직할 것이다.

해외농업개발을 통해 반입되는 농산물에 대해 최소시장접근 규정에 의해 저율관세로 의무적으로 수입하는 물량의 일부만이라도 할애해 주는 것이 필요하다. 특히 연해주 진출기업들은 우리정부가 콩과 쌀에 대해 이 같은 배려를 해주기를 고대하고 있다.

연해주에 진출한 업체 모두 어려움을 겪고 있는 점은 품종문제라고 할 수 있다. 현재 사용되고 있는 품종은 개발된 지 오래된 것이어서 생산성이 낮고 결국은 해외사업의 수익성을 낮추는 주요 원인이 되고 있다. 신품종 개발에는 상당한 기간과 비용이 소요될 뿐만 아니라 상대국가의 협조가 필요하다. 금년부터 농림수산식품부가 품종개량을 위해 연구비를 지원함과 동시에 상대국의 협력을 이끌어내는 노력을 시작한 점은 다소 늦은 감이 없지 않지만 높이 평가된다.

러시아의 법률과 행정은 절차가 매우 복잡하고 까다로워 진출기업이 자체적으로 해결하기에는 어려움이 많아 대부분 현지 변호사나 회계컨설팅회사를 임의로 선택 이용하고 있다. 하지만 이들의 업무능력이 현저하게 미흡한 경우가 많아 업무추진에 지연은 물론 소요비용 또한 만만치 않은 실정이다. 따라서 현지 대사관 또는 영사관에서 상대국의 능력과 책임감, 권위 등을 갖춘 변호사나 회계사 등을 추천해주는 제도를 시행해 줄 필요가 있다.

(5) 해외사업과 고용촉진간의 연계대책 마련

농업분야의 다양한 경험과 전문성을 갖춘 고급인력들이 50대 중반에 실직을 하게 되고 이 중 상당수가 유휴인력으로 남아 있는 반면 해외농업개발 사업에는 이들과 같이 전문 인력을 절실히 필요로 한다. 하지만 민간사업체 입장에서는 토양, 작목, 재배기술, 수확 후 기술, 유통, 가공 등의 분야별로 전문가를 고용하기에는 한계가 있어 애만 태우고 있는 실정이다. 정부가 이들 유휴인력의 전문분야를 파악한 후 인력풀로서 이른바 '해외농업기술지원단'을 구성 · 운영하면서 민간 기업의 요구분야에 따라 전문가를 기업에 파견해 준다면 유휴 전문 인력의 고용확대는 물론 기업 역시 환영할 것으로 판단된다.

해외농업개발 사업이 지속성을 갖기 위해서는 후계인력의 육성이 뒤따라야한다. 최근 청년실업문제가 사회 이슈화 되고 있는데, 현재 농어촌공사가 소규모로 하고 있는 '해외농업인턴제'와 '해외농업전문가교육과정'을 연계 및 확대시켜 해외 진출기업이 이를 충분히 활용케 할 필요가 있다. 이를 위해서는 정부 지원금 확대가 요구되지만, 진출기업 입장에서는 인건비 절감 및 후계인력 양성효과가, 청년층 입장에서는 취업 기회의 확대 및 소중한 해외경험 취득 등의 효과가 기대된다.

진정한 의미의 한민족 농업인 네트워크 구축을 통한 해외농업개발 사업으로 발전시키기 위해서는 연해주에 거주하고 있는 고려인들을 보다 적극적으로 활용함으로써 이들에게 고용 및 소득 창출 기회를 보다 확대토록 배려해야 할 것이다. 고려인들은 중국동포(조선족)과는 달리 한국어에 익숙하지 못한 경우가 많은 것으로 나타났다. 따라서 이들을 대상으로 언어 교육은 물론 선진적인 농업기술에 대한 교육기회를 확대하는 것이 선행되어야 할 것이다.

6. 맺음말

본고는 러시아 연해주지역에 대한 해외농업개발 사업에 초점을 맞춘 까닭에 전 세계 한민족 농업인 네트워크 구축이라는 크나 큰 과제 달성에는 크게 미흡한 것이 사실이다. 향후 이를 이루기 위한 다양한 연구와 노력이 지속되어야 할 것이다.

수없이 많은 침략으로부터 이 땅을 지켜왔고 자원빈국이라는 여건 속에서도 남이 부러워할만한 경제발전을 이루었으며 좁은 땅의 울타리는 넘어 170여 개 나라에서 명성을 날리는 역동성을 가진 민족, 바로 우리 한민족이다. 오늘의 모국 농업여건이 제아무리 힘들다하더라도 이보다도 훨씬 어렵고 힘든 역경을 슬기롭게 타개해 온 우리들이 아닌가. 한민족 농업인이 지니고 있는 엄청난 잠재력을 한데모아 이를 조직적이며 체계적으로 관리해 간다면 우리의 농업발전과 식량안보의 확보는 물론 해외동포들 역시 현지에서 보다 큰 성공을 이룰 수 있는 상생의 길이 펼쳐질 것이다.

먼 훗날 우리의 후손들이 현금의 우리의 노력을 기리며 자랑스러운 선조들을 떠올릴 그날을 고대하며 모두 함께 힘을 모아 매진해 나가야 할 것이다.

에필로그

끝나지 않은 시련

- 유라시아고려인 150년

김호준(전 신문발전위원회위원장 · 국가인권위원회상임위원)*

우리가 흔히 '카레스키'라고 부르는 유라시아고려인은 한민족 역사에서 독보적인 위치를 차지하고 있다. 서세동점(西勢東漸)의 제국주의시대인 1863년에 시작된 고려인의 연해주 이주는 한국 근현대사 최초의 국외 진출이다. 1902년 12월 사탕수수 농장의 계약노동자로 태평양을 건넌 하와이 이민보다 39년이나 앞선 행보였다. 고려인은 역외(域外)개척의 첨병이었고 대륙 진출의 선구자였다. 고구려 · 발해 멸망 이후 900여 년간 한반도에 비좁게 갇혀 살던 한민족에게 대륙진출의 문을 열어 우리 민족의 지평을 저 광활한 유라시아 대륙으로 확장시킨 주역이 바로 고려인이다. 5대양 6대주를 누비고 있는 우리 700만 재외동포의 원조(元祖) 역시 고려인이다.

조선조 말 자발적으로 러시아 땅 연해주로 건너가 정착한 함경도 농민 13가구 60명의 후예는 시베리아 철도를 따라 유라시아 대륙 곳곳으로 뻗어나가 '50만 유라시아고려인'으로 성장했다. 오늘날 이들은 러시아 동단 캄차카 반도에서 서쪽으로 시베리아와 중앙아시아를 가로질러 동유럽의 우크라이

* 저서로는 『유라시아고려인-디아스포라의 아픈 역사 150년』이 있다.

표 1 ▸ CIS(독립국가연합)지역 고려인의 국가별, 시기별 인구 변화

국가별 \ 연도별	1989	1999	2011	2013
〈독립국가연합〉	439,000	466,000	△476,542	479,310
러시아	107,051	125,000	△186,020	171,061
우즈베키스탄	183,140	198,000	171,300	171,300
카자흐스탄	103,315	105,000	105,235	103,546
키르기스스탄	18,355	19,000	17,299	17,228
우크라이나	8,669	9,000	12,711	12,711
투르크메니스탄	2,848	3,000	600	1,057
타지키스탄	13,431	6,000	1,632	634
벨라루스	638	1,000	1,265	1,265
몰도바	269	-	116	116
그루지야	242	-	8	8
아제르바이잔	94	-	-	34
아르메니아	29	-	350	350
라트비아	249	-	-	-
에스토니아	202	-	-	-
리투아니아	119	-	-	-

출처: 1989 · 1999 소련 및 러시아 통계 / 2011 · 2013 외교통상부 자료 △는 필자의 수정치

이나에 이르기까지 장장 1만여 km에 걸친 드넓은 지역에 분포해 살고 있다.

외교부의 '2013년 재외동포현황'에 따르면 CIS(독립국가연합)지역, 즉 구 소련지역에 거주하는 유라시아고려인의 총수는 47만 9,310명에 이른다. 국가별로 보면 △우즈베키스탄 17만 1,300명과 △러시아 17만 1,061명이 근소한 차이로 선두 다툼을 벌이고 있고, 다음이 △카자흐스탄 10만 3,546명 △키르기스스탄 1만 7,228명 △우크라이나 1만 2,711명 순이다. 그밖에 △벨라루스 1,265명 △투르크메니스탄 1,057명 △타지키스탄 634명 △아르메니아 350명 △몰도바 116명 등이다.

연해주지역 최초의 개척자

고려인의 고향 연해주는 고래로 우리 한민족의 생활권이었다. 우리 선조의 하나인 부여족, 북옥저족이 웅거한 땅이었으며, 그 후 고구려·발해의 지배 아래 장기간 우리 민족문화가 꽃을 피운 영역이었다. 그러나 서기 926년 발해 멸망을 끝으로 연해주는 우리 민족의 손에서 벗어나 그 후 거란족, 여진족, 몽골족, 한족, 만주족, 러시아인 등으로 지배자가 바뀌면서 우리에겐 잊힌 땅이 되었다. 1860년대에 시작된 고려인 선조들의 연해주 이주는 그런 역사적 고토(故土)로의 복귀였으며, 연해주에 대한 한민족의 연고를 재확인한 역사의 현장이었다.

그때 조선에서의 기근과 봉건적 탐학에서 벗어나기 위해 이주민을 이끌고 연해주로 들어간 지도자는 경흥사람 최운보와 무산사람 양응범이었다. 이 2인의 거사에 대해 고려인의 초기 역사서 '아령실기(俄領實記)'는 "콜럼버스의 신대륙 발견에 견줄 수는 없으나 고래의 완고한 쇄국을 앞장서 깬 개척과 식민의 선봉"으로 그 공적을 높이 칭송했다. 당시 조선에서는 불법 월경자가 잡히면 장터에서 공개적으로 효수하는 게 관례였으니 이들의 러시아 땅 연해주 이주는 죽음을 무릅쓴 모험이 아닐 수 없었다.

두만강 건너의 지신허 정착을 시발로 뿌리를 내린 고려인 마을은 그 후 빠르게 연해주 각지로 확산되었다. 그리하여 1882년 연해주에는 러시아인(8,385명)보다 고려인(1만 137명)이 더 많이 살았다. 고려인들은 황무지를 개간해 곡물을 심고 조선에서 생우(生牛)를 들여와 러시아 주둔군과 이주민들의 식량문제를 해결해 주며, 남우수리 지방에 850여 km의 도로를 건설해 러시아의 새 영토 개척을 도왔다. 러시아 당국은 교통·통신수단 건설과 군수물자 수송에 고려인 노동력을 광범위하게 이용했으며 러시아인 지주들은 저렴한 노임으로 고려인을 부려 경지를 넓혀 나갔다. 실로 고려인은 연해주지역 최초의 개척자였다.

해외구국항쟁의 본거지

구한말과 일제 강점시기 고려인들은 조국을 구하기 위한 의병활동의 선봉에 섰고, 그들의 '아성' 연해주는 만주 간도와 함께 해외구국항쟁의 본거지였다. 조선강점의 원흉 이토 히로부미를 격살한 안중근 의사를 비롯하여 항일무장투쟁의 영웅 홍범도, 연해주의 '주인옹' 최재형, 의병 4,000명을 이끈 간도관리사 이범윤, 헤이그 밀사 이상설·이위종, 권업회 결성의 주역 이종호, 신흥무관학교 설립자 이동녕, 대한제국 무장출신의 혁명가 이동휘, 매서운 필봉의 논객이자 국사학자인 신채호·장도빈 등등 대한민국 사람이라면 한번쯤 들었을 만한 면면들이 연해주에서 항일독립투사로 활동했다. 이들의 의병활동에 참가한 고려인은 연인원 10만이 넘었고, 그들이 일본군과 벌인 전투는 1,700여회에 달했다. 당시 국내에선 의병을 폭도, 비류(匪類)라고 폄하했지만 연해주의 한글신문 『해조신문』은 호기 있게 의병이라고 부르면서 거의 매일 의병활동을 자세히 보도했다. 그때 일제에게 가장 큰 충격을 준 것은 1909년 10월 26일 안중근 의사가 하얼빈에서 조선통감 이토 히로부미를 저격, 응징한 사건이었다. 안 의사의 거사 준비는 블라디보스토크의 고려인신문 '대동공보'사에서 이루어졌다. 만일 그런 구국투쟁이 없었다면 오늘의 대한민국은 어떤 모습이었을까? 바로 그들의 민족혼이 망국을 독립으로 이끌고 대한민국의 오늘을 있게 한 배경이 아닐까.

최초 임시정부 선포

1917년의 러시아 2월혁명과 10월혁명은 차르의 압제하에 박해받던 소수민족 고려인에게 러시아인과 동등한 사회적·민족적 권리를 회복할 수 있는 기회로 인식되었다. 특히 토지 없는 고려인들은 토지를 갖게 될 것이라는 꿈에 부풀었다. 1차 대전 중 러시아군에 징집되어 독일과 싸웠던 젊은 고려인들은 좌익 사회주의자가 되어 원동으로 돌아왔고 공산주의에 매료된 고려인 청년들은 러시아공산당에 입당했다. 1918년 4월 28일 하바롭스크에서 볼셰비키를 지지하는 김 알렉산드라, 이동휘, 김립 등은 한인사회당을 창설했다. 이 한인사회당이 한국근현대사에 최초로 출현한 공산주의 정당이다.

3·1운동 직전인 1919년 2월 25일 고려인들이 소왕령이라고 부른 연해주 내륙의 중심도시 니콜리스크에 모인 문창범, 최재형, 이동휘 등은 임시정부 조직과 독립선언 방안을 논의한 끝에 '대한국민의회'를 출범시켰다. 대한국민의회는 모든 조선인의 중앙기관이자 임시정부임을 자임하며 3월 17일 독립선언서를 발표하고 열띤 만세시위운동과 동맹휴업을 전개했다. 이 대한국민의회 임시정부는 3·1운동 후 최초로 선포된 해외임시정부다. 중국 상해에 대한민국임시정부가 수립된 것은 이해 4월 13일이었다.

'4월참변' 일제가 고려인 300명 학살

연해주 고려인사회의 첫 참변은 1920년 4월 원동주둔 일본군에 의해 자행되었다. 일제가 볼셰비키의 기세를 꺾기 위해 적군(赤軍)에 대한 전면공격을 개시하면서 고려인들의 반일성향을 제거하기 위해 블라디보스토크의 신한촌을 포위하고 대대적인 체포, 방화, 학살을 자행한 것이다. 이것이 저 유명한 '4월참변'이다. 당시 신한촌은 고려인들의 학교, 신문사, 교회 등이 몰려있던 러시아 고려인사회의 구심점이자 항일민족해방투쟁의 본거지였다. 고려인들은 신한촌에 들러야 조국에 관한 소식을 들을 수 있었고, 연해주와 만주를 무대로 활동하는 무장유격대들은 이곳에 와야 소총, 기관총 등 무기와 탄약을 구할 수 있었다.

4월 5일 새벽 신한촌을 포위 한 일본군은 기관총, 대포를 사용하여 시가지를 초토화 시키고 모든 가옥에 수색을 실시했다. 그리고 개머리판으로 고려인들을 패면서 마을 밖으로 내몰아 무차별 사격을 가했다. 주민들을 학교에 가두고 문을 잠근 뒤 방화하는 만행도 서슴지 않았다. 불에 타죽고 있는 고려인들의 울부짖는 소리가 들려왔지만 일군은 불타는 건물로 어느 누구도 접근시키지 않았다. 당시의 보도에 따르면 온전한 집이 하나도 없고 거리에는 주검이 산처럼 쌓여 참혹한 광경을 눈으로 볼 수 없을 정도였다고 한다. 일본군은 고려인들의 시신을 함께 묶어서 녹슨 레일에 매달아 근처 바다에 내던졌다. 일군에게 체포된 러시아혁명군 지도자 세르게이 라조는 백군(白軍)에게 넘겨져 기관차 화통에서 산 채로 화장되기도 했다. 이 '피의 날'에 300명의 고려인이 학살되고 수백 명이 체포되었다. 고려인들이 공들여 세운 한민학교와 『한인신보』 사옥은 소실되었다.

니콜리스크에서는 일군 헌병대가 고려인 76명을 체포하고, 이곳 부시장으로 있던 최재형을 비롯하여 김이직, 엄팔주, 황경섭 등 4인의 지도자를 총살했다. 일군은 하바롭스크에서도 20명 이상의 고려인 무장부대원을 살해했다. '4월참변'은 고려인들로 하여금 볼셰비키와 연대하여 백군 및 일본군에 공동항전하는 계기를 강화해주었다. 1919년 17개였던 고려인 무장부대는 1921년에 빨치산으로만 36개 부대 3,700명이 활동하며 영웅적인 항쟁을 벌였다. 이 빨치산 투쟁에서 민간인을 포함해 약 2,000명의 고려인이 희생되었다.

고려자치공화국 건설운동

1922년 10월 마침내 일본군 철수와 함께 5년간의 적백내전이 막을 내렸다. 하지만 소비에트정권이 고려인에게 다짐했던 공약은 식언이 되었다. 혁명군 편을 들면 조국독립을 지원하고 고려인에게 토지를 분배해주겠다는 약속은 지켜지지 않았다. 그들은 오히려 고려인들이 조국과 인접한 국경지역에 거주하는 것을 못마땅하게 여기고 연해주 북쪽의 오지로 추방할 계획부터 세웠다. 이에 고려공산당 한명세는 코민테른에서 연해주고려인에게 자치를 허용해달라고 요구했다. 고려인이 밀집해 살고 있는 3개 지구(포시예트, 수찬, 수이푼)를 포함한 지역에 블라디보스토크를 주도(州都)로 하는 영토적 자치를 고려인에게 허용하라는 것이었다. 그는 고려인자치만이 원동에서 일제의 침략음모를 분쇄할 수 있다고 역설했다. 러시아공산당은 일본군 점령기간 중 일부 고려인이 보였던 친일행동을 문제 삼아 고려인자치에 극력 반대하면서 고려인추방결의안까지 채택했다.

고려인들의 자치요구는 1928년에 '고려 공화국' 건설운동으로 발전했다. 소련정부가 하바롭스크 서쪽 비로비잔에 유태인자치주를 건설할 계획이라는 소식이 전해지자 이에 자극 받은 것이다. 당시 비로비잔에는 러시아인과 고려인만 살고 있었다. 그런데 살지도 않는 유태인에겐 땅을 내주어 자치주까지 만들어주겠다니?! 연해주의 20만 고려인은 자신들이야말로 자치공화국을 세울 자격이 있다고 생각했다. 특히 시베리아 내전에서 볼셰비키를 도와 백군과 일본군 축출에 기여한 자신들의 공헌을 소련이 평가해줄 것으로 기대했다. 그해 3월 블라디보스토크에서 고려공산당을 중심으로 만주와 조선의 각계 대표들이 모여 '고려 공화국주비위원회'를 구성하고, 고려 공화국건립 청원서를 소련정부에 제출했다. 고려인들은 이 청원에서 일본인, 중국인과 더불어 공산주의 국가를 만들어 원동소비에트를 개발하고 그 영토를 지키겠다고 다짐했다.

소련정부는 이 청원을 받아들이지 않았다. 뿐만 아니라 고려인을 하바롭스크 이남에 더 이상 정착시키지 않기로 결정하고, 5개년계획을 세워 연해주고려인 농민 8만 7,700여 명의 분산이주에 착수했다. 이 계획은 고려인의 저항과 당국의 준비 소홀로 실행된 지 3년 만에 중단되었다. 목표의 3~4%에 불과한 3,000명의 이주로 끝을 본 것이다. 하지만 이 정책은 1937년 강제이주의 전주곡으로서 소련정부의 의지를 보여주기에 충분했다. 그건 강제이주의 선행실험이었다.

적성민족 취급 18만 원동서 추방

1937년 8월 21일 소련은 원동거주 고려인 18만 명을 중앙아시아로 강제 이주시키라는 긴급명령을 하달하였다. 소련 인민위원회와 공산당중앙위원회는 '원동지방 국경부근 구역에서 고려인거주민을 이주시키는 문제에 관하여'라는 결의안(1급 비밀)을 채택하고 즉각 강제이주에 착수했다. 이 결의안은 고려인 이주의 목적을 '원동지방에서 일본첩자들이 침투하는 것을 차단하기 위한 것'이라고 밝혔다. 고려인사회를 일본첩자의 온상으로 간주하고 그들을 근거지에서 되도록 멀리 떨어진 곳으로 '격리'시킨다는 의미였다. 전략적으로 민감한 국경지역에 몰려 사는 고려인을 '통제하기 어렵고 신용할 수 없는 적성(敵性)민족'으로 여긴 것이다. 일제에 대항해 싸워온 고려인을 일제의 앞잡이로 본 것은 고려인들에게 감내하기 어려운 모욕이었다.

돌이켜 보면 강제이주는 돌발적인 사건이 아니라, 고려인을 원동에서 제거하려는 오랜 러시아 쇼비니즘의 난폭한 승리였다. 러시아는 차르 시대

그림 1 ▸ 고려인 강제이주 경로

이래 고려인을 원동 안보에 해로운 존재로 인식하고 그들의 정착을 탐탁지 않게 여겼다. 그들을 국경지역에서 추방하여 내륙에 가두어 두려고 했던 것은 러시아 위정자들의 일관된 사고였다.

사전에 2,500명 처형, 공포 조성

강제이주는 1860년대 이래 원동 고려인들이 온갖 역경을 딛고 쌓아올린 모든 성과에 대한 전면적인 부정이며 폭력적인 파괴행위로서, 공산제국 소련의 안보와 국가이익 앞에 소수민족의 삶과 인권을 무시한 대표적인 사례다. 강제이주에 앞서 스탈린의 비밀경찰은 고려인 지도자 2,500명을 체포·처형해 고려인사회를 미증유의 집단적 공포로 몰아넣고 침묵을 강요했다. 당시 고려인 수가 18만이라는 사실을 감안할 때 2,500명 구속은 엄청난 규모의 검거선풍이었다. 그 공포가 어찌나 컸던지 고려인들은 출입문에서 초인종만 울려도 실신하는 형편이었다고 한다.

체포된 고려인들의 죄목은 철저히 조작되었다. 저항은 무의미했다. 끔찍한 고문 후 처형은 즉각적으로 이루어졌다. '조선의 레닌'으로 불리며 촉망받던 고려인사회의 기대주 김 아파나시, 제17차 소련공산당대회 원동지역대표 김 미하일이 처형된 것이 이때다. 두 김 씨의 처단에 이용된 러시아연방 형법 제58조는 소련국민이 조국에 반역했을 때에 적용되는 법률이다. 소련과 연해주고려인을 위해 투쟁하고 헌신했던 두 사람으로선 통탄할 일이었다. 일제하 조선에서 소련으로 망명해 고려문단을 이끈 작가 조명희도 숙청의 칼날을 피하지 못하고 희생되었다. 조선사범대학 문학부 재학생이던 열아홉 살 청년 정상진(문학평론가)의 아버지 정치문도 국가정치보안부에 체포되어 재판 없이 총살되었다. 정치문은 블라디보스토크의 빵공장에서 빵을 굽던 기술자에 불과했다.

후일 알려진 판결문에 따르면 기소된 고려인들은 한결같이 "일본 정찰부의 간첩이며 관동군 참모부의 과제를 받아 소련을 반대하는 폭동을 준비했다"는 혐의를 받았다. 연해주 일대를 소련으로부터 탈취하려는 목적으로 무장봉기를 준비하고 있다는 날조된 사건 속에 약식재판을 받고 대부분이 총살되었다. 처형된 고려인이 간첩이라고 증명된 경우는 거의 없었다. 스탈린은 간첩을 처형한 것이 아니라 고려인의 민족의식을 처형한 것이었다.

고려인 강제이주는 고려인사회 지도층을 무더기로 체포해 그 공포가 절정에 달했을 때 실행되었으며 전 과정이 강압적이고 위협적인 분위기 속에서 진행되었다. 고려인들은 '민족절멸'이라는 두려움에 벌벌 떨면서 정든 고향을 떠나야 했다. 그리고 녹슨 화물열차에 짐짝처럼 실려 중앙아시아 황무지에 내던져졌다. 그것은 국가테러리즘의 극치였다.

출발 2~3일 전 통보-목적지 몰라

고려인들은 강제이주 1주일 전 또는 2~3일 전에야 겨우 이동준비를 통보받았다. 하도 어이없는 일이어서 당황하기만 하다가 기차를 탄 사람이 대부분이었다. 이주통보 후 고려인들의 여행과 촌락 간 통신은 금지되었다. 최종 행선지가 통보되지 않아 이주민들은 다만 멀리 떠난다는 것과 출발일자밖에 알지 못했다. 이주 후원금으로 각 호당 370루블과 1인당 150루블이 지급되었다. 이주자 규모를 파악하는 과정에서 사냥총을 포함한 모든 무기를 압수당했다. 사람들은 지고, 이고, 들고 갈 수 있는 것이면 다 챙겼다. 그러나 수송열차가 비좁아 간단한 소지품과 침구, 의류, 식량 이외의 다른 물건은 가져갈 수조차 없었다. 그런 와중에도 노인들은 조상묘소를 찾아가 수건에 흙 한 줌씩을 싸가지고 떠나는 것을 잊지 않았다.

역에서 군인들은 고려인 행렬을 포위하고 중환자, 임산부, 노인 등 가릴 것 없이 모조리 열차에 태웠다. 특무요원이 방벽처럼 늘어서서 이들을 감시하며 이탈을 막았다. 고려인들은 살던 집과 세간을 그대로 두고 알몸으로 쫓겨나면서도 누구 하나 안 가겠다고 떼를 쓰는 사람이 없었다. 양떼처럼 온순하게 기차에 올랐지만 속으로는 모두 울고 있었다. 당국은 단 1명의 이탈도 허용치 않았다. 병원에 입원한 사람은 퇴원시켜 승차시켰다. 기관에 근무하거나 군에 복무 중인 사람은 해임 또는 제대시켜 열차에 오르게 했다.

고려인 이주민을 태운 첫 수송열차가 블라디보스토크를 출발한 것은 1937년 9월 9일 밤이었다. 원동에 사실상 추위가 시작된 때였다. 열차는 객차, 화물차, 가축운반차 등을 엮어 평균 50량으로 편성되었다. 객차에는 경찰과 호송요원, 그리고 고려인으로는 신문사 직원, 극단원, 사범대학 교수와 학생 등 이른바 엘리트 계층이 탔다. 이들은 1,000여 명에 불과했다. 나머지 사람들은 모두 화물차와 가축운반차에 짐짝처럼 실렸다.

3~4주간을 열차 속에서

화물차는 중앙의 출입문 좌우에 선반을 질러 2층으로 만들었다. 한 차를 4칸으로 나누어 화물차 1량에 보통 4가구가 탑승토록 했다. 화물차 가운데엔 원형난로를 설치하여 조리할 때 각 집이 순번대로 쓰게 했다. 매 칸의 침상 바닥에는 짚을 깐 것이 고작이었다. 화물차에는 유리창 하나 없이 널빤지로 막은 문만 있었다. 문이 닫히면 칠흑 같은 어둠에 휩싸였다. 그래서 기차를 그냥 '검은 상자'라고 불렀다. 가축운반차는 가축 냄새가 여전했고, 열차가 달릴 때면 널빤지 사이로 매서운 찬바람이 들이닥쳤다. 저녁이 되어 기온이 뚝 떨어지면 기차 안은 꽁꽁 얼어붙었다.

이주민들은 목적지에 도착할 때까지 3~4주간을 시베리아 횡단열차 속에서 시달렸다. 먼 길에 지쳐 모두가 앓았다. 앓다가 일어난 사람은 '여행'을 계속했지만 명이 짧은 사람은 황천객이 되었다. 주인 없는 시신은 밤에 열차 밖으로 내던져졌다. 열차가 서면 이름도 모르는 철길 근처에 시신을 서둘러 묻으며 통곡하는 소리가 끊이질 않았다. 열차에 동승한 비밀경찰 요원들은 수송과정 내내 고려인을 감시하며 이른바 '불순분자' 체포에 열을 올렸다.

1차 수송이 끝난 10월 말, 소련 내무인민위원부 예조프 위원장은 "원동 고려인을 최단기간 내에 카자흐스탄과 우즈베키스탄으로 이송 완료했다"고 의기양양하게 발표했다. 원동지역에는 더 이상 고려인이 남아있지 않았다. 고려인 이주민을 태운 거대한 비극의 수송열차가 달려간 거리는 장장 6,000km, 이주민 수는 총 3만 6,442가구, 17만 1,781명에 달했다. 그중 2만 170가구 9만 5,256명이 카자흐스탄 공화국에, 1만 6,272가구 7만 6,525명이 우즈베키스탄 공화국에 각각 짐을 풀었다. 여기에 그 후 2차로 수송된 4,700명 이상을 포함하면 강제 이주된 고려인 수는 총 18만 명에 달한다.

해외한인이 겪은 가장 큰 아픔

강제이주로 인해 얼마나 많은 고려인이 죽었는지는 아직까지도 확실하게 밝혀지지 않고 있다. 러시아 역사학자 부가이는 1937년 강제이주 도중의 사망자를 554명으로 기술하고 있다. 그러나 당시의 숙청, 기근, 질병 등으로 인한 사망자 수는 9,500명 이상이라는 주장이 있는가 하면 일각에선 최대 2만 5,000명이 사망했다는 설까지 제기하고 있다. 권희영(한국정신문화연구원)은 1937~39년 사이의 강제이주 희생자 수를 정치적 희생자 2,500명에 사회적으로 발생한 희생자를 더할 경우 대략 1만 6,500명 정도가 된다고 추정했다. 스탈린의 대탄압 시대를 산 고려인들의 주장은 이보다 훨씬 많다. 그때 재소(在蘇)고려인의 절반이 줄었다고 해도 과언이 아니라고 말한다. 강제이주의 무서운 폭풍이 몰아칠 때 고려인들이 받은 충격과 피해의식이 엄청나게 컸다는 얘기일 것이다. 고려인 강제이주는 해외한인이 겪은 아픔 가운데 가장 큰 상처이며, 결코 지울 수 없는 통한의 역사다. 고려인들은 그 피맺히고 억울한 사연을 어디에도 호소하지 못한 채 소비에트정권 내내 가슴속에 깊이 묻고 침묵의 삶을 살아야 했다.

유배지서도 탄압 처형 계속

고려인 이주민을 태운 수송열차가 카자흐스탄에 처음 도착한 때는 1937년 9월 말이었다. 우즈베키스탄에는 이보다 조금 늦게 도착했다. 고려인들은 건조한 반(半)사막지대와 스산한 갈대밭 지역에 짐을 풀었다. 여름에는 폭염이, 겨울에는 강추위가 기승을 부리는 곳이다. 각지로 분산된 고려인의 90%는 농업이나 어업 콜호스에 배치되었다. 학력, 경력, 개인의사와는 상관없이 거의 모두 고된 육체노동에 종사해야 했다.

그림 2 ▸ 중앙아시아 도착 후 분산경로

중앙아시아에서도 고려인은 심한 차별대우를 받았다. 우선 고려인들은 거주 지역을 이탈할 자유가 없었다. 무단이탈 경우 도망으로 간주돼 처벌받았다. 공민증을 회수당한 고려인들은 향후 5년간 거주지가 제한된다는 검정 도장이 찍힌 신분증을 소지해야 했다. 타슈켄트로 실려 온 고려인의 경우 치르치크 강을 경계로 하여 갈대가 무성한 밭 구역에서 살게 했다. 그들은 시내로 들어가 살 수 없었다. 다른 곳에 갔을 경우 24시간 내 추방령을 받았다. 고려인들은 비밀경찰의 엄중한 통제 속에 살았다. 그들은 내륙에 갇힌 포로가 되었다.

소련은 고려인들의 국가기관 취업 및 취학을 제한하고 정계 진출을 봉쇄했다. 또한 고려인을 믿지 못해 전쟁 때는 군인으로 복무할 수 없게 했다. 고려인 자녀들은 모스크바, 레닌그라드 등 대도시 대학에서 공부할 권리가 없었다. 1938년엔 스탈린 특명으로 고려어(조선어)를 소수민족언어에서 제외시켰다. 이에 따라 고려인 민족학교는 모두 폐쇄되고 러시아어로 수업하는 일반학교로 개편되었다. 이러한 상황 속에서 고려인이 취할 수 있는 생존논리는 철저한 러시아화 내지 소비에트화밖에 없었다.

적성민족 고려인에 대한 처형은 중앙아시아에서도 계속되었다. 소련 각지에서 반대파에 대한 검거선풍이 불면서 고려인사회의 엘리트들은 예심도 재판도 없이 사라졌다. 남자들은 툭하면 정치부에 검거되어 재판 없이 감옥으로 보내졌다. '일본스파이', '반혁명활동' 등의 누명을 씌워 시민권 박탈, 출당, 정배, 징역, 처형 등을 계속한 것이다. 고려인들은 암담한 공포 속에 살았다. 그때를 생각하면 지금도 고려인들의 눈에서 피눈물이 흐른다고 한다.

1920년 '4월참변' 때 일본군에게 살해된 고려인사회의 지도자 최재형의 차남 최성학(파벨)은 1938년 10월 카자흐스탄에서 일본스파이로 몰려 총살당했다. 그는 아버지가 총살된 뒤 18세의 나이로 항일빨치산에 가담했고 그 후 12년간 해군장교로 근무해, 소련에 대한 충성을 의심받을 수 없는 인물이었다. 그러나 1935년 12월 발틱함대의 포병장으로 근무 중 체포되어 15년 전의

'죄'로 재판에 회부되었다. 빨치산 때 무기양도 명령에 불복종했다는 것이 그의 죄목이었다. 그는 11개월간의 심리 끝에 기소중지로 석방되었지만 1938년 6월 두 번째로 체포된 후 반역죄로 처형된 것이다.

1920년대 연해주에서 고려인문제 전권위원으로 활동했던 김만겸은 카자흐스탄으로 강제 이주된 후 바로 체포되어 재판도 없이 총살되었고, 이동휘의 장례식에 참여했다는 이유로 1936년 3월 카자흐스탄으로 유배된 박정훈은 침켄트 시 상업부에서 근무하다가 체포되어 1938년 10월 총살 판결을 받고 처형되었다. 3·1운동 후 소련으로 망명해 백마를 타고 시베리아를 누빈 항일빨치산 영웅 김경천은 강제이주를 앞두고 간첩죄로 체포되어 3년형을 선고받고 복역했다. 그러나 1939년 4월 카자흐스탄에서 고려인들의 밀고에 의해 다시 체포되어 간첩죄로 8년형을 선고받고 강제노동수용소에 수감된 후 1942년 옥사(獄死)했다.

1938년 우즈베키스탄에서 고려인 1,515명이 체포되어 그중 1,321명이 국가반역죄 등으로 유죄판결을 받았다. 1939년에도 고려인들은 갖가지 죄명으로 비밀경찰에 체포되어 처벌을 받았다. 그중에는 공소시효가 끝난 20년 전의 밀수행위까지 법정에 세워 1~3년간의 수용소 감금형을 때렸다. 카자흐스탄에서는 강제이주 전부터 크즐오르다에 유배됐던 사람들에게 점검한다고 출두명령을 내려, 주(州)정치부 앞마당에 모두 집결시켰다. 많은 사람들이 재조사를 받고는 다시 체포되었다. 당시 크즐오르다에서 정배살이를 하던 고려인은 100여 명이나 되었다.

고향·강제이주 언급 못하게

1938년 크즐오르다사범대학교 벽보신문에 「밭 갈던 아씨에게」라는 시를 발표한 강태수는 반동으로 체포되었다. 그에 따르면 이 시에 등장하는 '아씨'는 단지 젊은 여성을 상징하는 것이었는데 당국은 떠나온 연해주를 그리워하는 시적 이미지로 사용되었다면서 그를 구금했다. 조명희의 권유로 문학 창작에 관심을 갖게 된 강태수는 취조 과정에서 조명희의 사주를 받고 창작한 작품이라고 실토하라는 고문을 받았다. 그는 1959년까지 21년간 북극 원시림에서 감옥살이와 연금생활의 고초를 겪었다.

밭 갈던 아씨야!
이 가없는 벌판에
땅거미 살그머니 기여들어
모두를 거무숙 물들일 즈음
나는 차창에 목을 내밀고
네가 갈던 밭과
네가 뜨락또르에서 내려
기꺼이 걸어가던 그 모습
다시 한 번 보구지여라. (1연)

(중략)

한밤의 벌판에 외로운 기적소리
지금 나는 너를 찾아 가느냐?
너를 두고 떠나가느냐?
우리 마을 뒷산은 보이지 않는다.
밝는 날은 어제일가? 그제일가?
북두는 말없이 지평선에 떨어지며
마음은 너를 찾아 달음박질
아, 아직도 동녘은 껌껌나라
어서 동이 트고 날이 밝아야 우리는… (6연)

이 시에는 강제이주와 관련된 직접적인 목소리는 등장하지 않는다. 그러나 '차창'이라는 시어와 밭 갈던 아씨와의 이별의 안타까움이 지속적으로 반복된다. 강제이주 다음 해에 이주를 연상할 수 있는 '차창'과 이별을 이야기 했다는 것이 당국의 시적이었다. 사실 '우리 마을 뒷산'이나 '동녘은 껌껌나라' 등은 이 시를 강제이주로 인해 원동과 이별한 아픔을 우회적으로 표현한 작품으로 느끼게 한다.

강태수의 필화사건 이후 당국의 검열과 통제가 아주 심해졌다. 고려인 작가들은 강제이주를 직접적으로 드러내는 어휘는 물론이고 원동, 조국, 고향에 대한 향수의 표현이나 소련의 제도 · 정책을 비판하는 어떤 종류의 글도 발표할 수 없었다. 작품이 완성되면 러시아어로 번역해서 당 기관이나 검열기관에 바쳐야 했다. 고려인들의 시는 새로운 조국과 새로운 고향에 대한 찬양 일색으로 변했다. 소비에트 고려인문단은 암흑기를 맞았다.

전쟁을 기회로 성공신화 만들어

강제이주 다음해인 1938년 봄이 오자 고려인들은 생존을 위한 치열한 투쟁을 시작했다. 맨손으로 갈대숲을 베고 강물을 끌어들여 논을 만들어 연해주에서 보물처럼 싸가지고 온 볍씨를 심었다. 이곳의 사막성 기후는 일조량이 풍부하여 물만 잘 주면 곡식과 채소가 잘 자랐다. 첫해 농사를 결산해보니 국가에서 빌려 쓴 빚을 갚고도 돈이 남았다. 고려인들은 다음해에도 풍년을 맞아 이주한 지 3년 만에 재기의 기틀을 마련했다.

소련에서 '대(大)조국전쟁'이라고 부른 2차 대전은 고려인들에게 오히려 기회가 되어 성공신화를 만들 수 있었다. 고려인 콜호스(집단농장)들은 대부분의 남자가 노동군으로 동원되어 일손이 부족했지만 남은 성원들의 열성적인 노력에 힘입어 목화와 벼의 경지면적을 3.5~5배 이상 확장시켰다. 작물의 생산량도 획기적으로 증대시켰다. 황마의 경우 ha당 몇 톤에 지나지 않던 수확량을 원산지인 인도에서조차 꿈꾸지 못한 20~25톤이라는 경이적인 생산량을 기록했다. 카자흐스탄의 김만삼은 1942년에 ha당 17톤이라는 세계 최고의 벼 수확량을 올리는가 하면 우즈베키스탄의 김병화는 300만 평의 황무지를 옥토로 만들어 북극성콜호스를 소련 최고의 모범농장으로 육성했다. 고려인 콜호스는 국방기금 모금운동에도 적극 참여했다.

전쟁은 강제이주와 탄압의 공포 속에 살았던 고려인들에게 그 두려움을 어느 정도 잊고 새로운 삶을 시작하게 만든 계기가 되었다. 고려인 콜호스는 활기를 찾았고, 고려인들의 가계도 배고픔을 잊을 만큼 안정을 찾아갔다. 전쟁 후 많은 노동자와 사무원들이 전선으로 나가게 되자 그 빈자리를 메우기 위해 고려인들이 시내에 들어와 살 수 있었다. 고려인들은 부당한 모욕과 억압에도 불구하고 의기소침하지 않고 뛰어난 노동 열정을 발휘하며 소련의 승리를 위해 헌신함으로써 공존의 토대를 쌓아간 것이다.

죽자 살자 일하며 교육에 '올인'

고려인들은 죽자 살자 일만 하면서 자녀교육에 '올인'해 우수하고 근면한 민족이라는 이미지를 소련 사회에 각인시켰다. 1940~60년대에 인구 30여만 명의 고려인사회는 총 201명의 사회주의노동영웅을 배출했다. 소련에서 민족구성원 비율로 봤을 때 고려인 노동영웅 숫자가 단연 으뜸이었다. 고려인들은 노동영웅이 되는 것을 더 없는 영광으로 알고 1년 내내 들판에서 일만 했다. 그들이 일벌레처럼 강도 높은 노동에 매달린 것은 강제이주의 악몽을 잊으려는 것과 무관치 않다. 적성민족이란 낙인이 찍힌 고려인들은 언제 어떻게 처벌 받을지 모른다는 공포 속에 살았다. 그 공포에서 벗어나기 위해 소련에 대한 애국심을 과시하려고 한 것이 노동몰입으로 나타난 것이다.

1940년대 카자흐스탄의 스탈린콜호스에서는 하루 노동시간을 새벽 5시부터 저녁 8시까지 15시간으로 정하고 낮에 2시간 정도의 휴식을 취했다. 하루 8시간 노동이 원칙이었던 소프호스 농민들의 작업량과 비교할 때 엄청난 중노동이 아닐 수 없었다. 고려인들은 열심히 일하는 것만이 자신들의 권리를 되찾고 명예를 회복하는 길이라고 생각했다.

우즈베키스탄 스베르들로프 콜호스의 한운석의 얘기를 들어보자. 죽자 살자 일만 하고 살아온 인생역정에 대해 깊은 회한을 토해내고 있다.

> "노력영웅은 한마디로 일벌레를 뜻한다. 우리는 서로 노력영웅 되는 것을 더없는 영광으로 알고 죽자 살자 일만 했다. 해마다 영웅 심사를 할 때 자기 이름이 뽑혀지는 감동을 위하여 1년 내내 들판에서 흙속에 파묻혀 지냈다. 정해진 면적에서 누가 더 많은 수확량을 내느냐가 영웅을 결정하는 주된 기준이다. 나도 영웅이다. 하루에 잠은 4시간 정도만 자고 나머지는 일을 했다. 가족들도 따라해야 하기 때문에 힘들었다. 지금 생각하면 허망하다. 물론 영웅이 되면 훈장을 받고 영웅 칭호를 들으며 무슨 행사 때마다 맨 위쪽에 앉게 되고 약간의 혜택도 있다. 그러나 오늘날 콜호스가 퇴락해 가고 소련이 붕괴된 뒤 독립국가로 흩어지고 보니, 내가 저 들판에 바쳤던 땀의 의미는 한마디로 소련의 권력층을 살찌게 해준 짓밖에 되지 못했다는 결론이다. 내 몸에 남은 것은 모진 골병이고 내 가족에 지워진 것도 그다지 넉넉하지 못한 썰렁한 살림과 마누라의 저 병신 된 모습뿐이다."

고려인들은 교육을 적성민족의 멍에에서 벗어나 신분상승의 길을 열어줄 수 있는 유일한 출구로 여겼다. 고려인 가정에서 자녀의 대학진학은 당연한 일로 여겼고 자녀들은 대학입학에 실패하면 망신이라고 여겨 집에 돌아오지 못했다. 카자흐스탄의 우슈토베는 1937년 9월 말, 첫 강제이주 열차가 도착한 지역으로 널리 알려진 곳이다. 유태인이 세계 각지에서 그러했듯이, 우슈토베의 고려인들이 합심해서 제일 먼저 지은 건물이 바로 후세를 가르치기 위한 학교였다. "공부를 해야 한다. 공부만이 이 민족이 살길이다. 공부하다 죽게 되더라도 공부를 해야 한다."는 것이 고려인들의 한결 같은 절규였다. 고려인들의 교육열은 강제이주 후 빼앗긴 자신의 권리를 되찾고 명예를 회복하기 위한 몸부림이었다.

당시 부모가 없어 할머니 밑에서 자란 어린 신순남(화가)은 집단농장의 야간중학교를 마치고 레닌그라드로 유학 갈 생각을 했으나 공민증이 없어 불가능했다. 그는 친구 손 보리스와 함께 우즈베크인으로 서류를 위조하는 모험을 감행했다. 할머니는 집단농장에서 신순남이 몰래 도망치도록 했다. 한밤중에 40km를 달려 타슈켄트 시내로 나온 그는 신분을 속여 5년제 벤코프 미술학교에 입학했다. 신순남은 아는 사람 집에 묵으면서 몰래 학교를 다녔다. 후에 우즈베키스탄의 대학총장이 된 한 세르게이는 1948년 고등학교 졸업 후 레닌그라드 대학에 입학하려고 스탈린에게 편지를 썼다. 그러나 고려인은 다른 공화국으로 갈 수 없다는 통보를 받고 꿈을 접어야 했다. 결국 사마르칸드 국립대학 역사학부에 지원한 그는 온갖 차별을 헤치고 나서야 입학에 성공할 수 있었다. 당시 고려인이 거주지를 떠나 진학한다는 것은 하늘의 별따기처럼 어려웠다. 카라칼팍스탄의 전봉호는 "1948, 49년에 두 번이나 러시아대학에 입학하려 했지만 신분증에 표시된 거주지 제한 때문에 당국은 나를 마치 범죄자처럼 몰아냈다"고 회상했다.

고려인들은 어려운 살림 속에서도 자녀교육을 위한 것이라면 아끼지 않았다. 부모들은 부족한 쌀을 아껴서 유학 간 자녀에게 부쳤다. 당시 러시아와 우크라이나 시장에서 쌀을 팔고 살 때는 유리컵을 사용했다. 쌀은 귀한 식품이었기 때문에 kg단위로 파는 경우가 드물었다. 쌀농사가 주업인 고려인들로서는 쌀을 제외한 다른 물질적 지원을 자녀에게 제공할 수가 없었다. 다행이 소련의 무상교육제도는 고려인들의 자녀교육에 큰 뒷받침이 되었다.

1989년 조사에 따르면 우즈베키스탄에서 18세 이상 고려인 남녀의 21.7%가 대학에 진학했다. 이는 소련 내 140개 민족 중 아르메니아인 다음가는 2위로, 러시아인은 물론 독일계를 앞지른 것이다. 시간의 흐름에 따라

고려인들의 진학률은 더 높아져 1990년대 중반 전문학교 이상 진학률은 52%, 대학교 이상 학력소지자는 35%에 달했다.

스탈린 사후 농촌 떠나 도시로

1953년 3월 5일 독재자 스탈린의 사망은 세계는 물론 고려인사회에도 일대 변화를 몰고 왔다. 거주제한조치가 해제돼 고려인은 중앙아시아라는 울타리를 벗어나 보다 넓은 세계로 진출할 수 있게 되었다. 정치참여가 허용되고 공직에도 나갈 수 있게 되었다. 군대에 복무하고 최고학부에도 입학할 수 있게 되었다. 거주 이전의 자유가 주어지면서 강제이주 후 대부분 농촌 콜호스에 거주하던 고려인들의 농촌이탈과 도시이주가 시작되었다. 대도시 유학의 길이 열리자 젊은 고려인들은 환호하며 러시아 공화국의 고등교육기관으로 '돌진'했다.

1960년대부터 소련 사회의 각 분야에서 고려인들의 전문직 도전이 시작되었다. 고려인들은 국가권력의 중심부와는 다소 떨어진, 그래서 사회적 차별을 조금 덜 받는 전문분야로 눈을 돌렸다. 젊은 고려인들이 학자, 연구원, 교사, 의사 건축가, 엔지니어, 법률가, 문화인, 공무원 등 다양한 전문직에 진입했다. 이것은 고려인들이 자녀교육에 열성을 기울였던 교육투자의 결실을 의미했다. 고려인들의 전문직 진출은 학계에서 두드러졌다. 수백 명의 박사 · 석사들이 과학아카데미산하 연구소나 대학에서 활동했다. 문화예술 및 체육 분야에서도 두각을 나타냈다. 그러나 고려인들은 요직에 진출해도 중요한 의사 결정권을 행사하는 지위에는 오르지 못했다. 러시아인과 토착민 사이의 중간계층에 머물렀다. 러시아인이 지배하는 사회체세가 유지 운영되도록 기여하면서 자신들의 지위를 보장받은 것이다. 고려인들이 이러한 신분상승을 위해 치룬 대가는 민족정체성과 모국어의 상실이었다.

전문직 도전, 중간계층 발돋움

고려인의 도시화는 강제이주 후 20%에 불과하던 것이 1959년을 기점으로 급격히 진행되어 1989년에는 85%에 달했다. 중앙아시아의 다른 민족에게는 없던 독특한 현상이었다. 고려인들은 삽은 싫다면서 펜만 들려고 한다는 말을 타민족으로부터 들을 정도로 화이트칼라 지향성이 강했다. 이때 고려인들의 직업구성을 보면 55%가 교사, 의사, 기술자 등의 전문직 종사자이며, 30%가 노동자, 12%가 농민, 나머지 3%가 학생이었다.

여기서 주목해야 할 것은 강제이주 후 50년간 고려인사회가 놀라운 질적 변화를 이루었다는 사실이다. 강제이주 직후 70~80%에 달하던 농업종사자가 12%로 대폭 줄어든 반면에 전문직과 노동자가 압도적으로 늘어나 무려 전체의 85%가 되었다. 고려인사회의 주류가 농촌의 농민에서 도시거주 전문직 · 노동자 집단으로 바뀐 것이다. 농촌에 살던 하층 농업민족이 교육을 통한 직업전환에 성공함으로써 도시에 거주하는 중간 관리 층으로 도약했다는 이야기다. 적성민족으로 불신 받던 고려인들의 이러한 계층 상승과 위상 변화는 소련 사회에선 극히 이례적인 것이었다.

정 · 관계 진출은 미미

고려인들의 정 · 관계 진출은 대체로 미미한 편이었다. 특히 소련 중앙으로 진출한 케이스는 거의 없었다. 보이지 않는 민족차별로 인해 중앙의 국가와 당 기관 간부 임용에서 고려인은 간택되지 않았다. 고려인들이 활동한 주요 정치무대는 '변방'의 민족 공화국인 우즈베키스탄, 카자흐스탄, 키르기스스탄, 타지키스탄 등이었다. 1950년에 소프호스(국영농장)관리부국장이던 박 알렉세이가 카자흐스탄 최고회의 대의원으로 선출된 것을 시초로 사회주의 노동영웅들이 최고회의 대의원으로 진출하기 시작했다 그 후 소수의 엘리트가 국영기업체와 행정부처의 지도급 인사로 성장해 장 · 차관까지 승진했다.

공산당원이 되어야 출세할 수 있는 세상이었기에, 1970년대에 많은 고려인 엘리트들이 공산당에 가입해 활약했다. 물론 공산당 제1비서는 되지 못하고 제2비서에 만족해야 했다. 1990년 소련 전체 공산당원 중 고려인이 차지하는 비율은 0.6%로, 인구수에 비해 높았다. 중앙아시아 각국에서의 비중은 이 보다 훨씬 높았다. 고려인 공산당원을 공화국별로 보면 카자흐스탄이 6.4%로 가장 많았고, 다음이 타지키스탄 5%, 키르기스스탄 4.2%, 우즈베키스탄 3.7%의 순이었다. 인구비율로 볼 때 꽤 많은 숫자였다.

소비에트 드림 '고본질'

중앙아시아 고려인은 비교적 여유 있는 경제생활을 누렸다. 그 뒤안길에는 '고본질'이라는 비결이 숨어 있다. 고본질은 고려인들에게 '소비에트 드림'이었다. 부를 축적하기 어려운 공산사회에서 일확천금의 무지개를 잡을 수 있었던 유일한 기회가 바로 고본질이었다. 고본질이란 콜호스나 소프호스의 농지를 고려인들이 사적(私的)으로 임차해 농사를 짓고, 생산량의 50%를 콜호스에 임차료로 납부한 뒤 남은 수확물을 자기재량으로 처분하는 고려인 특유의 임차농업을 말한다.

고본질에 나서면 1년에 가구당 5,000~2만 루블은 예사로 벌어들일 만큼 수익이 좋았다. 1988년 우즈베키스탄에서 김 레프 작업반장이 이룬 고본질 성과는 눈부시다. 그가 이끈 작업반의 생산성은 다른 농장보다 10배가 많을 정도로 뛰어났다. 한 시즌에 그의 작업반원 100여 명이 올린 수익은 1인당 3만 루블에 달했다. 성공적인 작업조들은 연간 5만~6만 루블까지 수입을 올렸다. 평균임금이 연 2,300~2,500루블에 불과한 일반 근로자에 비해 고본질 농민은 진정 고소득층이었다. 고본질에서 한 번 돈맛을 본 사람은 집단농장이나 건설공사장으로 되돌아가지 않았다. 그리하여 직업적인 농사꾼은 물론 전문직, 운동선수, 공직자들도 수시로 고본질에 뛰어들었다.

고본질 농민은 환금성이 높은 양파의 재배를 선호했다. 그런데 1ha에서 2,000자루를 수확하는 양파농사는 지력을 금방 약화시키기 때문에 한곳에서 연작하기가 어렵다. 지력이 좋은 토지를 찾아 계속 옮겨가며 영농을 해야 한다. 고본질이 유랑농업으로 분류되고 고본질 농민이 철새에 비유되는 것은 이 때문이다. 그들의 유랑지역은 광범위하다. 땅이 비유하고 판로가 좋은 지역이면 어느 곳이든 찾아 나섰다. 남부 러시아의 볼고그라드, 캅카스, 우크라이나 등 수백, 수천 킬로미터의 먼 길을 마다하지 않는다.

고본질 종사자는 이른 봄 3월에 집을 떠났다가 10월이면 귀향한다. 농산물 판매가 여의치 않으면 겨울까지 현지에 남아 판매를 계속한다. 그들의 거처는 '깔두막'이라고 부르는 갈대를 얹은 움막이나 토굴, 여기저기서 구한 자재로 짜 맞춘 임시막사, 바퀴가 달린 이동주택 등이다. 거기서 그들은 늦가을까지 일하다 수확물을 처분하고 귀향길에 오른다. 행운이 함께한 경우 최신 모델의 쥐글리 차를 굴리면서 의기양양하게 귀가한다. 하지만 운이 없는 해에는 다음해 봄까지의 생활비와 고본질 출정에 필요한 준비를 위해 빚을 져야 한다. 해마다 고본질은 그렇게 일희일비 속에 반복되었다.

소련시절에 사적이익을 추구하는 농업인 고본질은 불법이었다. 하지만 늘 생산목표 미달에 허덕이는 콜호스에게 고본질은 부족분을 메워주는 고마운 해결사였다. 때문에 불법은 뇌물로 수습하며 고본질과 콜호스는 공생관계를 유지했다.

개혁개방 때 강제이주 비판

강제이주 후 약 반세기 동안 고려인들은 강제이주에 대해 어떠한 증언이나 토론도 제기할 수 없었다. 소련에서 강제이주의 부당성에 대해 말하는 것은 금기였다. 심지어 1960년대에 역사학자 김승화가 출간한 『소련한족사(韓族史)』도 대서특필해야 마땅할 강제이주의 전말에 대해서는 언급조차 하지 않았다. 신순남은 고려인의 수난사를 집요하게 파헤친 거의 유일한 화가였다. 1980년대에 그는 강제이주의 상처로 죽어간 수많은 고려인의 영혼을 달래주는 벽화 '레퀴엠-이별의 촛불, 붉은 무덤' 시리즈에서 본격적으로 소련의 만행을 고발했다.

1985년 고르바초프의 개혁·개방정책 이후 고려인들은 처음으로 사상의 자유, 표현의 자유를 향유할 수 있었다. 자유여행의 바람을 타고 역사적 조국인 한국을 포함해 외국으로도 자유롭게 나갈 수 있었다. 고려인사회가 강제이주를 정면으로 문제 삼으면서 암울했던 과거를 회고·비판하는 글이 고려인들의 신문 『레닌기치』에 봇물 터지듯 쏟아져 나왔다.

강제이주의 진실이 공개되고 소련에 이어 러시아가 그 죄과를 인정하며 '적성민족' 고려인에 대한 복권에 나선 것은 1993년에 이르러서다. 당시 러시아연방 최고회의는 '러시아고려인의 명예회복에 관한 법'을 제정해, 강제이주 시기 고려인에게 자행된 "탄압이 불법적이고 범죄적인 조치였다"고 시인하며 "고려인들이 원동의 원래 거주지로 귀환할 권리가 있다"고 공표했다. 이때부터 고려인의 자유로운 연해주 복귀가 가능해졌다.

소련 해체 후 황야로 내몰려

1991년 말, 공산제국 소련의 붕괴는 세계를 좀 더 안전하게 만든 역사의 진화였지만 고려인들은 다시 황야에 내몰리는 신세가 되었다. 소련은 15개 민족 공화국으로 해체되었다. 권력이 토착민족으로 이동하면서 토착민의 공직점유 비중이 압도적으로 커졌다. 민족 공화국들은 러시아어를 버리고 토착어를 공용어로 지정했다. 소수민족은 토착어를 구사하지 못하면 공직에서 물러나야 한다는 압력을 강하게 받았다. 고려인과 같은 소수민족들은 선택의 갈림길에 섰다. 그들이 태어나고 자란 중앙아시아에 남아야 하는지, 그들의 정신적 바탕이 된 러시아말과 문화가 있는 러시아 땅으로 떠나야 하는지, 아니면 잊고 살던 조국으로 돌아가야 하는지를 결단해야 해야 했다. 결국 소련의 붕괴는 소수민족의 대이동을 촉발했다.

소련 내 인구가 200여만 명에 달했던 독일인의 경우 1988~1993년까지 모국으로 귀환한 사람이 81만여 명에 달했다. 독일통일 후 세계 각지에 산재한 동포들에게 모국이주를 용이하게 한 제도적 장치가 이들의 귀환을 촉진시켰다. 소련 내 유태인도 1988~1992년에 48만여 명이 고국인 이스라엘로 이주했다. 고려인들은 "우리는 조국이 둘이 있어도 오라는 곳이 없다" "나라 없는 민족보다 못한 것이 고려 사람들의 처지"라며 한탄했다. 주로 화이트컬러 직종에 종사하고 있던 고려인 3~4세들에게 토착민족주의의 대두와 공식언어의 변경은 사회적 차별로 인식될 수밖에 없었다. 많은 고려인들이 '차별의 땅' 중앙아시아를 떠났다.

조국 떠나 4차례 대이주

고려인은 운명적으로 역마살을 타고난 것일까? 세대마다 타의의 이주를 거듭해온 기구한 팔자다. 조부모의 묘는 70여 년 전 연해주에 버려졌고 부모 · 친지의 묘는 중앙아시아 산야에 흩어져 있다. 소련 붕괴 이후 또 다시 이주의 기로에 부딪친 고려인들. 앞으로 또 자신은 어디에 가서 묻힐지 알 수 없게 된 그들의 탄식이 절절하게 울린다.

연해주고려인재생기금 회장 김 텔미르의 한탄을 들어보자. 그는 강제 이주 전 숙청당한 고려인사회의 최고 지도자 김 아파나시의 작은 아들로 태어나 소련시절에 온갖 박해를 견뎌내고 살아남은 기구한 인생역정의 주인공이다.

> "나의 부친은 (원동의) 하바롭스크 시에 묻혀 있다. 어머니는 (러시아) 크림 주 옙파트라 시에, 외할아버지는 (우즈베키스탄) 타슈켄트 주 미르자 촌에, 친할아버지는 연해주 수하노프카 촌에, 외할머니는 타슈켄트 주 사마르스코예 촌에, 그리고 친할머니는 카자흐스탄의 침켄트 시에, 형님은 연해주 크라스키노 촌에 안치돼 있다. 그러니 이 고인들을 누가 모셔서 성묘를 할 것인가. 기가 막힐 일이다. 악마의 나라에서만 이 같은 일이 있을 수 있을 것이다."

김 텔미르처럼 한 가족의 무덤이 광활한 유라시아 대륙에 점점이 흩어져 있다는 사실 자체가 고려인의 수난의 역사를 말해주고 있다. 어릴 적에 그는 생각에 잠길 때마다 부모를 원망했다고 한다. 그들이 조국을 떠난 까닭에 후손들이 타국에서 온갖 천대와 학대를 받게 됐다고 생각한 때문이다.

고려인의 삶은 유랑과 이주의 연속이다. 역사적으로 그들은 모두 4차례의 대이주를 경험했다.

첫 번째는 한반도에서 두만강 건너 러시아 연해주로의 이주다. 이주라기보다는 19세기 조선의 기근과 봉건적 탐학에서 벗어나기 위한 '탈주'였다는 표현이 맞을 것 같다.

두 번째 이주는 1937년 독재자 스탈린에 의해 자행된 중앙아시아로의 총체적인 강제이주다. 연해주 고려인을 고국과 단절된 지역으로 추방해, 20세기의 디아스포라로 전락시킨 통한의 이주다.

세 번째는 1953년 스탈린 사후 중앙아시아 고려인들에게 거주의 자유가 허용된 이후의 분산 이주다. 젊은 고려인들이 교육이나 직업적인 이유로 슬라브 문화권인 러시아, 우크라이나, 벨라루스 등지로 개별적으로 이주했다. 이때부터 고려인의 생존무대가 서부 러시아까지 확산되었다. 우즈베크 고려인은 주로 모스크바나 레닌그라드로 유학차 이주한 경우가 많았고 카자흐고려인은 유럽러시아의 공업중심도시(키예프, 하리코프 등) 및 카자흐스탄과 인접한 시베리아의 과학 · 공업도시로 많이 이주하였다.

두 흐름 러시아행과 한국행

네 번째는 1991년 소련 붕괴를 전후한 민족주의 선풍에 밀려 약 10만 명의 고려인이 다시 유랑의 길로 접어든 때다. 이때 고려인의 국외 이주 · 이동 방향은 크게 두 갈래로 정리할 수 있다. 하나는 러시아행 재이주이고, 다른 하나는 88서울올림픽 이후 새롭게 떠오른 '역사적 조국' 한국으로의 인력진출과 귀환이주다. 이 대이동은 초기에 러시아행 재이주가 대세를 이루었다. 그 결과 남부 러시아, 북캅카스 지역, 우크라이나가 고려인들의 새로운 생활권역으로 부상했다. 그러나 고려인들의 한국취업과 서방세계를 향한 이민이 시작되면서 러시아행 재이주는 소강상태로 접어들었다. 2000년대 초까지 러시아행을 선택한 고려인은 약 7만~8만으로 추정된다.

반세기 이상 단절되었던 고려인의 한국행은 특기할 일이다. 한-소 교류의 길이 열려 직접 남한 땅을 밟은 뒤부터 한국에 대한 그들의 인식이 달라진 때문이다. 시장경제로의 전환기를 맞아 자본주와 멘토가 필요했던 고려인들에게 잘사는 자본주의국가 한국은 희망의 등대로 떠올랐다. 고려인과 한국 간의 교류가 급격히 늘어났고 젊은 고려인 사이에서 한국어와 한국문화를 배우려는 열풍이 들불처럼 번졌다.

의식 · 문화 바뀐 독특한 정체성

고려인들은 지난 150년 동안 한반도와 유리되어 독자적인 생존의 길을 걸어왔다. 그 시간이 길었던 만큼 그들의 의식과 문화도 크게 변모했다. 그들은 언어뿐만 아니라 가치관, 이념, 의례 등에서 한반도의 한인과는 많은 차이를 보인다. 고려인을 새로운 민족으로 분류해야 한다는 주장이 나올 정도다. 사실 고려인은 20세기에 탄생한 '새로운 유라시아인'이라고 볼 수 있다. 주로 러시아어를 구사하며 CIS지역에 살고 있는 그들의 특성 속에는 자신의 뿌리에 해당하는 한민족으로서의 전통적인 것을 비롯해 러시아적인 것, 소비에트적인 것, 중앙아시아적인 것 등이 혼재해 있다.

문화의 정체성을 따질 때 그 핵심은 언어다. 젊은 세대들이 민족어를 어느 정도 잘 하느냐는 민족문화와 정체성이 세대 간에 지속될 수 있는지 여부를 측정하는 지표가 된다. 고려인들은 강제이주 1세대를 제외한 2세대 이후부터 러시아어를 모국어로 사용했으며, 2~4세대의 경우는 10% 정도만이 한국어 구사가 가능한 실정이다. 모국어를 상실한 많은 고려인들은 러시아 문화에 젖어 스스로를 러시아어권의 존재로 인식했다.

소련 시절 고려인들은 정체성 문제에 대해 심각하게 고민할 필요가 없었다. 소련체제는 정치적 · 문화적으로 인종적 정체성을 억누르고 오직 소비에트 시민으로서의 문화적 · 시민적 정체성만 표출시켰다. 서방 학계는 이런 사람들을 가리켜 '호모 소비에티쿠스(Homo Sovieticus)'라고 불렀다. 인종적 · 민족적 차이, 또는 동서양의 차이가 없어지고 러시아어를 모국어로 사용하는 새로운 세대의 소련 공민을 일컫던 말이다.

88서울올림픽은 고려인들로 하여금 갑자기 자신이 한(국)인임을 깨닫게 만들었다. 서울올림픽 경기를 TV중계로 본 고려인들은 모두 뜨거운 눈물을 흘리면서 조국이란 의미를 새롭게 되새겼다. 뒤이어 소련이 해체되어 15개 독립국가로 나뉘자 오랜 세월 소련을 조국으로 여겨왔던 고려인들은 "진짜 조국이란 무엇인가?" 하는 의문을 제기했다. 각 공화국들의 민족성 강화정책도 역설적으로 고려인들의 민족의식을 자극했다. 우즈베크 고려인의 78.7%가 한국어를 배우고 싶다고 한다. 한국어를 배우려는 열망은 젊은 세대들에게 더 강하다. 16~25세 그룹은 88.4%, 26~35세 그룹은 82.5%가 한국어를 배우려고 한다. 자녀를 한국에 유학 보내는 고려인도 많이 늘어났다. 이제는 고려인사회의 모국어 상실 위기를 걱정 안 해도 될 것 같은 상황이다. '피는 물보다 진하다'는 말처럼, 이제는 그들로부터 강한 뿌리의식을 읽을 수 있다. 눈부신 경제발전을 이룬 고국에 대한 강한 자부심과 민족적 긍지도 확인할 수 있다. 다문화적인 삶을 산 고려인들은 다른 언어, 다른 문화를 다 배울 수는 있지만 다른 민족은 될 수 없다는 것을 절실히 느끼며 살아왔다.

우즈베크고려인 61% 이주 원해

세계 각지의 한인 동포치고 고난과 시련을 겪지 않은 사람이 없지만 고려인에 비견할 수는 없을 것이다. 고려인들이 걸어온 150년은 한마디로 피눈물 나는 시련과 수난으로 점철된 아플 통(痛)자 痛史다. 그들의 삶은 연해주 개척시대부터 오늘에 이르기까지 차별과 박해 속에서 치열한 생존투쟁으로 일관해온 가시밭길이었다. 차르의 압제 속에 신음했던 고려인, 스탈린의 '피의 숙청' 아래서 공포에 떨며 울던 고려인, 끝내는 일제의 첩자로 몰려 중앙아시아 허허벌판에 내던져진 고려인, 그리하여 조국 한반도와 유리되어 20세기의 디아스포라로 전락한 그들의 아픔을 어찌 다 필설로 형용할 수 있겠는가. 1937년 강제이주 후 중앙아시아에서 '성공신화(神話)'를 쓰며 정착하는가 싶더니 소련붕괴 후 다시 유라시아 대륙을 떠도는 유랑민족의 신세가 된 그들의 기구한 운명에 가슴이 메어진다.

지금도 많은 고려인들이 가난과 싸우거나 생존을 위해 유랑하고 있다.

3~4만 명의 무국적자가 불안한 삶을 영위하고 있는가 하면 정착을 위해 몸부림치는 사람도 많다. 고려인들의 어려운 처지는 우즈베크고려인사회가 단적으로 말해주고 있다. 장기적 경기침체로 인해 월 200~300달러짜리 일자리가 없어 청장년층은 취업을 위해 거의 해외로 빠져나갔고, 등록금을 마련 못한 젊은이들의 대학진학 포기가 속출하는 실정이다. 우즈베크고려인사회는 해외취업 및 이주로 인한 인구 감소, 고려인의 사회적 위상 저하, 주류 사회에서의 배제, 집단농장 해체로 인한 경제적 기반 상실, 자녀 교육수준 저하 등의 심각한 문제에 직면해 있다. 4년 전 현지 한국대사관이 고려인 1,191명을 대상으로 실시한 설문조사에 따르면 응답자의 61.6%가 "다른 나라로 이주하고 싶다"는 입장을 피력했다. 이 이주 희망률은 2000년의 51%보다 10% 포인트 이상이 증가한 수치다. 고려인의 절반 이상이 10년이 넘도록 이 나라를 떠나고 싶다는 의사를 보이고 있다는 것은 결코 간과할 수 없는 문제다.

코리안 드림 꿈꾸며 한국에 2만

코리안 드림을 꿈꾸며 한국에 취업 등을 목적으로 장기체류 중인 고려인 수는 2013년 현재 대략 2만여 명 정도로 추산된다. 그중 우즈베키스탄 고려인이 전체의 70%인 1만 4,000여 명으로 가장 많고, 다음이 러시아 고려인 4,300명, 카자흐스탄 고려인 1,500명이다. 그밖에 키르기스스탄, 우크라이나, 타지키스탄 등 고려인도 740여 명에 달한다. 취업자 1인당 가족 수를 4명으로 가정할 때 유라시아고려인 48만 중 17%인 약 8만 명의 생계가 한국취업에 의존하고 있는 실정이다.

한국에 취업 중인 고려인은 방문취업(H-2)비자 소지자 1만 2,545명, 재외동포(F-4)비자 8,031명이 주축을 이루고 있다. 2007년부터 실시된 방문취업제는 조선족 및 고려인 동포에게 1회 입국 시 최장 5년간 체류할 수 있는

표 2 ▸ CIS 국가별 고려인 방문취업자 수 (단위: 명)

국가별 \ 연도	2008년	2010년	2011년 7월	2013년 8월
우즈베키스탄	2,820	5,793	7,782	10,453
러시아	1,861	1,909	2,111	780
카자흐스탄	214	440	508	733
키르기스스탄	70	149	172	349
우크라이나	11	28	32	181
타지키스탄	12	17	20	48
투르크메니스탄	0	0	0	1
계	4,988	8,336	10,632	12,545

사증을 발급해주고, 38개 업종에 취업할 수 있게 하는 제도다. 2010년부터 한국 정부는 국내 인력부족이 심각한 특수 업종에 장기 근속한 H-2비자 소지자에게 장기 취업이 가능한 F-4비자로 경신해주고 있다. F-4비자는 3년마다 기간연장만 받으면 계속 체류할 수 있어 사실상 영주도 가능하다. 이에 따라 F-4비자로 체류 중인 동포 수가 크게 늘어나고 있다.

방문취업자 수를 국가별로 보면 우즈베크고려인이 전체의 83.3%를 차지하는 1만 453명으로 가장 많고, 다음이 러시아고려인 780명, 카자흐고려인 733명 순이다. 그밖에 키르기스스탄, 우크라이나, 타지키스탄 등지의 고려인도 579명에 달한다. 우즈베크고려인은 5년 전의 2,802명에 비해 무려 7,651명이 늘어나 273%의 증가율을 나타냈다. 이 기간 중 카자흐고려인은 214명에서 733명으로 늘어났다. 반면에 러시아고려인은 재외동포비자 체류자가 크게 늘면서 방문취업자 수는 종전의 1,861명에서 780명으로 크게 감소했다.

고려인과 손잡고 함께 가야

역사적으로 고려인들은 도전정신이 강하고 새로운 상황에 적응하는 능력이 탁월했다. 그들은 언제나 시련을 기회로 만드는 창의적이고 강인한 모습을 보여주었다. 연해주를 개척해 옥토로 가꾼 주인공이 그들이었고, '유배지'중앙아시아에서 농업신화를 쓰며 뛰어난 인재를 배출한 것도 그들이었다. 소련붕괴 후 어느 민족보다 빠르게 시장경제에 적응하여, 힘차게 재기하고 있는 것 역시 고려인이다. 냉전 시기에 고려인들은 한국과 단절돼 있다가 냉전 종식 후 비로소 우리와 만날 수 있었다. 고려인들이 우리와 함께 21세기를 열어갈 '대륙 진출의 인도자', '대륙 공략의 동반자'로 다가온 것이다. 지금 재기를 위해 안간힘을 다하고 있는 고려인들은 조국의 관심에 목말라한다. 세계적 경제 강국으로 성장한 대한민국이 그들의 손을 잡아준다면 그들은 또 한 번 성공신화를 엮어낼 것이다.